歴史文化ライブラリー
438

平安京はいらなかった

古代の夢を喰らう中世

桃崎有一郎

吉川弘文館

目　次

大きすぎた平安京　〝平安京図〟という妄想

平安京の解体と〝京都〟への転生

中世からは見えない中世京都——プロローグ

平安京と日本中世史

日本という国に、あのような平安京などいらなかった。

いや、もちろん誰かが必要と信じたからこそ造られたのだが、それは幻想というべきか、一種の妄想にすぎない。平安京は最初から無用の長物であり、その欠点は時とともに目立つばかりであった。細かいニュアンスを省いて、誤解を恐れずに大雑把に極論すれば、それが本書の主張である。

では、なぜ不要な平安京が造られ、なぜ一〇〇〇年以上も存続したのか。〈平安京・京都とは何だったのか〉という日本史上の重要問題は、すべてこの疑問から始まると、筆者は考えている。

筆者の専門は、古代ではなく中世だ。平安京は中世を迎えるまでに変容を繰り返し、中世には、もはや〝平安京〟と呼んでは不適切な別の都市、つまりいわゆる〝京都〟として捉えねばならない。ならば、中世史の研究者として筆者が立てるべき問いは、〈京都とは何だったのか〉となるはずだ。それにもかかわらず、なぜ専門外の〝平安京〟を追究せねばならないのか。

それは、〈平安京とは何だったのか〉という問いが、古代史の問題にとどまらないからだ。それは天皇制そのものの問題であり、したがって日本史全体の問題なのである。

天皇と日本社会と官位

直接か間接かを問わず、また程度を問わなければ、日本の歴史や文化を考える時、天皇という制度を完全に関心の外に置くことはない。〝倭国の大《おお》王《きみ》〟であった君主が七世紀末頃までに〝日本国の天皇〟に生まれ変わって以来（小林敏男・二〇一〇）、今日まで、わが国は〝天皇〟という制度を卒業したことがない。〝天皇〟成立以前の歴史を考える時でさえ、それがどのようにして後の〝天皇を戴《いただ》く古代国家〟という結末とつながるのか（あるいは、つながらないのか）を、微塵も意識しないことはまれだろう。

中世・近世という武士の時代にも、朝廷の官職を武士が好まなかったことは、一度たりともない。武士は、元服・家督継承・役職就任などの人生階梯《ライフステージ》を進めて社会的地位を上昇させると、それに伴って官職を手に入れ、そのまま名乗ったり、呼び名に組み込んだりする。

例えば、鎌倉幕府の得宗《とくそう》（執権《しっけん》北条氏の嫡流）は、執権になると相模守《さがみのかみ》（相模国の行政長官）に任じられた。相模守は得宗・執権の象徴であり、その唐名《とうめい》（唐風《とうふう》に気取って呼んだ別称）の「相州《そうしゅう》」や「相太守《そうたいしゅ》」は幕府の支配者を意味した。

また室町幕府では、三管領《さんかんれい》（将軍を輔佐する管領になれる三家）の細川氏の家督は代々「細川右京大夫《うきょうのだいぶ》」と名乗り、同じく斯波《しわ》氏は代々「左衛門佐《さえもんのすけ》」、政所執事《まんどころしつじ》の伊勢氏は代々「伊勢守《いせのかみ》」と名乗った。本来、右京大夫は平安京右京の行政を司る右京職の長官、左衛門佐は天皇の御所を警護する左衛門府《さえもんふ》の次官、伊勢守は伊勢国《いせのくに》の行政長官であった。しかし室町時代のそれらは、職務の実態が何もない、ただの文字列にすぎない。それでも、幕府では右京大夫（唐名で京兆《けいちょう》）・左衛門佐（唐名で武衛《ぶえい》）・伊勢守（唐名で勢州《せいしゅう》）といえば、それぞれの家の当主（血統に由来する社会的地位）を指し、彼らが世襲した幕府の役職（役職に基づく社会的地位）を想起させる、重要な社会秩序のラベルであった。

近世でも、尾張大納言（唐名で尾州亜相《びしゅうあしょう》）・紀伊大納言（唐名で紀州亜相）・水戸中納言（唐名で水戸黄門）という呼び名が、それぞれ徳川御三家の尾張・紀州・水戸家の当主を指す、といった具合に、官職が社会的地位と密接に結合するラベルとして機能し続けた。

人生の各段階で順次歩む一連の官職、というニュアンスをおそらく込めて、武家社会では、名乗りに用いる官職を「官途《かんと》」という。官途は、将軍から朝廷に推薦されるか、朝廷の募集に応じて対価を支払う「成功《じょうごう》」という手続きで手に入れた。室町幕府では早い段階で、朝廷の正式な任官手続きを経なくとも、将軍の推薦状があれば名乗ってしまうことが始まった。そして戦国時代には正式の官職ではない、官職名を部分的に用いた官途もどきを、主人が勝手に与えてしまうようにもなった。例えば勘解由使《かげゆし》（任期満了時の国司の引き継ぎ事務を監査する官職）や左衛門尉《さえもんのじょう》（左衛門府の三等官）という正式の官職をもとに、「勘解由左衛門《かげゆさえもん》」という官途もどきを作り上げ、大名が配下の武士にそれを名乗ることを許可したりした。極端なものでは、豊臣秀吉が亀井茲矩《これのり》に、制度上存在しないはずの「琉球守《りゅうきゅうのかみ》」を与えた例もある（琉球はよその独立国家である）。

官位の発行源＝秩序の原点

この風習は百姓にも広がり、百姓も鎌倉時代以降、前近代を通じて、官職もどきを名乗り続けた。衛門尉《えもんのじょう》に由来する「〜衛門《えもん》」、兵衛尉《ひょうえのじょう》に由来する「〜兵衛《ひょうえ》」の類がそれである（筆者の知る限り、最も新しい事例は二一世紀の「ドラえもん」である）。江戸時代までにこの風習が全社会的に広まっていたため、明治政府は維新にあたり、「国名並《こくめいならび》ニ旧官名《きゅうかんめい》ヲ以《もっ》テ通称ニ相用《あいもちい》候《そうろう》儀《ぎ》、被停《とどめられ》候事」（『法令全書』明治三年第八四五、一一月一九日太政官布達）と、国名や官職名に由来する名乗りを禁ずる法令を出さねばならなかった（国名を禁じたのは、「宮本武蔵」などの名乗りが「武蔵守《むさしのかみ》」などの官職に由来するため)。

それらの官途や官途風の名乗りはすべて、彼らが所属するコミュニティの中で、構成員同士の相互の秩序を示す役割を果たした。室町幕府で右京大夫・左衛門佐・伊勢守などが果たした役割は先に述べた通りであるし、農村や町では「〇〇衛門」という官途もどきを名乗るためには「衛門成《えもんなり》」という手続きを踏み、共同体の認証を得なければならない(そうして官職由来の名に改めることを「官途成《かんとなり》」という)。したがってその共同体では、「〇〇衛門」のような官途もどきを名乗る人物が、名乗れない人物より上位と見なされた。

貴族・武家の官職を発行するのは天皇であり、官途もどきもまた、貴族や武家の官職が朝廷で正規の手続きで発行され続けている状況を大前提として、その秩序を模倣して村や町で生産されたものである。そのような意味で、天皇の成立以来、日本のあらゆる社会階層が、天皇と直接・間接の関係を断つことはなかった。

都は天皇制の物理的実体

しかし〝天皇〟とは、ある種の概念・理念を一言で表現するために張られたラベルであり、その概念・理念自体には実体がない。天皇制の研究とは、その概念・理念の解明ということになるのだが、天皇の歴史があまりに長いため、天皇の姿は時代によってあまりに異なり、多様化しすぎて、これという核心をなかなか捉え難い。

そうした時、天皇のために造られた都市、つまり〝都（ミヤコ・都城）〟について追究することは、天皇制を追究する多くの切り口の中でも、特に有効だ。〝都〟こそ、〝天皇〟という概念・理念を、最も直接的に、目に見える形で表現した装置の一つだからである。

〝都〟は天皇制の物理的な実体であり、いわば天皇制の身体といってもよい。どれだけ長い時を経て変転を重ねたとしても、その天皇と都の関係は、一度も損なわれたことがない。そして都は延暦一三年（七九四）の遷都以来、明治維新までの一一〇〇年にわたって、平安京（京都）から一度も動いていない。ならば、各時代について平安京（京都）のあり方がわかれば、それはほとんど直接的に、各時代の天皇のあり方を指し示すことになる。したがって、平安時代以降のどの時代を研究する者にとっても、〈平安京（京都）とは何であったか〉という問題は、常に重要性を失わないのである。

中世京都論の限界

ならば、中世史の研究者は中世の〝京都〟を研究すればよいではないか、と思われるかもしれないが、そうではない。かつて筆者もそう考えて中世京都を研究し、特に南北朝・室町時代の京都の微細な構造と、そこで行われた朝廷の儀礼を関連づけて、そこからその時代の社会秩序を推測して本にまとめ、世に問うたことがある（桃崎有一郎・二〇一〇ａ）。しかし、その前提となる時代のあり方、つまり鎌倉時代の京都と、その前提となった平安時代の平安京、そして数百年の歴史をもつ朝廷儀礼の歴史を踏まえなければ、〝ある儀礼が室町時代の京都で行われた事実〟が、本当のところ何を意味するのかは、実はわからない。そしてその出来事が、長い歴史の全体の中でどのような意味をもち、その出来事を含めた京都・朝廷・日本の歴史がどのような全体像を示すのかも、わからない。それを知るために調べるべき事実はあまりに膨大で、到底筆者の理解が及ぶところとは思えず、調べれば調べるほど、結論から遠ざかる一方のように思えた。

筆者自身の研究能力の限界、という根本的問題は、もちろんある。京都に対する関心は高く、歴史学者・考古学者・地理学者はもちろん、それ以外の多方面の論客までもが入り乱れ、大御所から若手まで数多の論者が、多様な切り口から優れた研究・見解を発表してきた。その中で、〈京都とは何か〉という問題について自分の見解を表明することは、常に気が重い。まして、〈京都に三代住まなければ、京都人とは認められない〉といわれるが、筆者は生粋の京都人でも何でもない。

逆算不可能なら原点へ

とはいえ、翻って考えれば、問題は実は単純だ。〝平安京〟が〝京都〟となるまでにどれだけ変容したとしても、平安京という物理的な枠組み自体は、一度も否定されたことがない。平安京がたとえほんの一部でも、何らかの形で存続した限り、平安京の核となる性質や理念の一部は保存され続け、中世京都を規定し続けたに違いない。

ただ、中世京都を見つめていても、その古い要素を見分けて抜き出し、正体を見破ることはできない。中世京都の姿ができるまでには、あまりに多くの要素が、あまりに長い時間をかけて、あまりに複雑な過程を経て、組み合わさり、反応し合い、変化し、淘汰されてきた。それは膨大な連鎖反応であり、中世京都はその結果としての、ある種の複雑系なのである。したがって、中世京都だけを観察して、そうなるまでの過程を逆算することは、事実上不可能だ。

ならばわれわれは、〝中世京都の形成〟という連鎖反応の大もとになった、古代の平安京へと視線を転じ、中世京都へと受け継がれた、平安京の原点を探し出すしかない。それが、中世史の研究者が〈平安京とは何であったのか〉という問題に介入する理由である。

〝使えなさ〟が突破口

そこで本書が手がかりとしたいのは、平安京の理念と実態の食い違いだ。理念とは、〈誰のために、何のためにあるのか〉ということであり、実態とは、〈どのように使われたか〉ということだ。そして一般に、それらはしばしば食い違う。一二〇〇年以上に及ぶ歴史の中で、平安京を造った当初の理念は、かなり早い段階で時代遅れになったに違いない。その結果、新たな時代を迎えるたびに、平安京（京都）は何度でも、時代の実態に合わせて造り替えられてきた。しかし、そのように古代の平安京が中世・近世・近現代の〝京都〟に生まれ変わっても、あの〝碁盤の目〟の街並みが保たれた限り、決して失われなかった何かがあったはずだ。

では、それは何か。それを平安京造営の最初に遡《さかのぼ》って考えるのが、本書の目的である。平安京は、つきつめれば建造物と空間の塊《かたまり》だ。そして建物でも空間でも、しばしば古今東西を問わず、造った側の理念と使う側の利便性が食い違う。造った人が美しくて立派だと満足しても、使う人にとっては使いにくいことこの上ない、というのはよくあることだ。特に美観を重視する設計者は、平然と利便性を犠牲にすることが多い。

本書ではそのような観点から、平安京の〝使いにくさ〟にこそ、平安京の本質があると睨んで、前半部でその具体相を探った。そうして得られた結論は、単純で、身もふたもないものだ。〈あのような平安京など、最初からいらなかった〉のである。そして中世〝京都〟の誕生とは、その無用の長物の平安京をどう処理・始末・再利用してゆくか、という課題を解決する過程にほかならない。そこで本書の後半では、平安京の〝使いにくさ〟がいつ、誰によって、どのように克服されていったのかを追跡した。

平安京を生み出した日本の律令国家は、もとはといえば、唐や新羅との軍事的な緊張に対応するために造られた。しかし、律令国家の都の完成形が平安京として生まれ落ちた時、危機はとうに去っていた。これからは、唐を中心とする国際秩序と距離を置き、日本列島の中で幸福を追求した方が、この国の得られる満足度が高そうだ。そう判断した時、多くのものが不要であることに、朝廷は気づいた。

とはいえ、かつて大々的に掲げてしまった〝律令制〟という看板は、もう引っ込みがつかない。それは体面の問題でもあるし、律令制にはほかで代用できない便利な機能も多い。そこで朝廷は、〝律令制〟という看板（建前）を下ろさないまま、律令制の内実を換骨奪胎して、必要十分な最小限のシステムへと減量《ダイエット》させていった。

その中で、巨体を持て余した平安京も、じりじりと痩《や》せ細ってゆく。そして朝廷は、ある段階で、〈平安京の実態が、理念に決して追いつかない現実〉に、苛立《いらだ》つことをやめた。時代遅れの理念に実態を合わせる努力ではなく、実態を好きなように作り、それで十分に理念が実現していると見なす工夫を追究した方が、満足感が高そうだ。設計者《デザイナー》本位ではなく、利用者《ユーザー》本位であってこそ、都は有意義だ。朝廷の主導者は、そう確信しはじめた。そしてこの確信こそ、中世社会の根幹をなす価値観にほかならない。

この価値観が平安京を直撃するには、突き抜けた立役者が必要だった。誰もが感じていながら誰も口に出せなかった真実、つまり〈平安京の理念は一度も実現しなかったし、今後もその見込みがない〉ことを、臆面もなく断言し、葬り去る勇気と力を持った者である。平安京は二度、そのような権力者に恵まれた。彼らは平安京に、条件つきの有用性を認めた。昔の誰かが夢想した、机上の空論に近い〃あるべき姿〃に縛られないなら、この平安京という都市的基盤《インフラ》には、まだそれなりの使い道がある、と。そうして、平安京の一部は〃京都〃へと変貌して生き残った。

平安京が理想の都ではなく、妄想の産物だと認めるまでに、朝廷は二〇〇〜三〇〇年の葛藤を必要とした。本書は、その葛藤の果てに中世的な〃割り切り〃が急速に訪れ、やがて劇的な社会転換に襲われて、〃平安京〃が命脈を終えるまでの道筋を跡づけるものである。

平安京の規格と理念

古代のミヤコと中国の都城——律令国家が求めたもの

歴代遷宮

平安京が、唐の都・長安をモデルとしていたことは、周知の通りである。ただ、一口に中国の模倣といっても、それは忠実なコピーではなかったし、模倣する過程で何度かの試行錯誤と失敗を重ねた。では、平安京という完成形に至るまでに、日本（倭国）の都は中国の都城のどこを、いつ、なぜ模倣してきたのか。それは、平安京の本質を探る上でどうしても避けられない、最も重要な問題の一つである。

中国風の都を採用するということは、それまでの倭国の都ならではの性質をいくつか、永久に捨て去るという決断に等しい。その捨てられた〝倭〟風の性質は、〝倭国〟という発展途上国から〝日本国〟という先進国へと脱皮してゆく新時代に、不必要と見なされたからこそ、捨てられたに違いない。いいかえれば、〝日本国〟の船出にふさわしい中国風の都の利点は、足手まといとなる〝倭〟風の性質をもたない点にこそあった、ということだ。その利点は、中国風の都の完成形である平安京に必ず受け継がれ、平安京の本質を形作っていたはずである。

では、そのようにして捨てられた〝倭〟風の性質のうち、最大のものは何か。それは、〝歴代遷宮《せんぐう》〟である。中国を模倣する以前の、倭の大王《おおきみ》（天皇の前身）の宮殿は、大王が代替わりするたびに、別の場所に造り替えられた。このような〝歴代遷宮〟は、のちに七四代（南北朝期は北朝）もの天皇が平安京を使い続けた事実の、対極にある。つまり、代替わりによって都が移らないこと自体が、〝倭国〟を卒業して〝日本国〟となった国家の本質と関わる、平安京の重要な本質であった。では、それはどういう意味か。

近年、この〝歴代遷宮〟の問題に仁藤敦史氏が正面から取り組み、『都はなぜ移るのか』と題して本シリーズの一冊にまとめられた（仁藤敦史・二〇一一）。以下、主に仁藤氏の説に学びつつ、筆者なりに補って、平安京遷都へと至る道筋を確認しておこう。

仁藤氏によれば、倭国の政府の実態は、大王個人と豪族個人の人格的つながり、つまり一対一の個人的な人間関係の寄せ集めであった。そのような政府では、大王が替わるたびに、政権を運営する豪族が変わる。当時の倭国では、豪族たちが飛鳥を中心とする地域一帯に根を下ろし、現地の人民を支配して、すでに既得権を固めている社会が、まずあった。

大王はそこに後から登場（即位）するのであり、政権運営のためには、彼ら豪族に協力を要請せねばならなかった。そうした大王と豪族の先後関係が、そのまま政権の所在にも反映される。新たな大王がある豪族と寄り添って政権を運営するためには、大王が豪族を根拠地から切り離して宮殿に呼びつけるのではなく、自分から豪族の根拠地付近へ出向いて、宮殿を構えるほかない。それが、古代に歴代遷宮が行われた必然性であるという。

そこで行われた遷宮は、遷都とは違う。〝○○京〟という都市が丸ごと遠方に移動するのではなく、限られた地域の中で天皇の宮（宮殿）が移動するだけである。そもそも、丸ごと動かせるほど一体的な、一都市としての〝京〟が、その頃には存在しなかった。

律令国家と中央集権的な京

そのような京が成立したのは、持統天皇八年（六九四）に造営された藤原京が最初である（もっとも藤原京は近代の研究者が創作した造語で、実際には新益京《あらましのみやこ》と呼ばれた）。奈良盆地の南端に位置するこの京（二〇頁の図2参照）は、日本ではじめて〝条坊制〟を採用した。そして以後、それは平安京まで継承されて、日本の京の基本形となった。

あとで詳しく説明するが、条坊制とは、要するに〝碁盤の目〟である。条坊制の都には、直線と直角しかない。すべての道が直線で、すべての区画が長方形か正方形なので、〝京〟全体もまた長方形の境界線で囲まれた。それに対して従来の〝京〟は、飛鳥を中心とする広大な、〝倭京《わきょう》〟と呼ばれた地域であった。天皇（大王）はその領域内を転々としながら宮を置いたが、倭京の京域は広すぎ、しかも範囲が曖昧であった。しかし藤原京では条坊制の採用により、比較的狭い範囲へと京域を圧縮することに成功し、そして京の内と外を明確に区切る長方形の境界線が、はじめて画定した。そのような条坊制の京が導入された目的は、広域の倭京に分散して根拠地から離れない豪族を、京に集住させて、本格的な天皇の官僚として再編成し、強力な中央集権国家を造ることにあった。その国家こそ、藤原京造営の前年に公布された日本最初の本格的な令《りょう》、つまり飛鳥浄御原令《あすかきよみはらりょう》に基づく律《りつ》令《りょう》国家である。その七年後の大宝元年（七〇一）、さらに大宝律令が制定されたことで、日本の律令は事実上完成した。

この藤原京から、京の平面プランには、中国の思想が急速に流入し始める。しかし日本の律令国家は、すでに長い歴史をもつ中国のさまざまな思想や構造から、何をどれだけ選び取って日本に摂取するか、しばらく悩んだようだ。そして最初に出された結論は、意外にも唐の模倣ではなかった。唐が成立する六一八年より九〇〇年近くも前に滅んだ、中国の理想的王朝とされる周の制度が、モデルに選ばれたのである。どうせ中国を模倣するなら、最も理想的な姿をまねよう、と判断されたのだろう。

周の理想的な行政制度を記録したとされる『周礼《しゅらい》』という書物に、「考工記《こうこうき》」という一

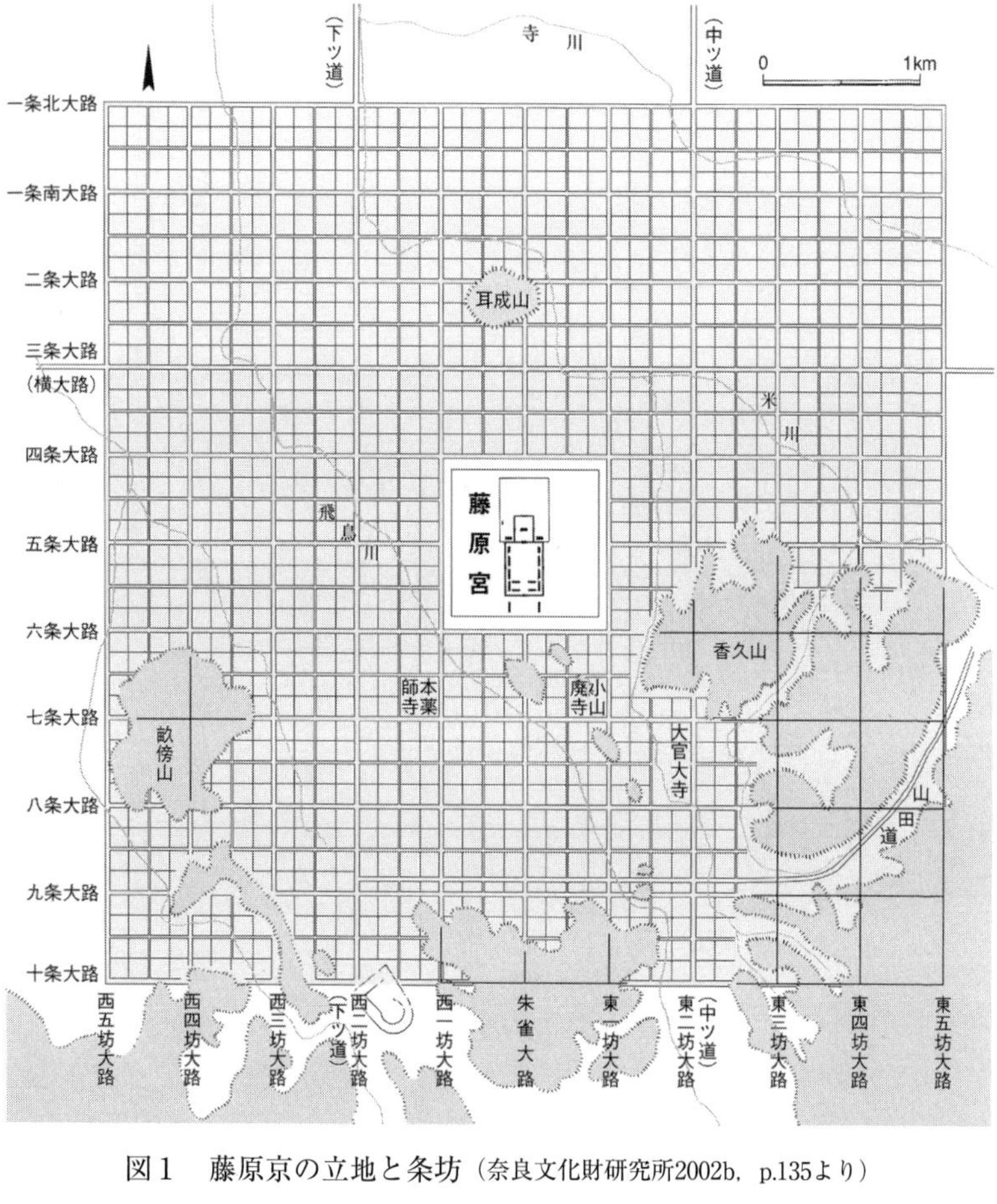

図１　藤原京の立地と条坊（奈良文化財研究所2002b，p.135より）

篇があり、そこに周の理想的な都城の規格が記されている。もっとも、実は考工記は、春秋時代（紀元前八～五世紀）の後期頃に、『周礼』と無関係に成立した書物らしい。そこに書かれた都城プランも創作された伝説にすぎず、実在した可能性は低い。しかしそれでも、日本はその理想型を信じ、それをまねて藤原京の平面プラン（図1）を設計した。

その藤原京は短命に終わった。持統天皇が藤原京に遷《うつ》ってから一六年後の和銅三年（七一〇）、平城京に遷都され、藤原京は捨てられた。藤原京のように飛鳥近辺に都がある限り、飛鳥を中心とする広大な倭京に分散して根を張る豪族は、従来の根拠地を離れようとしない。彼らを完全に京に集住させられなければ、律令国家の中央集権的な実質がいつまでも完成しない。その中央集権体制は、七世紀後半に唐が高句麗《こうくり》・百済《くだら》を相次いで滅ぼして緊張したままの国際情勢の中で、国力を天皇のもとに一点集中して最高の防衛体制を速やかに固めるために、急いで実現させねばならなかった（大津透・二〇一三）。

京への集住化の加速

そこで、豪族たちを根こそぎ飛鳥近辺の根拠地から切り離して京に集住させるため、藤原京から二〇キロ以上も北に離れた奈良の地へ、つまり奈良盆地の南端から北端へと、京が大移動することになった（次頁の図2）。

その平城京の京域は藤原京よりも狭かったが、それは天皇の権力の縮小ではなく、むしろ豪族の拠点や官衙《かんが》（官庁）の分散傾向を克服しつつあった前進であった。少なからぬ官《かん》

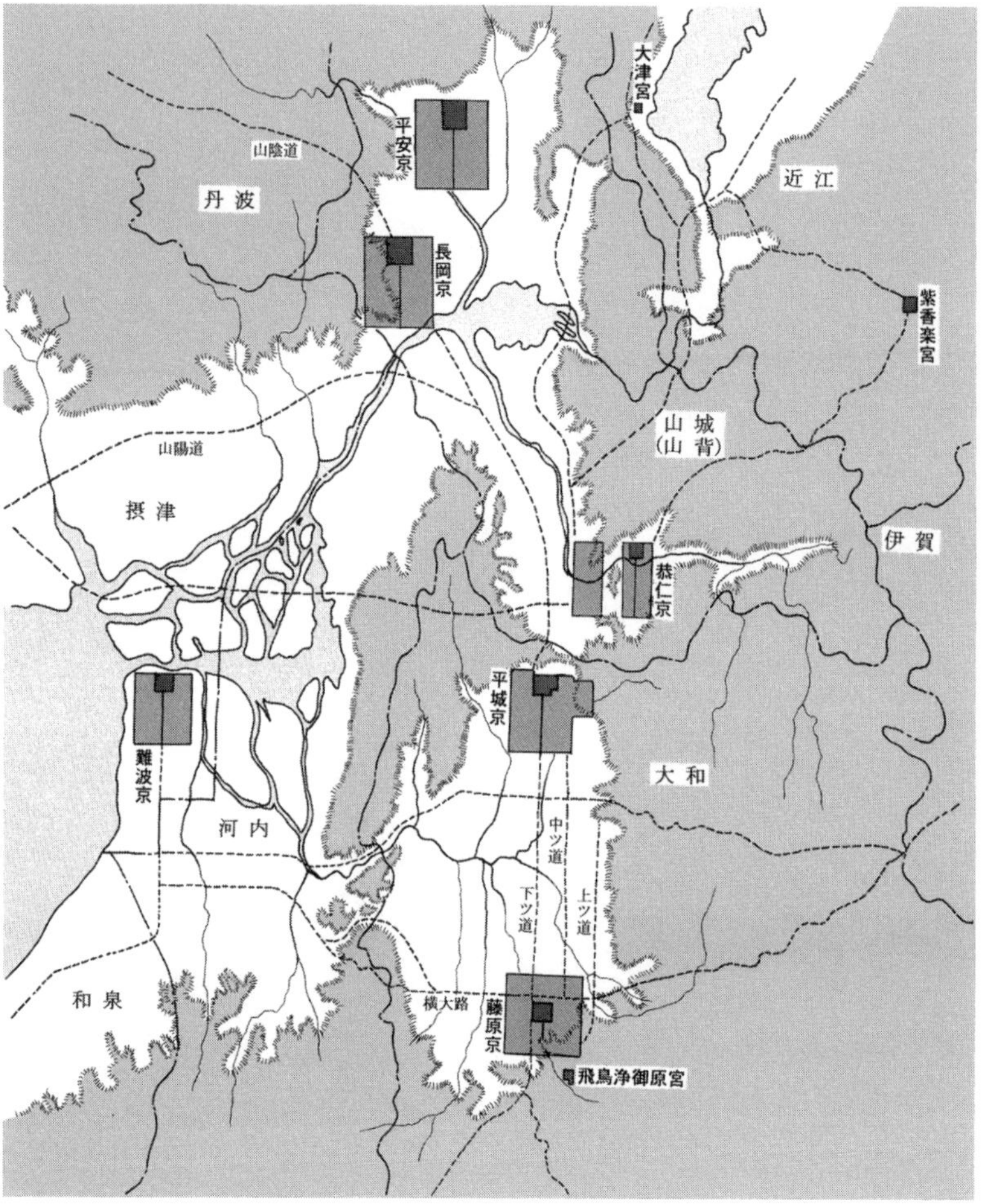

図２　古代の都城の変遷（奈良文化財研究所2002，p.10より）

衙《が》（官庁の庁舎）が京外に分散していた従来の状況も解消され、すべて京内に集約された。それでもなお、諸豪族の完全な集住は実現できなかったらしい。奈良時代の天平一三年（七四一）には、平城京から恭仁《くに》京への遷都を図った聖武《しょうむ》天皇が、五位以上の者（いわゆる貴族）全員に平城京居住を禁止し、恭仁京に移住せよと強制する命令を出している。

その後、奈良時代の末に即位した桓武《かんむ》天皇は、平城京を捨てて山背《やましろ》国の長岡京に遷都した。長岡京は桂川の西岸にあり、桂川は長岡京の至近で宇治川・木津川と合流して淀川となる。つまり長岡京は、京都盆地と瀬戸内海を結ぶ河川に面していた。遷都の大きな理由の一つも、平城京までの奈良盆地の京がもたなかった水運による物流の掌握を、はじめて日本の京として本格的に目指した点にあると考えられている。そして、淀川を通じて瀬戸内海と京が直結したことで、難波京《なにわのみやこ》の廃止が可能になった。従来の日本は、複数の都を併存させ、そのうち一つに天皇が住む〝複都制〟を引きずっていたが、それを克服して、単一の都に官人（官僚となった豪族）を全員集住させる制度へ、大きく前進したのである。

難波は淀川が瀬戸内海に流れ出る河口に面し、ユーラシア大陸と海路で直結する立地の便宜がある。そのため、六世紀前半の継体《けいたい》天皇の時代以降、飛鳥時代まで継続的に、三韓《さんかん》（高句麗・百済・新羅《しらぎ》）の使者を接待する施設（難波館・難波大郡《なにわのおおごおり》・難波小郡《なにわのおごおり》・難波郡《なにわのこおり》などと呼ばれた）で外交儀礼が重ねられた。特に七世紀半ばには、孝徳《こうとく》天皇が大陸・半島外交を重視して都を難波に移し、難波長柄豊碕宮《なにわながらとよさきのみや》を営んだ。

その後、天武《てんむ》天皇も、「凡《およ》そ都城宮室《とじょうきゅうしつ》は一処《いっしょ》に非《あら》ず。必ず両参《りょうさん》を造《つく》らん。故《かれ》、先《ま》ず難波に都つくらんと欲《おも》う（天皇の都城・宮殿は、二つや三つは必ず造るものだ。だからまず難波に都を造りたい）」（『日本書紀』天武天皇一二年〈六八三〉一二月一七日条）と宣言して、難波を都に改め、羅城（都城の城壁）を築き、難波宮《なにわのみや》を置き、遷都して官人の移住を図った。それは朱鳥元年（六八六）の難波宮の焼失で頓挫したが、天武は、後の摂津国の母胎となった摂津職という官司を置き、難波の津（港）や入港する船・海上交通の管理に専従させた。その結果、天武朝以来、奈良時代末まで、難波は平城京を補完する副都であり続けた。

しかし桓武は、難波宮を廃止して、京としての機能と外交窓口としての港湾機能を難波から奪い、長岡京に吸収した。摂津職もこの時、摂津国に改められ、単なる地方行政単位となった。「摂津」とは「津を摂《おさ》める」、つまり「港を統轄する」という意味の動詞であり、大和《やまと》・和泉《いずみ》・河内《かわち》・山背などの普通名詞に由来するらしき国名とは根本的に異なる。「摂津国」と書いて「つのくに」と訓《よ》むのも、それが難波の津に由来する「港の国」だからであり、本来「摂津職」を「つのつかさ」と訓んだことの名残だろう。それだと「摂」の字が訓まれないことになるが、官司名を訓む時に動詞を略し、目的語の字だけを訓むことは、珍しくない。例えば「造酒司《さけのつかさ》（酒を造る）」「主計寮《かずえのつかさ》（税を計《かぞ》えることを主《つかさど》る）」「主税《ちからの》寮《つかさ》（税《ちから》の管理を主る）」など、すべてそうである。（なお、「摂津」は音読みで「セッシン」となるはずだし、古代・中世ではこの二文字で「つ」と訓まれた。なぜ今日「セッつ」と重箱読みされるのかは、少し気になる）。

摂津職の主要な官人は、現地に根を張る豪族で占められた。したがって、摂津職とその管轄下の難波京の温存は、天皇の住む単一の都に官人を集住させる施策を妨げ、中央集権化を妨げ、最終的には律令国家の完成を妨げる。そこで桓武は難波京と摂津職を廃止し、長岡京にその機能を吸収して、官人集住と中央集権を推し進めたと考えられている。

長岡京という試行錯誤

しかし、おそらくそれが裏目に出て、桓武は長岡京をわずか一〇年で放棄せざるを得なくなった。長岡京遷都から九年目の延暦一一年（七九二）、六月と八月の二度にわたり、大雨による大水害が長岡京を襲い、特に六月の洪水は官庁の門を倒すほどの猛威をふるった。その二年後に長岡京を棄てた平安遷都の理由も、当時の治水技術では水害を防ぎきれない、大河川沿いの立地を去ることに主眼があったという説が、説得的である（林陸朗・一九七二）。同じ淀川沿いの難波京は、条坊制が敷かれた（条坊制の中軸街路として不可欠の朱雀大路《すざくおおじ》があった）点で長岡京と共通するが、京域は小さいし、孝徳以後の天皇が本拠としたこともない。また八世紀半ばの聖武天皇の恭仁京は、京中に木津川を抱え込んだが、山間地なので長岡京と異なるし、未完成のまま二年で放棄された都にすぎない。結局、京内に津をもつような、平野部の大河川と直結・一体化した立地で、大規模な条坊制の都を継続的に営み、天皇の本拠地とした経験は、それまでの朝廷になかった。そのノウハウ不足のため、長岡京は結果的に、試行錯誤の一つとして終わり、棄てられたのである。

理想の模倣から現実の模倣へ

かくして延暦一三年（七九四）に平安遷都が成るのだが、実は初の条坊制的な都城である藤原京と、その後の平城京・長岡京・平安京では、同じ中国風といっても、思想が根本的に違う。それを最もよく示すのが、〃北闕型《ほっけつ》〃と呼ばれる構造である。

「闕《けつ》」とは天子の住居を意味し、「天子」は中国なら皇帝、日本なら天皇に該当する。その「闕」を、唐は都城の最も北側に配置した。それは、皇帝を北極星に准《なぞら》えたからである。北極星は北の空で、その他のすべての星の回転の中心となる。皇帝が全人民の中心となって社会を動かすことは、それと同じである。だから北極星と同じように、皇帝の住居も北にあるべきだ、という理念を物理的に表現したのが、北闕型の都城であった。この形式を採用した長安を、平城京・長岡京・平安京は踏襲した（一六四頁の図24）。それに対し、藤原京は『周礼』考工記に忠実に、都城の文字通り中心に天皇の宮を配置していた。

日本の都城のモデルが、周から唐にかわった理由は単純だ。それは一言でいえば、過去の理想をモデルとするか、現在の超大国をモデルとするかの違いである。藤原京を棄てる時、新たな京の設計者は気づいたのだろう。われわれが中国の模倣を急ぐ理由は、大昔の伝説的王朝をまねたいからではなく、世界の覇者となった今の中国を支えるシステムが欲しいからであったはずだ、と。

日本が律令国家の建設を目指したのは、唐・新羅の軍事的脅威という、きわめて現実的な国家存亡の危機に対応するためである。すでに唐は、六六〇年（わが国の斉明天皇六年）に百済を滅ぼし、六六八年（天智天皇七年）に高句麗を滅ぼすなどして、朝鮮半島諸国に牙をむき始めていた。そしてその間の六六三年（天智天皇二年）には、百済の復興を支援するため、実際に日本（倭）は唐・新羅と白村江《はくそんこう》に戦い、敗れた経験をもつ。唐と敵対する国家の滅亡は、現実的な危機として日本に迫っていた。

唐の国力は、それまでの東アジア世界の歴史上、最も強い。したがって唐以外の、それまで存在した（周を含む）いかなる国家を模倣しても、唐と対峙する力は得られない。日本が目標とすべき水準は唐の水準しかなく、模倣すべき制度は唐の制度しかないのである。

その唐の国力は、律令制という、先進的な中央集権体制で支えられていた。しかしその律令は、周を滅ぼした秦の時代に始まり、漢を経て、唐までに九〇〇年もの歳月をかけて成熟させた制度であって、周の時代には存在しない。この点でもやはり、周はモデルとして失格である。日本のモデルは最新の律令制をもつ唐でなければならないし、都城のモデルも同様に、最新の律令制に対応した唐の都城でなければならないのである。

模倣＋改変＝独自仕様

そうして移入された唐風の都城の完成形が、平安京であった。平安京の本質は、この国の政府が〝倭〟を卒業して〝日本〟へと脱皮し終えた証《あかし》である。その脱皮は、急激に緊張した七世紀の国際関係に対応するためのものなので、その緊張以後に作られた都は、平安京も含めて、常に東アジア世界を意識している。日本にとって中国風の都城は、唐との対峙に備えて、律令制に基づく中央集権を実現する道具であり、そのために諸豪族を本拠地から切り離して自立性を奪い、純粋な天皇の官僚へと転換させる回路であった。平安京の最大の存在意義は、その回路、つまり律令官僚制の物理的な装置の完成形であった点にある。藤原京以後、日本の主都《しゅと》（複都制の中での主要な都）が遷都するたびに飛鳥から遠ざかり、長岡京でついに大和国から脱出し、平安京で最も遠くなった事実（図2）は、その証左である。

右の過程で、日本は唐のシステムの模倣・摂取に努めたが、それは忠実なコピーではなかった。特に律令は、外形こそ唐の律令と酷似するものの、実際には無数の改変が加えられ、大きく異なる法体系に作り替えられたことがわかっている。そのため、〝唐の律令に忠実な制度こそ律令制だ〟と考えるならば、「日本律令制は、律令制的でないという逆説的な言い方も可能になる」とさえ、いわれている（大津透・二〇一三・三頁）。

都城も例外ではない。日本の唐風都城（平城京・長岡京・平安京）と唐の長安城には、無視できない違いが多い。最もわかりやすいのはその外形で（三〇頁の図3・一六四頁の図24）、東西に長い長安城に対して、日本の唐風都城は南北に長い。また日本の唐風都城では、京中の街路がすべて正方形の街区を成すように設けられ、〝碁盤の目〟と呼ぶに相応《ふさわ》しい。しかし長安城などの中国の都城では、街区の形は東西に長い長方形であり、〝碁盤の目〟とは違う。

さらに、唐の都城は「県《けん》」という地方行政制度に組み込まれ、堅固な羅城《らじょう》に四方を囲まれた「城郭」だが、平安京は「県」制度を移入せず、そして後述のように都城を囲む羅城さえもきちんと移入しなかった。両者は外形ばかりか、着想の根幹が異なるのである（佐原康夫・二〇〇九）。その意味では、〝唐を模倣した〟というのは正確ではない。日本が欲したのは、唐の形ではなく、唐の根幹を成す〝律令〟や〝都城〟という概念と、それに伴う技術の学習であった。日本はそれらを学び、自分たちのやり方で実体化させて、独自仕様の律令国家と都城を造ったのである。

実情に合わせた改変？

律令や都城を日本独自の形に改変した理由は、日本の実情に合わせるためであったと、一般に考えられている。確かに、そう考えるべき事例は多い。しかし、本当にすべてがそうだろうか、という疑問が筆者にはある。改変の結果、平安京は本当に日本の実情に合うものになったのだろうか。実情に合わないなら改変した意味がない、という反論が当然あるだろう。しかし、人がものごとを実情に合うようにしか改変しないと、誰が証明しただろうか。

現に、そのように疑うべき理由がある。例えば、日本の令には、唐の令を模した、結婚・離婚に関する細かい条項がある。ところがそれらは、唐の儒教的な〝礼〟の体系（秩序を保つための所作の体系）を下敷きとした結婚制度を前提としたものなので、日本の令の条項は、そのような結婚制度がない日本では意味を成さない空文であった。そのような条項があえて削除されずに残された理由は、理想として割り切って、唐風の制度をもつこと自体に意味がある、とされたためと考えられている（大津透・二〇一三・二三頁）。〈実態の有無や、実現する可能性の有無とは関係なく、理念として、そう主張することが大事だ〉という考え方が、律令国家には間違いなくある。ならば、律令制の最たる物理的実体というべき都城にも、そのような部分があることは、むしろ当然疑うべきなのである。

平安京の規格——座標系に投影された身分秩序の写像

平安京の構造がどの程度まで日本の実情に沿っていたかを考えるためには、話の大前提として、平安京の規格と、日本の身分制度を概観せねばならない。煩《わずら》わしければ読み飛ばし、必要に応じて戻って来て頂きたい。

平安京の寸法と方位

一〇世紀前半に『延喜式《えんぎしき》』という法令集が完成し、一〇世紀後半に施行された。律令国家では、律（刑法）と令（行政法）で国家の大まかな骨格を規定し、実際の行政の運営に必要な細かい規定は〝式〟という法令集にまとめられた。『延喜式』は、律令国家でまとめられた最後の（つまり決定版の）式であり、平安京の規格は、「左右京職《きょうしき》」という官司の職務規程を集めた巻の、「京程条《きょうていじょう》」という条項に明記されている。以下、それによって平安京の規格のあらましを確認しておこう（次頁の図3も参照されたい）。

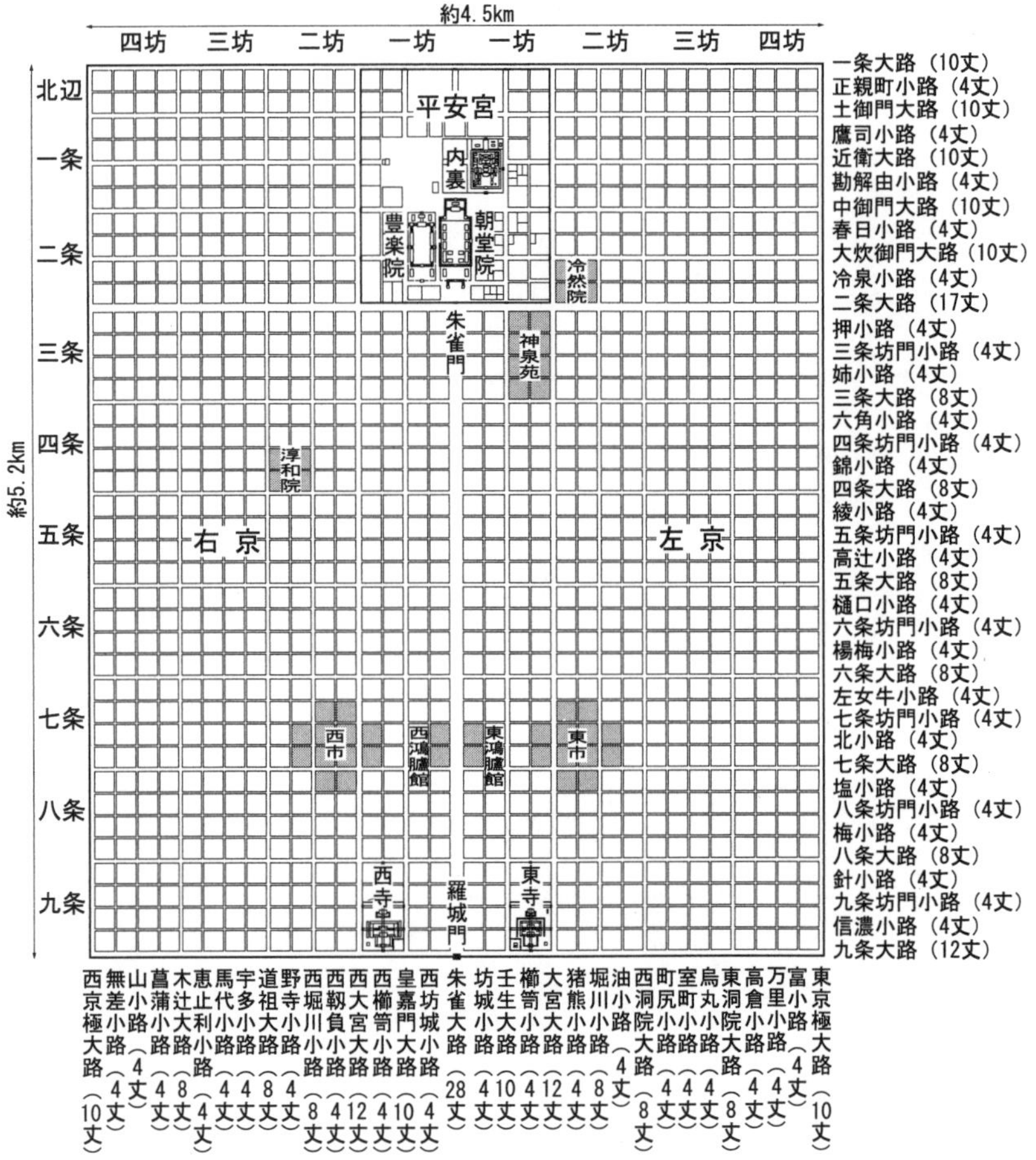

図3　平安京図（網伸也2010, p.285より）

平安京は、東西一五〇八丈《じょう》×南北一七五一丈の長方形である。一丈＝一〇尺で、平安京造営時の一尺の長さは、二九・八四四五一八チセンであったことがわかっている。この造営尺に基づいてメートル法に換算すると、平安京は東西四五〇一メートル×南北五二二六メートル。その巨大な長方形がほぼ東西南北に正対するように京都盆地に置かれたが、そこで〝北〟とされた方位は、現在の国土座標の北に対して、西に〇度一四分二三秒振れている。つまり今の〝北〟より、平安京の〝北〟は反時計回りにわずかに傾いていた（山田邦和・二〇〇二）。

大路と小路

平安京の街路には「大路《おおじ》」と「小路《こうじ》」の二種類がある。その幅は「大路、広さ十丈」「小路、広さ四丈」と『延喜式』に定められ、大路は幅三〇メートル、小路は幅一二メートルとなる。それは、現代のわれわれが普段使う道路と比べて、どれくらいの広さなのか。

日本の道路規格を定めた「道路構造令」という法令によれば、車道は第一種第一級から第四種第三級までの一二等級に区分される。その中で、最も交通量が多い「都市部」の「平地部」の一般国道と都道府県道は第四種第一級に分類され、その「普通道路」は一車線につき幅三・二五メートルである（第三条第二項）。したがって小路といっても、われわれが都市部の町中で見かける幹線道路の四車線分に等しい幅があり、小路という名前から想像されるよりは、ずいぶん広い。大路に至っては、計九車線の幹線道路と同じ幅だ。これだけの幅をもつ道路を目にする機会は少なく、想像するのが難しい。

東京でそのような道路を探すと、国会議事堂正門前の正面道路が一〇車線、皇居南側の内堀通り（国道一号線）の桜田門（警視庁）付近が九〜一〇車線ある。また京都で探すと、五条通《ごじょうどおり》（国道一号線）の大和大路通《やまとおおじどおり》〜七本松通《しちほんまつどおり》間が九〜一〇車線である。それらの広さは尋常ではなく、横断歩道で渡ると遠すぎて、いつ信号が赤に変わるか、気が気でない。また実際に自動車で走ると、車線が多すぎ、慣れないと違和感に苛《さいな》まれ続けて、走りにくいことこの上ない。自動車社会の現代人が、主要幹線道路としてももてあます幅の道が、平安京には東西方向に七本、南北方向に九本もあった。

朱雀大路と左京・右京

平安京を東西に二分する中軸線上には、南北方向に通る朱雀《すざく》大路という街路があり、その東を左京、西を右京という。北を上にした地図上で左右が逆転するのは、天皇の視点が基準となるからである。前述のように、平安京の天皇の宮殿は「北闕《ほっけつ》」型で、都の中心軸の北端に置かれた。重要な儀式の時に、天皇はこの宮殿で南を向いて、居並ぶ官人たちと接した。その時、左に見える平安京の東半分が左京、右に見える西半分が右京である（今日も京都御所にある左近の桜・右近の橘も同じ原理）。

内裏と大内裏

天皇が生活や日常政務を行う居住空間を「内裏《だいり》」といい、その周囲は林立する官庁街で囲まれている。その内裏と官庁街の全体を「大内裏《だいだいり》」あるいは「平安宮《へいあんきゅう》」と呼ぶ（平安京と紛らわしいので、本書では主に「大内裏」と呼ぶ）。平安京では、中軸線（朱雀大路）上の北部をこの大内裏が占める。大内裏は東西三八四丈×南北四六〇丈（鈴木久男・二〇一〇、網伸也・二〇一〇a）、つまり東西一一四六メートル×南北一三七三メートルにも及ぶ広大なもので、そこは官庁街を含めて、広い意味での宮殿とされたので、その他の市街地からは厳然と区別された。

条　坊　制

〝碁盤の目〟状の市街地では、〝目〟（一マス）にあたる正方形の区画を「町《ちょう》」（方一町《ほういっちょう》）といい、一辺が四〇丈（四〇〇尺≒一一九メートル）ある。その一辺の長さも「一町」という。そしてこの「町」を東西方向に四列、南北方向に四列の計一六個寄せ集めた正方形を「坊《ぼう》」という（以下、次頁の図4を参照）。「坊」の周囲には必ず大路が通り、またその内部で東西・南北方向にそれぞれ三本通る街路（つまり各「町」の境界）は、原則として小路であった（二条より北では東西方向の中心も大路）。最も一般的な小路は幅一二メートルなので、各坊の一辺は一一九メートル×四町＋小路幅一二メートル×三本＝五一二メートルとなる。

この「坊」（一六町の正方形）を、平安京の端から端まで東西方向に並べた細長い領域を

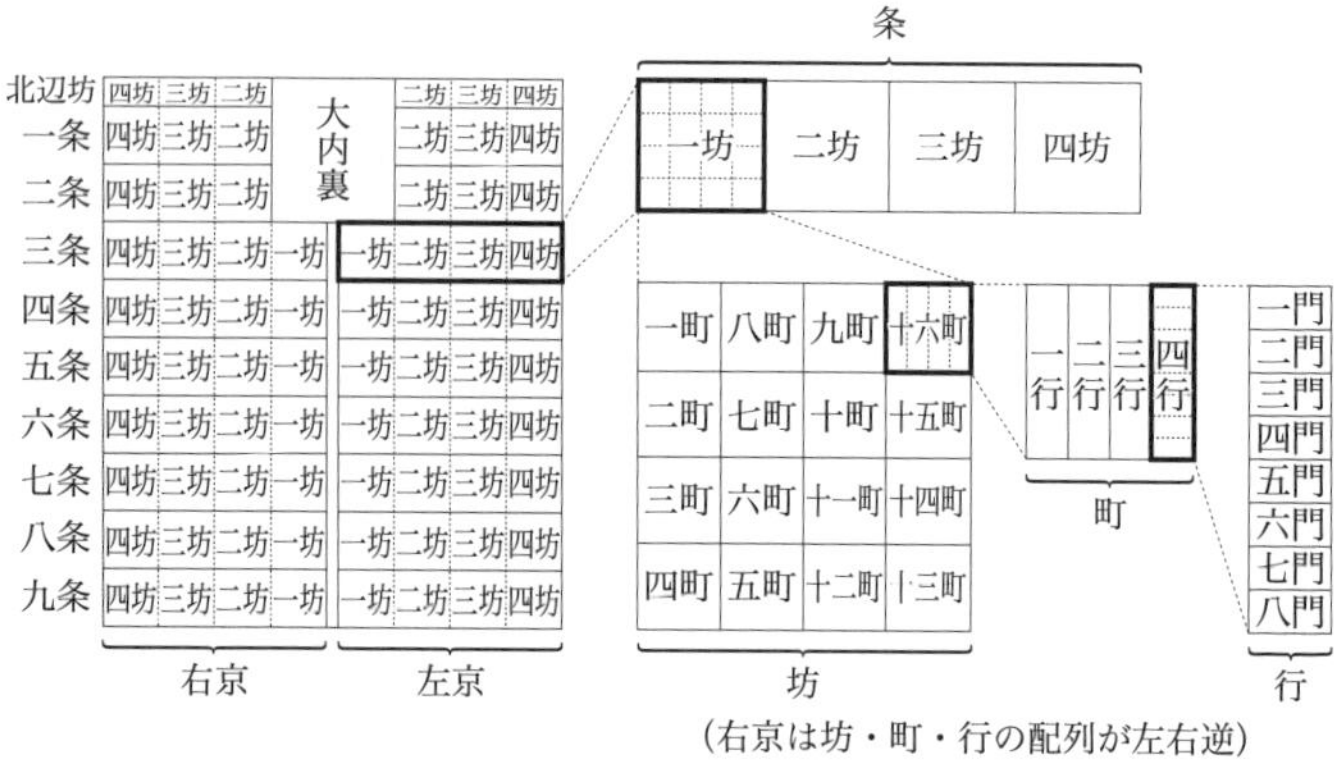

図4　条坊制と四行八門制

「条」といい、北から順に一から九まで数を振って一条・二条……八条・九条という（今日、京都には「十条」があるが、それは近代の付け足しである）。そしてそれぞれの条を、朱雀大路で東西に二分し、東西それぞれの中で朱雀大路に近い順に一から四まで数を振って一坊・二坊・三坊・四坊という。

　このように、東西方向の「条」と南北方向の「坊」で整然と区画し、位置を特定できる仕組みが「条坊制」である。

条坊制という二次元座標系

　これをいい換えれば、平安京とは、一条大路の東西の中心を原点とし、朱雀大路をx軸、一条大路をy軸とする、二次元の座標系（グラフ）と見なすことができる。例えば左京四条一坊はx＝4、y＝1の区画であり、右京六条三坊はx＝6、 y＝−3の区画、といった具合になる。

そして「x条y坊」として特定された坊の内部では、一六の町に「一町」〜「十六町」と数値化された名前が与えられた。その配列にも規則があり、「一町」は最も北側の、最も朱雀大路寄りの町、つまり最も大内裏（天皇）に近い町である。その一町から南へ縦に、二町・三町・四町と続く。五町は四町の横（左京なら東、右京なら西）にあり、そこから北へ縦に六町・七町・八町と続く。以下同様に、町が四つごとに蛇行して十六町に至る。このルールが徹底していたため、「左京九条四坊十六町」などと表現すれば、平安京内の約一二〇㍍四方の領域（一町）が特定できる。

実は、その一町はさらに細分可能だ。律令制の規定上は、一町は東西方向に四等分されて各列が「行《ぎょう》」と呼ばれ、また南北方向に八等分されて「門《もん》」と呼ばれて、東西一〇丈（三〇㍍）×南北五丈（一五㍍）の、「戸主《へぬし》」という長方形三二個に等分されていた。これを四行八門《しぎょうはちもん》制というが、それらの微少な「行」「門」という単位は平安時代の間に廃れ、中世以降、実際的な土地表示として使われることは皆無となった。

このような話は、うんざりするほど煩わしく、無機質だ。しかし、人間の有機的な生活の場に親和的であるはずがない、この無機質さがもたらす違和感こそ、重要である。

日本の身分制度——ラベルとしての位階官職、原点としての天皇

これらの土地制度には、同じく無機質で煩わしい身分制度が、厳密に対応づけられていた。以下の身分制度の話も、繁雑なら読み飛ばし、必要に応じて参照して頂きたい。

位階制度　日本の身分制度は、推古《すいこ》天皇一二年（六〇四）に制定された冠位十二階に始まり、何度か改正された末、大宝元年（七〇一）制定の大宝令で骨格が完成した。その後、天平宝字《てんぴょうほうじ》元年（七五七）に施行された養老令《ようろうりょう》や、康保《こうほう》四年（九六七）に施行された『延喜式』で修正されて確定し、以後明治維新まで、一〇〇〇年以上も変わらず維持された。その二本柱は、位階と官職であった。

位階は人間の尊さを数値化した等級である（以下、図5参照）。位階は、まず朝廷に仕え

る者（官人《かんじん》）を、一位・二位・三位《さんみ》・四位《しい》・五位・六位・七位《しちい》・八位《はちい》・初位《そい》の九段階に区分する。そして一位〜三位の内部は「正《しょう》」と「従《じゅ》」に二分され、「正」を上位として、例えば一位は正一位《しょういちい》・従一位《じゅいちい》の二種類となる。また四位以下は、「正」と「従」の内部をさらに「上」と「下」に二分して、一つの位を四分割した。四位ならば、正四位上《しょうしいのじょう》・正《しょう》四位下《しいのげ》・従四位上《じゅしいのじょう》・従四位下《じゅしいのげ》といった具合になる。これらをすべて合わせると、正一位

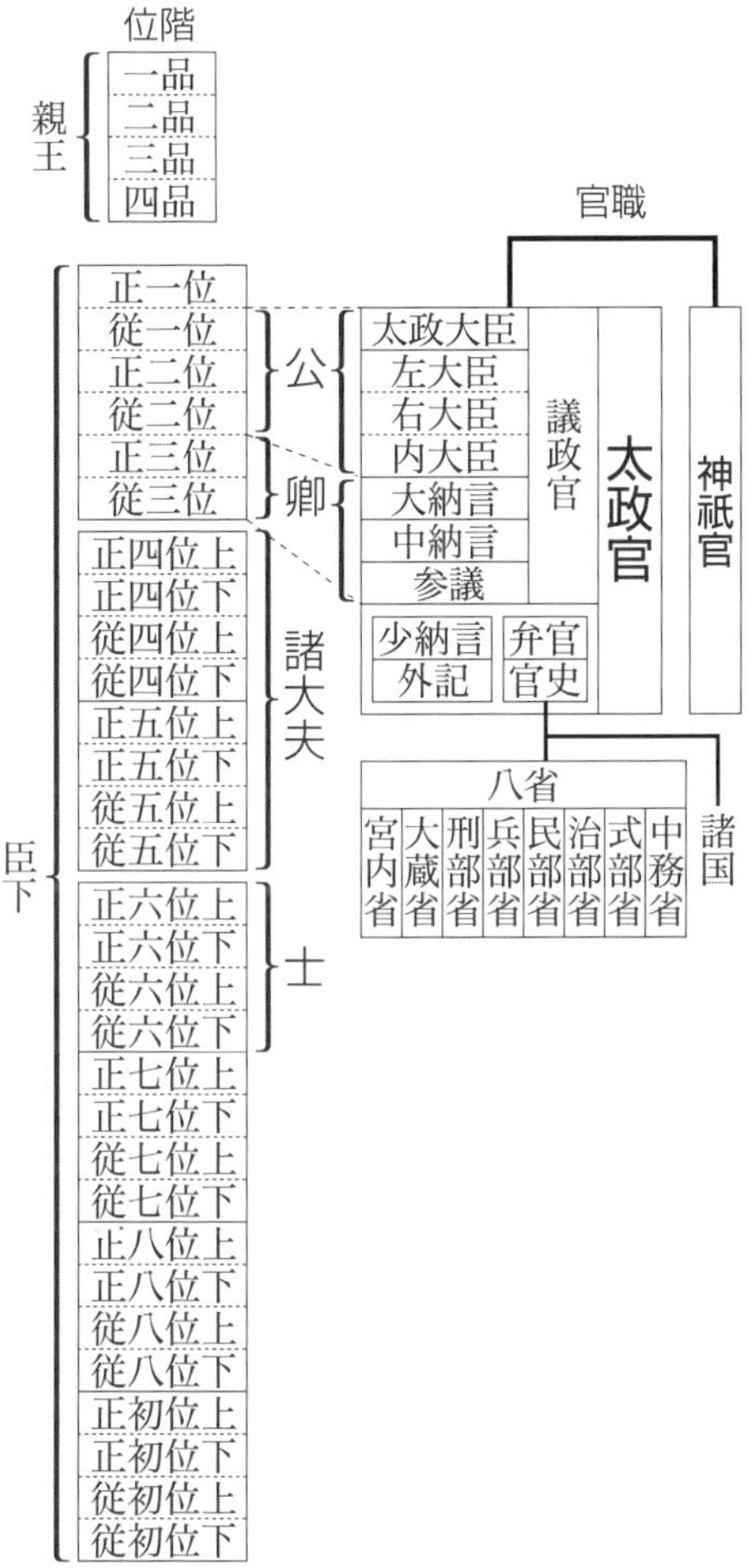

図5　位階・官職・身分の関係

から従初位下まで、合計三〇段階となる。

このうち最上位の正一位はもっぱら神に与えられるか、特別な功績を認められた人間に死後贈られ、生きた人間に与えられることはまずない。また初位は平安時代までにほとんど実質を失い、形式上も与えられることはなくなった。

重要なのは、三位以上と四位以下の間をはっきりと区分する溝があり、また四位・五位と六位以下の間にも溝があって、それらはよほどの高貴な生まれか特別な功績がない限り、超えられない溝であったことだ。律令制は「貴、〈謂《い》えらく、三位以上なり〉（「貴」とは三位以上のこと）」（養老名例律義解、六議）と規定しており、生きた人間が得られる三位以上の位（従一位・正二位《しょうにい》・従二位《じゅにい》・正三位《しょうさんみ》・従三位《じゅさんみ》）をもつ者は、「貴」というグループに入った。日本では〝貴族〟といった場合、狭い意味では彼らがそれに該当する。

また四位・五位の人々については、律令制は「五位以上は、是《こ》れ通貴《つうき》と為《な》せ（五位以上を「通貴」と見なせ）」（養老名例律五位以上妾条）と定めていた。つまり正四位上～従五位《じゅごいの》下《げ》という八段階の位をもつ者は、「通貴」と呼ばれた。「通貴」は「〝貴〟に通ずる」という意味で、〝貴族に準ずる人々〟、あるいは〝貴族予備軍〟のような位置にあった。広い意味では、彼らまでを〝貴族〟に含むことができる。六位以下はどう考えても〝貴族〟とは呼べない階級で、狭い意味での「官人」（貴でも通貴でもない官人）である。

官職制度―令制官

一方、官職は朝廷での役職で、大きく神祇官《じんぎかん》と太政官《だいじょうかん》に分かれた。神祇官は国家の神道祭祀を統轄し、太政官は国家の行政を統轄する。太政官の頂点、つまり国家の政策を立案・審議する機関を議政官《ぎせいかん》といい、大臣（太政大《だいじょう》臣・左大臣・右大臣・内大臣）・納言《なごん》（大納言・中納言）・参議《さんぎ》で構成される。もっとも太政大臣だけは特別で、〝天皇の師〟というべき地位であり、行政には携わらない、一種の名誉職となる。実際に議政官の最上位で行政を統轄するのは左大臣であり、後の室町時代に足利義満が朝廷を支配した時も、彼は左大臣の地位に就いてそれを実現した。

この議政官の下で、中央省庁である八省《はっしょう》と、地方行政を司る国司が、中央・地方を分担して統治した。八省の内訳は、中務《なかつかさ》省・式部《しきぶ》省・治部《じぶ》省・民部《みんぶ》省・兵部《ひょうぶ》省・刑部《ぎょうぶ》省・大蔵《おおくら》省・宮内《くない》省と呼ばれる官庁群で、各省はその内部で、それぞれ職《しき》・寮《りょう》・司《し》と呼ばれる下級の官庁群を統轄した。例えば中務省はその指揮下に、中宮職《ちゅうぐうしき》・左右大舎人《おおどねり》寮《りょう》・図書《ずしょ》寮《りょう》・内蔵《くら》寮《りょう》・縫殿《ぬいどの》寮《りょう》・陰陽《おんみょう》寮《りょう》などを従え、統轄した。

これらの下級官庁群は養老令の段階で計四八を数えたが、平安時代に多くが形骸化し、名誉職と化した。また実質を保った官庁も各時代に即応して変化を繰り返し、中世には天皇への奉仕義務・経費・収益を丸ごとパッケージ化した利権に変貌して、一部は特定の氏族に世襲された。例えば天皇の投薬治療を司る宮内庁管下の典薬《てんやく》寮《りょう》は、室町時代には薬商人の専売権の保証料を収益の一つとする利権となったたし、酒・酢などの醸造を司る造酒司《さけのつかさ》は、京中の酒屋に対する課税権を主張する利権となった。

官職制度―令外官

また養老令の制定・施行以後も、奈良・平安時代に、社会の変化に合わせてさまざまな新しい官職が生まれた。そこで養老令に定められた官職を「令制官《りようせいかん》」といい、それ以後の新たな（令に載っていない）官職を「令外官《りようげのかん》」といって、区別した。平安初期の藤原良房《よしふさ》に始まる摂政《せつしよう》（天皇が幼い時に天皇を代行する地位）や、その子の基経《もとつね》に始まる関白《かんぱく》（成人の天皇の最高顧問として政務を統轄・差配する地位）は、令外官の最たるものである。合わせて「摂関」と呼ばれるそれらの地位も明治維新まで存続し、特に藤原道長以降は彼の嫡流の子孫しか就任できなくなって、彼らの血統を「摂家《せつけ》」と呼ぶ。そして鎌倉時代初期〜中期にかけては、藤原忠通《ただみち》の子孫が五流に別れて、近衛《このえ》家・鷹司《たかつかさ》家・九条家・一条家・二条家という五つの摂家＝「五摂家」を形成した。近世にはすべての官人が五摂家のいずれかに統属することが制度化されて、五摂家は明治維新まで官人の統轄者として権勢を振るった。

また奈良時代に蝦夷《えみし》討伐軍の主将として置かれた征夷《せいい》将軍・征東《せいとう》将軍などは、平安初期の桓武天皇の時代に坂上田村麻呂《さかのうえのたむらまろ》が任命されて以降、征夷大将軍と名前が変わり、後には鎌倉・室町・江戸幕府の将軍が世襲した。そして桓武の子の嵯峨《さが》天皇の時代には、京《きよう》職《しき》・衛府《えふ》（いずれも京中の治安維持を司る）・弾正台《だんじょうだい》（官人・庶人の不法の弾劾を司る）などの令制官の権限を吸収した検非違使《けびいし》が設置された。また大同五年（八一〇）の藤原薬子《くすこ》の変で嵯峨天皇が平城《へいぜい》上皇と対立した際には、天皇の意思をスムーズに実現するため、天皇の秘書官筆頭というべき蔵人頭《くろうどのとう》が設置された。それらはすべて令外官だが、後代まで朝廷の重要な官職として扱われた。

公卿・諸大夫・侍

「貴」と呼ばれる三位以上の人々は、公的な場では名前に続けて「〜卿《きょう》」と呼ばれ、特に大臣は「〜公《こう》」と呼ばれた（図5）。そこで、「公」または「卿」と呼ばれる三位以上の人々を「公卿《くぎょう》」という。四位の人々は名前に尸《かばね》を付けて「〜朝臣《あそん》」「〜真人《まひと》」「〜宿祢《すくね》」などと呼ばれ、五位の人々は名前で呼び捨て、六位以下の人々は姓＋名で呼ばれた。例えば足利尊氏は、姓・尸が「源《みなもとの》朝臣《あそん》」なので、六位の時は「源尊氏」、五位の時は単に「尊氏」、四位の時は「尊氏朝臣」、三位・二位の時は「尊氏卿」、大臣の時（死後に左大臣の官を贈られた）は「尊氏公」と呼ぶ。

日本では特定の位階をもつ人が就任できる官職がおおむね定まっており（これを官位相当制という）、公卿は官職でいうと大臣・納言・参議にあたる（三七頁の図5）。参議は一部に四位の人間を含み、彼らは「卿」とは呼ばれなかったが、特例的に公卿に含まれた。公卿の位階・官職に昇ることを社会から当然視され、人生の大部分を公卿として過ごす人々を、古代末期頃から「公達《きんだち》（君達《きんだち》）」と呼び、摂家などの特定の家柄と結びついた。また平安期以降、五位のことを中国風に「大夫《たいふ》」と呼ぶ風習が定着したので、五位以上で公卿未満の人々、つまり四位・五位の人々を「諸大夫《しょたいふ》」といった。本来は〝今現在に四位か五位の人々〟という意味だったが、中世には、四位・五位に昇ることを当然視され、人生の大部分を四位・五位で過ごす人々（の家柄）を「諸大夫」と呼ぶようになる。

そして生涯の大部分を六位かそれ以下で過ごす人々のうち、公達などと主従関係を結んで「侍《さぶら》う（側近く仕える）」仕事を世襲した家柄の人々は「侍《さむらい》」といわれ、ここまでが支配階級として、庶人に君臨する。

古代（周）以来、中国では支配階級を「王」「公」「卿」「大夫」「士」に分類してきた。中国には「礼は庶人に下らず、刑は士大夫《したいふ》に上らず」という理念がある（『礼記』曲礼上第一）。刑罰という肉体的な恐怖によって統制される庶民と、〝礼〟という高度で理性的な規範（敬意を表す所作の体系）に従うべき支配階級は、別々の秩序を形成していた。そして古代以来、中国的な文化への憧れを捨てきれない日本は、日本独自の身分構造をこの中国的身分にだいたい当てはめて呼んできた。その結果、

王↓親王・諸王（＝皇族）、公↓大臣、卿↓三位以上、大夫↓四位・五位、士↓六位

という風に対応することになったのである。

末端の「士」は、右でいう侍に該当する。平安期以来、武芸を家職とする侍階級が「武士」と呼ばれた事実を指摘すれば、侍≠士という関係が了解できよう。余談だが、かつて、「武士とは武装した農民だ」という学説が流行った。しかし「士」は民ではなく、民の上にある支配階級だ。だから農民が武装したところで、武士と呼ばれるはずはないのである。

天皇は身分秩序の原点

このようにして日本人は、位階・官職を組み合わせて自分の地位を表現した。その序列は厳密で、例えば同じ参議でも位階が三位なら、四位の参議より偉い。同じ三位の参議でも、就任日が早い方が偉い。位階も就任日も同じなら、年齢の高い方か家柄が尊重される。そして位階・官職の昇進は、平安中期以降は主に家柄によって決まる。「諸大夫」層が、例えば受領《ずりょう》（現地に赴任する国司の守《かみ》＝長官）を歴任して莫大な財物を摂関・上皇などに献上したり、たまたま天皇の外戚になるなどして、時折、参議や三位に昇ることがあるが、「低い家柄の分際で」と非難の対象になる。それを尻目に、摂家に生まれた長男は、少年のうちに公卿に昇り、それも参議を飛ばして中納言となり、すぐに大納言となって、二〇歳過ぎであっという間に大臣になる。

そして家柄の問題で最も重要なのは、天皇に位階がないことだ。それは、位階が〈天皇との身分的な距離を表現した数値〉だからである。一位の人は三位の人よりも、三位の人は五位の人よりも天皇に近く、つまり数値が低いほど天皇に近い。あくまでも天皇との距離を測る物差しなので、天皇は物差しの原点であり、無理を承知で数値化するならば、天皇の位置は0《ゼロ》である。同様に、天皇の地位は官職ではない。それは、官職が〈どのような仕事で天皇に奉仕するか〉を表現したラベルだからである。

さらに周知の通り、天皇には姓（氏）がない。それは、姓が〈天皇にとって何者であるのか〉を表現するラベルだからだ。日本（倭）の姓の本質を最もよく伝える逸話を一つ挙げれば、六世紀半ば、百済から来た王辰爾《おうしんに》という渡来人に、「船史《ふねのふひと》」という倭国風の姓が与えられた事例がある。彼は朝廷の船の数を記録する役割（「史《ふひと》」）を倭国で任されたので、それを記念して「船史」姓を与えられた（『日本書紀』欽明天皇一四年七月四日条）。

また仕事内容ではなく、出自（先祖の天皇との関係）を示す姓も多い。「清原」氏は〈飛鳥浄御原《きよみはら》宮を造った天武天皇の子孫〉を意味し、平安時代以降に嵯峨天皇の子孫などが与えられた「源」姓は〈天皇と源流が同じ〉という意味、また桓武天皇の子孫などが与えられた「平」姓は、おそらく〈平安京を造った桓武天皇の子孫〉を意味している。延暦六年（七八七）、長岡京時代の桓武天皇が子に「長岡」姓を与えたことがあり、これは明らかに〈長岡京を造った桓武天皇の子孫〉を意味する（『新撰姓氏録』左京、皇別）。これらはすべて〈天皇にとって自分が何者か〉を示すもので、そのような姓は、当然ながら天皇自身には不要だ。だから天皇とその一家には、現在でも姓がないのである。

平安京の構造と身分制度——観念的な秩序の実体化

根幹としての位階

右に述べた姓・位階・官職はすべて、天皇の視点から人々の社会的地位を表現したラベルだが、それぞれ性質が違う。姓は所属する血統集団を表し、位階は個人の等級を表し、官職は個人がいま天皇のために従事する仕事《タスク》を表した。姓は特殊な事情がない限り世代を超えて受け継がれる永続的なものだが、位階と官職は個人の人生の間で何度も変動する。そして位階だけが、あらゆる日本人の完全な序列《ランキング》を表現できる。

姓にも、身分的な尊さを表す性質がないわけではない。姓は血統のラベルであり、血統には尊卑優劣があるので当然である。奈良時代、称徳天皇は藤原仲麻呂に忠節の褒美として「藤原恵美《ふじわらのえみ》」姓を与え、また和気清麻呂に「輔治能《ふじの》」姓を与えた。また後には、称徳は道鏡事件の罰として清麻呂から「輔治能」姓を没収して「別部《わけべ》」姓を与えた（『続日本紀』天平宝字二年八月二五日条・神護景雲三年九月二五日条）。そのように姓の変更が賞罰となり得た事実は、姓に尊卑の差があった証左である。しかし、姓の本質は天皇と臣下の一対一の関係を示すものであって、他の姓との関係は度外視されているし、序列を定めた規則もない。そもそも日本の姓はあまりに多く、平安初期の弘仁六年（八一五）に作られた『新撰姓氏録』（姓とその由来のリスト）には、京畿（平安京と周辺五ヵ国）の居住者だけで一一八二も姓がある。全国規模では二〇〇〇に届いたかもしれず、それらを序列化することは実際問題として不可能だ。

尸《かばね》がその役割を果たしたはず、と思われるかもしれない。確かに七世紀末、天武天皇は八色《やくさ》の姓《かばね》を制定し、真人《まひと》・朝臣《あそん》・宿祢《すくね》・忌寸《いみき》・道師《みちのし》・臣《おみ》・連《むらじ》・稲置《いなぎ》の序列を定めた（『日本書紀』天武天皇一三年一〇月一日条）。しかし道師と稲置は実例が一つもないし、逆に、右に含まれない尸も多く存在した。例えば上賀茂《かみがも》・下鴨《しもがも》神社の賀茂（鴨）姓の神官は、県主《あがたぬし》という尸を明治維新まで名乗り続けた。また清原真人は藤原朝臣や卜部《うらべ》宿祢より尊いはずだが、実際には七世紀に中臣鎌足が藤原朝臣となって以降、天皇を除く日本の最高権力者はほぼ藤原朝臣・源朝臣・平朝臣に限られたため、朝臣が最も尊いと見なされた。その結果、室町時代には清原氏を代表する清原業忠《なりただ》という人物が、最も尊いはずの真人の戸を棄てて清原朝臣に改めたいと、（本来なら降格にあたる）申請をして認められたほどである。一貫して現実と建前が合致しない八色の姓もまた、序列化の機能を果たせていない。

そして官職も、身分の上下を表す体系ではない。四等官（長官《かみ》・次官《すけ》・判官《じょう》・主典《さかん》）という上下関係はあったが、一つの官司の中の序列にすぎない。また官司同士の間に、太政官—中務省—陰陽寮といったような統属関係はあったが、摂関・蔵人・検非違使・征夷大将軍など、多くの令外官がこの統属関係から外れ、他の官司と上下関係にない。そしてそもそも、官職は今の職務を示すラベルにすぎず、本質的に上下関係を示すものではない。

ところが、それらが果たせない機能を、位階は完全に果たした。臣下の正一位〜従初位下の三〇段階のほか、位をもたない「無位《むい》」という立場も一つの地位であり、これですべての臣下が網羅できる。また天皇が位をもたないことも、〝座標系の原点〟という一つの地位を意味し、親王は一品《いっぽん》・二品《にほん》・三品《さんぼん》・四品《しほん》（と位をもたない「無品《むほん》」）という別の体系で序列化されたので、これで皇族も網羅できる。そして親王は臣下の上位と決まっているので、二つの体系は混乱しない。したがって、二人の日本人同士の関係は、位階制によって必ず身分関係（上下または対等）が判定可能であり、例外も誤解の余地もない。

そのような確実さ・明快さと網羅性を、位階制だけが完備していた。それは、位階が律令制日本の身分制度の根幹であったことを意味する。

位階と対応した宅地面積

そのことは同時に、位階に基づいて人々を並べれば、日本の根幹的な社会構造（人間関係の総和）の全体を、矛盾なく明快に、一つの平面に表現できることを意味する。そしてここで、平安京が、天皇の居所（大内裏）を原点とする二次元の座標系（グラフ）だという、三四頁の話を思い出されたい。位階制もまた天皇を原点とする一次元の座標系なので、両者は重ね合わせることが可能だ。具体的にいえば、位の高い人間ほど天皇に近いという社会構造は、実際に大内裏（天皇）との物理的な距離で示すことができる。朝廷は、位階制の秩序を唐風都城に投影することで、都城が真に律令国家の物理的実体として機能することに気づいた。

朝廷がそれを実行に移した形跡がはじめて確認できるのは、聖武天皇が難波京に遷都を試みた、奈良時代の天平一六年（七四四）である（ただし一年で挫折して平城京に戻った）。難波京造営に着手した時、聖武は「難波京の宅地を班給《はんきゅう》す。三位以上は一町以下。五位以上は半町以下。六位以下は四分の一町の一つ以下なり」（『続日本紀』天平六年九月一三日条）と命じた。難波京の土地を人々に分け与えるにあたり、都に造ってよい邸宅の広さを、三位以上は一町まで、四位・五位は半町（二分の一町）まで、六位以下は四分の一町までとせよ、と定めたのである。少なくともそれ以来、平安京に至るまで、都に構える邸宅の広さは制度上、厳密に位階と対応させられることになった。

位階ごとの居住地の偏り

また居住実態については、平安京より前の平城京で、次のような傾向があったことが、これまでの研究でわかっている（家原圭太・二〇一二）。平城京では、位階の高い人々に大路沿いの宅地が与えられ、低い人々には小路沿いの宅地が与えられた。また宅地の多くは、左京の四条大路より北に分布した。右京には宅地が少ないうえ、二分の一町という中規模か、それを下回る規模の邸宅しかなかった。これと同じ現象が、平安京でも発生していた事実（後述）は、大変興味深い。

さらに、方角によっても居住者や宅地の規模に偏りがあった。まず南北方向では、平城京の六条大路より南には、五位以上の宅地が見られなかった。そして東西方向では、一町以上の大規模宅地が左京の一坊・二坊（中軸線＝朱雀大路に最も近い区域）に集中し、三坊・四坊（朱雀大路から遠い区域）に六位以下の官人の宅地が多く、一町未満の宅地は平城宮（大内裏）から離れた場所に分布した。

以上を大雑把にまとめれば、官人の位階が高いほど、邸宅の面積が広く、邸宅が面する街路の規模は大きく（広く）、北（大内裏）に近く、中心線（朱雀大路）に近い、という傾向が見て取れる。つまり、天皇との身分的な距離（位階）と、京中における天皇との物理的な距離が比例しており、大内裏を中心とする身分的な同心円が京に描かれていたのである。短期間で廃された長岡京を挟んで、実質的に平城京を直接継承した平安京でも、少なくとも初期には、平城京と同じ様子であったと見てよいだろう。

このように、都とは、天皇を頂点とする社会（身分）秩序を目に見える形で建造物の形・規模・配置に表現し、その秩序を日々体感させて再生産するシステムであった。しかもそれは、都の物理的な構造で表現されただけではない。そもそも〝都〟という天皇の居住地に、天皇とともに住むこと自体が、高貴な身分の特権であり、象徴なのであった。それと本質的に同じ現象を、われわれは現代の北朝鮮に観察できる。北朝鮮では、〝将軍様〟とともに平壌《ピョンヤン》に住めるのは、特別に許可された特権階級だけだ。それは求心力の維持・向上を図る権力者の常套《じょうとう》手段なのである。

京に住むのは貴族の義務

もっとも、日本の都城制ではむしろ、広い意味での貴族（令制の「通貴」以上）にとって、都に集住することは義務であった。それは、藤原京遷都を機に有力な豪族を根拠地から切り離し、京に集住させて〝天皇への奉仕者〟に徹する官僚へと転換させ、彼らが担った朝廷の各部局も京中に回収して中央集権を確立しようとした経緯（前述）の延長線上にある。律令制の戸籍制度では、官人・民は必ず「本貫《ほんがん》」という本拠地と結びつけられて登録されていたが、天武天皇以後、平安時代初期まで、主だった官人の本貫を京に移動させて「京戸《きょうこ》」とする施策が継続され、都という物理的装置と官人という属性が、緊密に結びつけられた。

平安中期の長元四年（一〇三一）、ある中級官人の居住地について、「城外、三箇年に及ぶ。罪科《ざいか》軽からざるか（平安京外に三年間移住した罪は軽くないのではないか）」と問題視された。「五位以上の故《ゆえ》無く城外すること、公家《こうけ》重ねて禁制《きんぜい》する所なり（五位以上が特段の理由もなく平安京外に住むことは、朝廷で何度も禁じている）」というルールに違反したからである（『左経記』長元四年三月二八日条）。休暇や療養（湯治など）の正式な届出手続きをして許可されない限り、五位以上の人が京外に出ることは犯罪であった（西山良平・二〇〇二）。

また派生型として「五位以上が畿外に住むこと」を禁じるルールも、平安期までに成立した。京を中心とする山城・大和・河内・摂津・和泉の五ヵ国は「畿内」という特別区であり、そこから出て住んではならないとされたのである。これはおそらく、右に述べた官人の京中居住義務がしばしば破られたため、せめて畿内からは出ないようにと、ルールを緩和したものと思われる。長元四年、平維衡《これひら》（清盛の祖先）と同族致経《むねつね》の合戦が朝廷で問題視された時には、合戦もさることながら、維衡が四位でありながら伊勢に居住していたこと自体が問題とされている（『小右記』長元四年九月二〇日条）。

このように、日本の国土には観念上、〈天皇の邸宅（内裏）→大内裏→都→畿内→その他地域〉という同心円が存在した。その同心円は身分秩序と厳密に結合され、身分が高い人々は中心に最も近い都に縛りつけられた。そして都の内部では、居住者のさまざまな身分階層（公卿から庶民まで）が、住宅の面積・所在地や設備の種類・有無で表現された（山中敏史・一九八六）。

〝威信財〟としての平安京

それらの中心にあったのは、常に天皇である。都のあらゆる構造は、天皇の権威や尊さ、つまり天皇の威信を物体化させたものだ。平安京の本質は、いわば〝威信財〟なのである。威信財とは、所有者の威信を他者に見せつけることを最大の役割とする財産であり、そこでは実用性は二の次となる。したがって、その形は必ずしも実情に合わせる（実用性を考慮する）必要がないし、威信を示すためならば実用性は容易に犠牲にされる。

平安京が威信財であるならば、平安京のそこかしこに、実用性を犠牲にしてでも天皇の威信を発信する仕組みがあったはずだろう。では、それはどこに、どのような形で現れ、それが平安京のどのような特質を示すだろうか。それを探るためには、平安京から特に実用性に欠ける部分を見つけ出し、観察すればよさそうだ。

実用性なき平安京

平安京を守る朝廷、平安京を破壊する住人

住人の街路清掃・維持義務

平安京の街路・居住区などの運用方法には、さまざまな規則があった。延長五年（九二七）に完成し、康保四年（九六七）から施行された律令の施行細則『延喜式《えんぎしき》』に、その規定がある。代表例を列挙してみよう。

① 凡《およ》そ京路《きょうろ》は皆、当家《とうけ》をして毎月掃除せしめよ。（左右京職、京路掃除条）

② 凡そ道路の辺の樹は、当司《とうし》・当家これを栽《う》えよ。（同、道路樹条）

右の①・②は、京中の街路に沿って庁舎や住宅を構える官庁・住人に対して、街路樹の植栽や定期的な路面清掃を義務づけたものである。現代でも〝向こう三軒両隣〟を住民が自発的に清掃する慣習があるが、平安京では、自宅前の路面清掃は法的義務であった。また現代では、街路樹の植樹・整備は主に国や地方自治体が行うが、平安京ではそれについ

ても沿道の住人が法的に責任を負った。都市の景観保全は、住人側の義務であった。その義務の徹底に関しては、次のような規定がある。

> ③　凡そ台《だい》、京裏《きょうり》を巡行し、厳しく決罰《けつばつ》を加え掃清《そうせい》せしめよ。宮外《きゅうがい》に在《あ》る諸司、幷《なら》びに諸家、当路を掃除せよ。又た樋《ひ》を置き水を通し、汚穢《おあい》を露《あらわ》すこと勿《なか》れ。又た条《じょう》令《れい》・坊長《ぼうちょう》等、例に依《よ》り毎旬《まいしゅん》巡検し掃を催せ。若《も》し此《こ》の制に従わざる諸家司《しょけいし》、幷びに内外の主典《さかん》以上は、式部・兵部に移《い》し、考《こう》を貶《おと》し禄を奪え。四位・五位は名を録《しる》し奏《そう》聞《もん》せよ。無品《むほん》親王家、及び所々の院家《いんけ》は、其《そ》の別当官を以《もっ》て諸家司に準じ、亦《ま》た省に移《い》して貶し奪え。其《そ》の雑色《ぞうしき》・番上《ばんじょう》以下は、蔭贖《おんしょく》を論ぜず笞《ち》に決《けつ》せよ。（弾正台）

平安京の条坊制では、東西四町×南北四町の正方形ブロックである「坊」と、その「坊」を東西に四つ並べた「条」のそれぞれに、「坊長」と「条令」という責任者が置かれた。右の規定によれば、諸官庁・住人は庁舎・住宅の面する街路を掃除し、また「樋」（水路）を設けて常に水を通し、汚れを水洗する義務を負い、これを監督したのが坊長・条令であった。彼らは一〇日ごとに管轄区域を巡回し、官庁・住人が清掃義務を果たすよう督促した。

官庁や住民がこれを怠った場合、弾正台《だんじょうだい》という官庁が処罰に乗り出す。弾正台は宮城内外の風紀を弾劾して正す官庁で、取り締まる対象は主に朝廷の機関やその職員（廷臣）であったが、風紀粛正の一環として、京中の巡回と清掃義務違反の摘発も職務とした。

義務違反の罰と身分と〝礼〟

違反者がどう処罰されるかは、違反者の身分によって異なった。違反者が院（上皇や上皇待遇の貴人）・親王や貴人の家の家司《けいし》・別当（いずれも貴人の家政を統轄する職員）、官庁の三等官（長官・次官に次ぐ職位）以上なら、式部省か兵部省（それぞれ文官・武官の人事を司る官庁）に連絡し、人事考課でマイナス評価を与え、禄（給与）を奪うよう指示された。また違反者が四位・五位ならば名を記録し、天皇に報告した。前述のように四位・五位は貴族の末端で、いわば〝天皇に名前を覚えてもらえる特権階級〟の最下層である。したがって違反者として天皇に報告されることは、個人として天皇の機嫌を損ねるというペナルティを意味する。

そして違反者が右未満の下級役人・庶人ならば、特別な血統により罰金刑で済む特典をもつ人かどうかを問わず、「笞《ち》」（鞭打ち刑）に処せ、という。厳しいペナルティであり、朝廷が平安京の美観維持をきわめて重視したことがうかがわれよう。

庶民が肉体刑を与えられるのに、五位以上の官人が人事査定の低下や減俸といった程度で済まされたのは、先に触れた「礼は庶人に下らず、刑は士大夫に上らず」という、中国的な理念の実践にほかならない。平安京では、日常的な規律においても貴族と庶人の身分差が明示・再生産されたのであり、また〈貴族は〝礼〟にしたがって振る舞うべき〉という、中国的な統治理念を実践する場にほかならなかったのである。

京を破壊する住人

右のような罰則規定があるのは、実際には京の住人が平安京の構造・美観維持に、熱心でなかったからだ。弘仁六年（八一五）、朝廷は太政官符《だいじょうかんぷ》（太政官が発する行政命令）を下して、京の現状を次のように歎き、非難した。

頃者《このごろ》、京中の諸司・諸家、或《ある》いは垣《かき》を穿《うが》ちて水を引き、或いは水を壅《ふせ》ぎて途《みち》を浸《ひた》す。宜《よろ》しく所司《しょし》に仰《おお》せて咸《ことごと》く修営《しゅうえい》せしむべし。流水を家内に引くことを責めず、唯《た》だ汚穢《おあい》を墻《かき》の外に露《あらわ》すことを禁《いまし》めよ。（『類聚三代格』巻一六、堤堰溝渠事、貞観七年（八六五）一一月四日太政官符所引弘仁六年二月九日太政官符。同巻二〇、断罪贖銅事、天長五年（八二八）一二月一六日太政官符所引弘仁一〇年一一月五日太政官符）

平安京の街路は、路面の両脇に溝（水路）が走り、その外に犬行《いぬはしり》とよばれる空間があり、その外に宅地との間を遮《さえぎ》る垣（美観を保つ築地塀）が建てられていた（次頁の図6）。しかし近ごろ、京中の官庁や住人が垣に穴を開けて、街路沿いの水路から勝手に水を庁

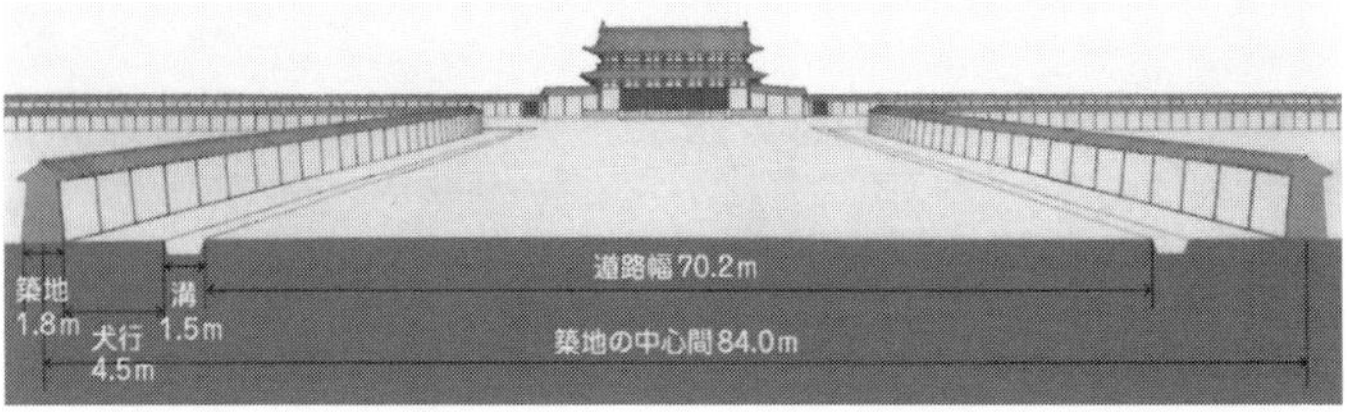

図6　朱雀大路の規格と景観（公益財団法人京都市埋蔵文化財研究所2006, p.25より）

舎・自宅内に引いたり、水路を塞いで流れを妨げ、街路を水浸しにしたりしている。管轄の官司（京職など）に命じて、すべて元通りに修復させせよ。もっとも、水路から浄水を宅地に引き入れること自体が問題なのではないから、責めなくてよい。ただ、穴を開けた垣から、宅地内の汚れた様子や雑然とした様子が見える状態がまずいので、禁止せよ、という内容である。そしてこれに違反した場合は、右の『延喜式』③と同じ罰を科すという（ただし庶人の違反者に科す鞭打ち刑の回数が、「笞五十」と明記されている）。

しかも一三年後の天長五年には、右の規則・罰則にもかかわらず、破壊や汚損の放置が一向に改善されず、限られた自分たちの動員力では修理が追いつかないと、修復を命じられた京職が歎いている（右の同年一二月一六日太政官符所引左京職解）。

朝廷と住人の利害対立

これらの情報は、本書の課題に関わる重大な事実をいくつか含んでいる。

第一に、平安遷都からわずか二一年しか経っていない段階で、早くも京の住人が生活の利便性のため、平安京を破壊・改変し始めていたことである。平安京は造営された最初から、発展させるどころか、造っては壊され、破壊者を罰して修復してもまた壊されるという、内部からの破壊行為と戦い続ける、いたちごっこを宿命づけられていた。平安京全体が規格通りの正しい姿をした完成形を見られる日は、絶対に来ないことが決まっていたのである。

第二に、平安京を造った側と住む側の間に、相容れない利害対立があったことが明らかだ。造営した朝廷の意図を忠実に守ると住人は暮らしにくいのであり、住人が暮らしやすくすると平安京は破壊されざるを得ないという、都市として致命的な矛盾を、平安京は最初から抱えていた。平安京は、住人にとっての実用性を犠牲にせねば維持できない都市であった。それはつまり、平安京が最初から実用性を犠牲にすると割り切って設計された都市であったことを意味する。

第三に、「水を引くのは許すが、垣に開けた穴から、内部の汚い部分を見せるのは許さない」と立法の趣旨が述べられた点に、平安京の本質が見える。朝廷が嫌ったのは、垣や水路の破壊・改変よりも、その結果として汚いものが街路から見えること自体であって、美観こそ生活に優先する平安京の存在意義であったことが明らかである。

かくして平安京の歴史はその後、京を美しく保ちたい朝廷と、京で生活したい住人との、まったく相容れない立場同士のせめぎ合いとして展開することになる。そして古今東西を問わず、民衆は多いが官僚は少ない。そして何ごとも、保つのは難しいが破壊するのはたやすい。この戦いは、絶対に住人の勝利に終わると決まっていたのであり、事実その通りになった。都市民が生活しなければ成り立たないはずの都市が、住人の利便性を犠牲にして設計されていたことは、後にその姿を保てなくなった平安京の最大の敗因である。

〝礼〟を可視化する美観

住人の勝手な破壊・改変は京中の各所に及び、朱雀大路もそれを逃れることができなかった。

④　凡そ宮城の辺《わたり》・朱雀路の溝、皆、雇夫《こふ》をして掃除せしめよ。（『延喜式』京職、宮城朱雀等掃除条）

⑤　凡そ朱雀大路に馬・牛を放し飼《か》い、職中雑事《しきちゅうぞうじ》に繋《つな》ぎ充《あ》つれば、其の主の来るに随《したが》い、即ち決罰を加えて放免せよ。（同、朱雀馬牛条）

④は、大内裏周辺と、大内裏南面中央の正門「朱雀門」から南へ延びる朱雀大路の両脇に掘られた溝を、特に人夫を雇用して掃除・維持するよう定めている。また⑤は、朱雀大路における馬・牛の放し飼いを禁じている。いずれも、平安京のメイン・ストリートというべき朱雀大路の景観と機能の維持を、重要視したものである。

これも、わざわざ禁止令が出されたからには、実際に朱雀大路で牛馬の放し飼いを行う住人が、目に余るほど存在したと考えざるを得ない。牧場として使えるほど、朱雀大路が広大な空閑地であったことに、注意しておきたい。そしてその規模は、沿道の官庁・住民の労働力で美観を維持できるレベルを超えた広さであったため、人夫を雇って清掃させる規定が作られたものと考えられる。

⑥ 凡そ京中の路辺の病者・孤子《みなしご》は、九箇の条令に仰せ、其の見ゆる所、遇う所、便に随い、必ず施薬院《せやくいん》及び東西悲田院《ひでんいん》に取り送らしめよ。（同、路辺病者条）

右は、路上の（つまりホームレスの）病人や孤児を見つけたら、必ず施薬院（官営の病院）か悲田院（官営の救済施設）に送るよう、各「条」の責任者＝条令に義務づけた規定である。それは住人の最低限の生活を保障しようとする、いわば福利厚生の法令には違いない。しかし、このような規定が必要であったということは、実際には路上に病人が放置され、ストリート・チルドレンが蠢《うごめ》く景観が、平安京で珍しくなかったことを意味する。

そして重要なのは、彼らが放置されたままの景観は、美観の対極にあるということである。病人・孤児を特定の施設に収容する規定には、平安京の美観を保つという側面が確かにあった。しかも彼らのような社会的弱者を放置することは、〝徳〟のある王者として民衆に君臨する天皇として不適切であり、ひいては日本が仁愛に欠ける野蛮人の国であることを意味してしまう。この条項は、平安京の美観が天皇の〝徳〟の問題と直結していたことを示している。

このことから類推しても、やはり平安京の美観を損なうことは、本質的に住人の快適さの問題ではなく（住人にすれば、牛馬の放牧を認められた方が便利で快適だっただろう）、理想の文明国としての日本国の秩序と、天皇の権威を損なうことの問題であったと見なされよう。東アジア世界では、王者を頂点とする整然とした社会秩序を保つ仕組みを〝礼〟といった。先に確認した、宅地の配置・面積と位階の厳密な関係などと総合しても、平安京は〝礼〟を可視的に表現し続ける装置であったと結論できる。

平安京は日本の実情に合わせて造られたか

右に挙げた平安京の日常的な維持管理に関する規定は、おおむねわれわれにも理解可能な、美観維持を目的とする景観条例である。しかし『延喜式』には、それらに混じって、奇妙なルールが存在した。

大路に門を設けてはならない

Ⓐ凡《およ》そ大路《おおじ》に門屋《もんおく》を建《た》つることは、三位《さんみ》已《い》上《じょう》及《およ》び参議《さんぎ》これを聴《ゆる》せ。身《み》、薨卒《こうしゅつ》すと雖《いえど》も、子孫居住の間はまた聴せ。Ⓑ自余《そのほか》、門屋《もんおく》に非《あら》ずして制《せい》の限《かぎり》に在《あ》らざるを除《のぞ》き、其《そ》の城坊《じょうぼう》の垣《かき》、開《ひら》くことを聴さざれ。（『延喜式』、左右京職、大路門屋条）

右の規定の内容は、次のような意味である。

Ⓐ大路に「門屋」を建てることは、三位以上か参議以上だけに許可する。ただし彼らが死亡して子孫が住み続ける場合は、（子孫ら自身が右の地位になくとも例外的に）許

① 東寺北総門（鎌倉時代，重要文化財）

②『幕帰絵詞』巻二（国立国会図書館蔵）

図7　門屋（いずれも四足門）

可する。Ⓑまた、「門屋」扱いでないとして許可されている場合を除き、「条坊」の「垣」を開いてはならない。

「門屋」とは、図7のように、屋根と柱で装飾された本格的な門を指す。「三位以上か参議以上」の人々とは、先に述べた最上級の特権階層＝「公卿《くぎょう》」のことだ。したがって右の法令の前半部（Ⓐ）は、「公卿以外は大路に本格的な門を構えてはならない」と述べている。

奈良時代の天平三年（七三一）、京職が「三位已上の宅門、大路に建つること、先に已《すで》に聴許す（三位以上が自宅の門を大路に建てることは、すでに許可されている）」と述べているので（『続日本紀』天平三年九月二日条）、前半部（Ⓐ）と同内容の法がそれ以前に平城京でも存在したことが確かめられる（ただし、門を建ててよい例外として、三位以上に加えて『延喜式』では参議以上が新たに加わっている）。

後半部（Ⓑ）は、「門屋」でない通路を「条坊」の

「垣」に設けることを、特例として認めている。これは本式の門でない、通用口・勝手口の類を造って垣を貫通させることは認める、という例外を意味していよう。

垣（築地）の規格

「垣」は「築地《ついじ》」「築垣《ついがき》（築墻《ついがき》）」とも呼ばれる土製の塀で、土を一定の高さに盛り上げては突き固めることを繰り返す、「版築《はんちく》」という作業で造られた土塀に、瓦葺きなどの屋根を載せたものである（次頁の図8）。

垣の規格は場所によって異なり、『延喜式』（左右京職、京程条）によれば、基底部の幅は宮城四面の（大内裏を取り囲む）垣で七尺（二・一メートル）、小路の両脇の垣で五尺（一・五メートル）、大路の両脇の垣と羅城（南端の九条大路の外側、羅城門の両脇）で六尺（一・八メートル）である。

垣の高さは右の規定に明記されないが、実は『延喜式』の別の箇所（木工寮《もくりょう》式、築垣条）に、律令制下の一般的な「築垣」の規格が書かれている。それによれば、基底部の幅（厚さ）・最上部の幅と高さの対応関係と、基底部に対する高さの比率は、次の通りである。

基底部の幅	最上部の幅	高さ	比率
六尺（一・八メートル）	四尺（一・二メートル）	一丈三尺（三・九メートル）	二・二倍
五尺六寸（一・六八メートル）	三尺六寸（一・〇八メートル）	一丈二尺（三・六メートル）	二・一倍
五尺五寸（一・六八メートル）	三尺五寸（一・〇五メートル）	一丈一尺五寸（三・四五メートル）	二・一倍
四尺五寸（一・三五メートル）	三尺（〇・九メートル）	一丈（三メートル）	二・二倍

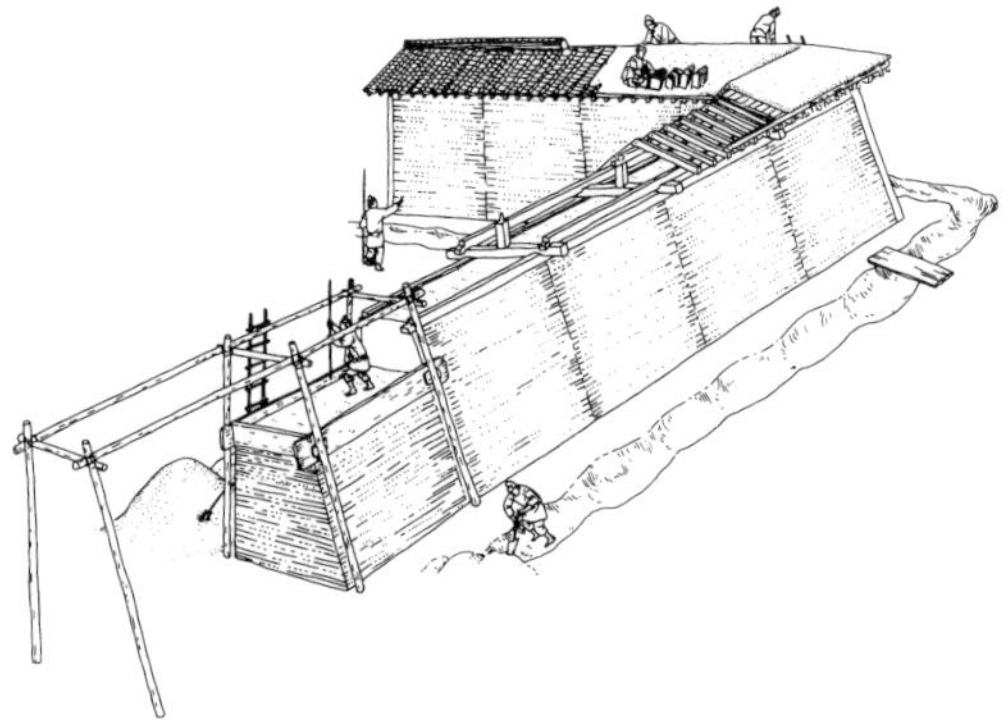

図８　版築（築地塀の造営）（奈良文化財研究所『古代の官衙遺跡Ⅰ遺構編』p.105，図１より）

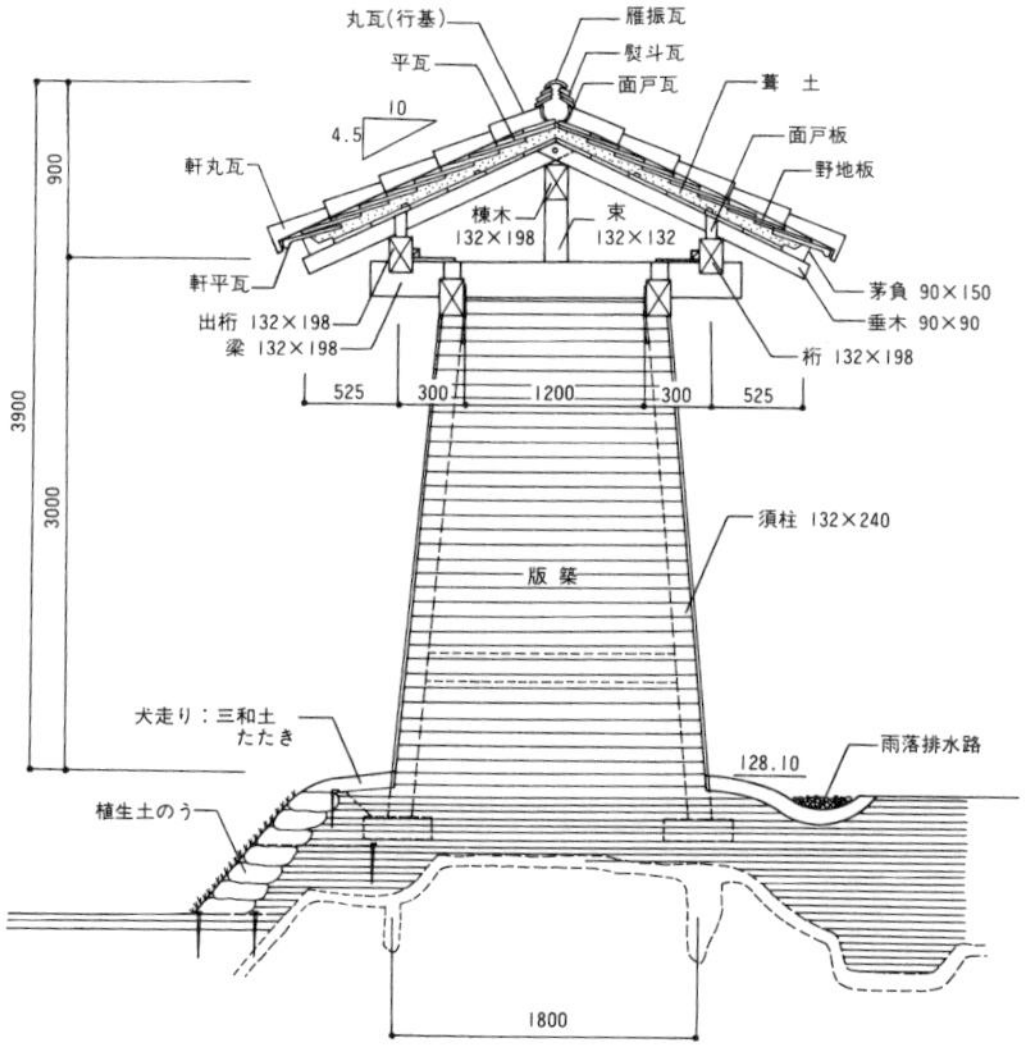

図９　上野国分寺の復元された築地塀（群馬県教育委員会1994，p.46より）

右により、基底部の幅に対して高さは二・一〜二・二倍という、垣（築地）の一般的な規格が得られる。上野国《こうずけのくに》国分寺の築地の復元では、基底部の幅一・八メートルに対して、屋根まで含めて三・九メートルの高さ（幅に対して約二・二倍）という、右の最も大きい築地と同じ規格で復元されている（図9）。この比率で考えると、宮城四面の垣（大垣《おおがき》）は高さ約四・六メートル、小路の両脇の垣は高さ約三・三メートル、大路の両脇の垣と羅城は高さ約三・九メートルとなる。宮城四面の垣は「大垣」と呼ばれるだけあって、右の最大の築垣より大きい、規格外の巨大な垣であった。今日、京都の三十三間堂（蓮華王院）の南端に残る、豊臣秀吉が寄進した築地塀（太閤《たいこう》塀《べい》。国指定重要文化財）の現物が高さ五・三メートルなので、宮城四面の大垣はそれより〇・七メートルほど低いものを想像すればよい。

図10　西宮神社の「大練塀」（筆者の身長は172cm）

また西宮《にしのみや》神社（兵庫県西宮市。国指定重要文化財）の「大練塀《おおねりべい》」は、修理中に一四世紀までの中国銭が壁土の中から発見されており、確実に室町時代に造られた築地塀である（図10）。そしてその築地塀の寸法が基底部の幅一・五メートル、高さ三・八メートルで、平安京の大路両脇の垣や羅城とほぼ同じ高さになる（高橋慎一朗・二〇〇九）。

四町×四町＝一六町の〝坊〟は必ず周囲を大路に囲まれており、大路と内部の間は高さ三〜四メートル程度の隔壁（垣）で区切られていた。つまり〝坊〟は、完全に密閉された空間なのであった（垣の中央に設けられた〝坊門《ぼうもん》〟でのみ、坊の内外に出入り可能。七四頁の図11参照）。したがって大路に面した邸宅では、住人が大路の垣の中に閉じ込められてしまわないよう、やむを得ず簡素な勝手口の設置を、例外的に認めたのだろう。

ほぼ誰も大路に門を造れない

ところで、右の法令のⒶで例外的に門屋の建造が認められている〝公卿〟という集団は、きわめて限られた一握りの人々であった。朝廷で書き継がれた公卿の人名録『公卿補任《ぶにん》』を見ると、右の『延喜式』が完成した延長五年（九二七）には、公卿は議政官の一五人しかいない（官職をもたない三位として公卿である者は、康保四年（九六七）に参議を辞めた小野好古《おののよしふる》まで現れない）。鎌倉時代頃から公卿はインフレを起こして爆発的に増えたが、それでも一〇〇人程度であって、日本全体や平安京の住民全体から見れば限りなく小さな特権階級である。いい換えれば、平安京の住人のほぼ全員は、公卿ではなかった。したがって右の法令は、「平安京の住人のほとんど全員は、大路に堂々と門を構えてはいけない」と述べているに等しい。

大路は、平安京内の主要な幹線道路だ。つまり右の法令は、「主要な幹線道路に面した居住区が、その道路に向かって門を構えてはいけない」といっている。現代人のわれわれは、そのような禁止令に、違和感を感じざるを得ない。今日、オフィスビルや住宅を幹線道路に面する土地に建てる時、「その道路に面して門を構えない」という発想は、ほとんどありそうにない。そのような好立地のオフィスビルは、例外なく大通りに面して誇らしげに正門を構えている。それは実用面から見ても至便であるし、立派なビルの表玄関はその企業の〝顔〟であって、通行人にその企業の風格を伝えるうえでも最も有効なのだから、当然である。むしろ通用門こそ、脇の小道にひっそりと設けられるべきではないか。

しかし、『延喜式』の規定は逆だ。主要幹線道路には、堂々と居住者の風格ある〝顔〟を展示してはいけない、と主張している。平安時代の朝廷とわれわれの間には、都市の街路の設計・利用に関する思想に、大きな隔たりがあったことになる。

〝門を構える〟ことは尊大

大通りに面して正門を構えることが、実用性の面でも、威厳の誇示という面でも好都合であることは、実は古代・中世においても変わらない。

例えば、四脚門《よつあしもん》（四足門）という種類の門を自宅に構える資格について、「四足門・棟門《むねもん》・唐門《からもん》等の事、／大臣以上、これを立つ……唐門も大臣家これを立つと云々」、「居所ノ事、大臣家ニハ四足アリ」などという規則が、古代〜中世にかけて存在した（『諸談部類』所引『愚要抄』、『海人藻芥』）。いずれも、「四脚門は大臣以上でなければ設けてはいけない」という禁止事項である。

四脚門（四足門）とは、四本の柱（街路側に二本、宅地側に二本）が、文字通り足のように屋根を支える門である（図7の東寺の北総門は、現存する貴重な鎌倉時代前期の四脚門の現物。国指定重要文化財）。四本の柱は、門としての機能上、まったく不要の装飾だ。それを、大臣以上というきわめて身分の高い人物（前近代日本では、大臣は四人しかいない）しか設けてはいけないという。それは、門の形式が居住者の身分の高さを表す機能をもったことを意味し、四脚門では四本の柱がその役割を担ったのである。

南北朝期の康永四年（一三四五）、室町幕府の初代将軍足利尊氏の弟で、幕政を実質上主導する〝執権〟の地位にあった足利直義《ただよし》は、自宅を火事で焼いてしまった。直義はこれを修築する際、朝廷の元老にして著名な故実家であった左大臣洞院公賢《とういんきんかた》に、次のように問い合わせた。「昔の鎌倉幕府では、鎌倉の将軍の邸宅の南面に門があった。しかし洛中では、南面に門を設けた邸宅は（内裏以外に）先例がない。自分の家の南面に門を造って大丈夫だろうか」と（『園太暦』康永四年正月一五日条）。わざわざそう問い合わせた以上、直義は、門を構えること自体を躊躇し、遠慮していたことになる。それはつまり、〈街路に対して門を設ける〉という行為自体が、尊大な行為と見なされたことを意味する。

このように、身分制社会であった前近代では、特定の形式の門を構える資格は、身分の高い人物に限られた。その発想の痕跡は、今日でもわずかに大寺院で確認できる。

門は権威を示す威信財

寺院の三門《さんもん》（山門）は本来、寺の表玄関であったが、重要文化財に指定されるような大寺院の三門は、門というより一つの建物であり、その規模や装飾性は門本来の実用的機能を遙かに超えて、大きく華美である。そして門としての実用性の乏しさのあまり、今日では必ずしも門として使われなくなってしまった。

観光地化した寺院では、特にそれが著しい。例えば京都の妙心寺《みょうしんじ》・建仁寺《けんにんじ》・南禅寺《なんぜんじ》・東福寺《とうふくじ》などの三門は一種の置物と化しており、三門を通らなくともその横から自由に出入りできるし、寺によっては（維持管理の観点から）門自体の通行が禁止されてしまっている。大量の観光客が通行する現代的な使い方に対応できない、実用性の乏しさが足を引っ張っているのである。このことからも、少なからぬ日本建築において、門（特に正門）が権威・威儀を誇示する装飾、つまり一種の威信財であったことが、容易に推察できる。

門がもつ、そのような権威を象徴する機能や、本来の機能（遮蔽・開放の制御）は、誰のための機能かといえば、オフィスビルなら企業のもの、寺ならば寺（仏）のものだ。つまり、門は居住者の都合のためにある。しかし『延喜式』は、大路においてそれを認めなかった。平安京の街路では、宅地の利用者の都合ではなく、朝廷の都合が優先されたのである。

それでは、利用者の利便性を犠牲にしてまで、街路に期待された朝廷の利益とは、何だったのか。門や街路において、利用者の利便性とは、つきつめれば人や物品の移動それ自体だ。それと朝廷の都合が両立しないということは、朝廷が街路に通行それ自体よりも、さらに重要な何かを期待したことを意味する。

しかし街路にとって、通行することより重要な、何があるというのか。

牧場・スラムとしての朱雀大路

この疑問をさらにかき立てるのが、次の左京職の報告である。

> 朱雀《すざく》は両京《りょうきょう》の通道《つうどう》なり。左右《さゆう》に垣《かき》を帯《たい》し、人居相隔《じんきょあいへだ》つ。東西《とうざい》に坊《ぼう》を分《わ》かち、門衛置《もんえいお》くこと無《な》し。茲《これ》に因《よ》り、昼《ひる》は馬牛《ばぎゅう》の闌巷《らんこう》と為《な》り、夜《よる》は盗賊《とうぞく》の淵府《えんぷ》と為《な》る。（『類聚三代格』巻一六、道橋事、貞観四年三月八日太政官符）

冒頭の「朱雀」は無論、平安京の中軸線である朱雀大路を指す。「両京」は、朱雀大路によって東西に隔てられた左京と右京である。後半の文章を踏まえると、「朱雀は両京の通道」とは、「左右両京に挟まれて、平安京全体を縦に貫通する道」という意味だろう。この朱雀大路が、貞観四年（八六二）の段階ですでに、昼は多数の馬や牛が屯《たむろ》する牧場になり、夜は盗賊のねぐらと化すような、荒廃した空間であったという。

日本の中心となる、最も文化的・文明的・先進的な、天皇の膝下の都市の最も重要なメイン・ストリートが、放牧地という田舎じみた景観や、犯罪者の巣窟というスラムじみた景観を見せていたこと自体、大変興味深い。しかし、いま問題にしたいのは、なぜそうなってしまったかである。

その理由の一つは、右の規定に「門衛置くこと無し（門に警備員は置かれていない）」とあることから明らかだ。朱雀大路には、荒廃を取り締まる警備員がいなかった。

外部と遮断された朱雀大路

しかし、荒廃の理由はそれだけではない。その直前に「東西に坊を分かち」という文章がある。前述のように「坊」とは平安京の居住区の単位となった、町の集合体である。それを東西方向に「分けた」というのは、朱雀大路が町の集合体を東と西に（つまり左京と右京に）分断していることを意味しよう。「左右に垣を帯し、人居相隔つ。東西に坊を分かち、門衛置くこと無し」という部分は、朱雀大路と住宅地の間が、朱雀大路の両脇に建ち並ぶ高さ三・三メートルの垣で完全に遮断されていたため、左京と右京を完全に分断する絶縁体として機能し、人も物理的に出入りできず、したがって警備員も置く必要がなかった、という意味に解釈できる（次頁の図11）。

それでは、なぜそこに牛馬や盗賊が出入りできたのか。それは、土で造られた垣（築地）の破壊が、比較的容易だからである。『今昔物語集』には、ある中級廷臣が貴人に仕

図11　街路樹を植えた朱雀大路を挟む東鴻臚館・西鴻臚館（平安京復元模型，京都市歴史資料館蔵）

える女房の寝所に秘かに通うのを見て、貴人宅の侍が彼を討つため待ち受けた様子を、「侍共《ども》、皆曳杖《みなひきづえ》シテ、築垣《ついがき》ノ崩《くずれ》ナドノ有《あ》ル所ニ立塞《たちふさ》ガリテ護《まも》リケルヲ」と描写する（巻二三、駿河前司橘季通構逃語第十六）。また盗人を「築垣ノ崩ノ方ニ将行《いゆき》テ、『今ヨリ此《かか》ル事ナセソ。糸惜《いとおし》ケレバ逃《のが》スゾ』ト云《いい》テ押出《おしいだ》」して逃がした話（巻二六、観硯聖人在俗時値盗人語第十八）、怪現象に遭遇した人が「夜ニ入《いり》テ窃《ひそか》ニ達智門《たつちもん》（大内裏の宮城十二門の一つ。一条大路に面する）ニ行《ゆき》テ、築垣ノ崩ニ隠レテ見」ていた話（巻一九、達智門弃子狗蜜来令飲乳語第四十四）など、メンテナンスを怠った築地が容易に自然崩壊して、出入り自由な通路と化した様子を伝える話は多い。

　朱雀大路も例外ではなく、朝廷は業を煮や

して貞観四年（八六二）、「坊門」ごとに兵士二人を置いて交代制で常に警備し、左右兵衛府にも交代制で毎晩「夜行（夜の巡回）」させ、出入りを遮断した（坊門は前述の通り、坊〔四町×四町の区画〕の内部の宅地と大路の間の通行を制御する門）。

ただ、ここで問題にしたいのはそうした実態ではなく、本来のあり方・理念の方だ。人が一切出入りできないよう完全に隔てられた街路は、つまり利用不可能であり、奇妙というほかない。現代人の感覚では、街路は通るためにあるのだから、必ず通行人がいる。しかし朱雀大路は密閉され、外部から出入りできず、通行人がいないはずだと、右の法令はいう。したがって朱雀大路はわれわれが想像するような、（少なくとも日常的に）通行するための街路ではない。しかし、人が通行するためでないとしたら、その道はいったい何のためにあるというのか。

実用性なき主要街路・朱雀大路

幅が広すぎる朱雀大路

朱雀大路の奇妙な性質をさらに掘り下げよう。最もわかりやすく、かつ最大の謎は、道幅である。前述のように『延喜式』には大路・小路の幅が定められていたが、朱雀大路には特別の規定がある。その部分を含めて再度引用すれば、「朱雀大路、広さ二十八丈……大路、広さ十丈……小路、広さ四丈」（『延喜式』、左右京職、京程条）とある。朱雀大路には、一般的な幅一〇丈の大路の三倍近い二八丈、つまり八二メートルもの幅があった。

街路の幅が八二メートルもあることの異常さを、実感することは難しい。

今では、国営平城宮跡歴史公園（奈良県奈良市佐紀町）で平成一〇年（一九九八）に復元工事が竣工した平城宮朱雀門へ赴けば、門前に幅七四〜七五メートルの平城京朱雀大路が再現さ

図12　朱雀大路と朱雀門（平城宮跡の復元を空撮し改変．中央の筆者や左右の重機と大きさを比較されたい．遠景は大極殿）

れており、その広さを体験できる（図12。ただし平安京の朱雀大路より七〜八メートル狭い）。それだけの道幅を体験できる施設を筆者はほかに知らないので、大変貴重な施設だと思うが、それを紹介するだけでは行く機会のない読者がイメージできないだろう。

同じ幅を体感したければ、東京駅丸の内口（東京駅中央口交差点）と皇居（和田倉門交差点）を結ぶ、全長一九〇メートルの「行幸通り」へ行くとよい。八車線の車道と歩道、それらに挟まれた幅三〇メートルの中央帯のすべてを合わせた幅が七三メートルで、平城京の朱雀大路とほぼ同じである。また京都では堀川通の、今出川通との交差点のすぐ南側が、両側の歩道も含めて（東寄りを流れる堀川を除いて）約四〇メートル幅で、その二倍が平安京の朱雀大路の幅である。

鉄道の駅で例えると、ＪＲ京都駅の北側一階の中央口改札口から一番奥の一〇番線（奈良線）まで、またＪＲ東京駅の西側の一番線（中央線）から、東側の一〇番線（東海道線）まで、それぞれ新幹線を除いた在来線のプラットホーム全体の幅が約九〇<ruby>メートル</ruby>ある。それらから八<ruby>メートル</ruby>短い幅を想像すると、朱雀大路の幅になる。それらの駅構内を跨《また》ぐ横断通路を歩いたことがあるならば、それが一本の街路の幅であることとの異常さを、実感できるだろう。

道路でいえば、前述のように一般的な大路でさえ、現代の国道一号線の最も車線が多い区間（九～一〇車線）の道路に等しいのであり、その三倍の幅となると、もはや使いにくいというレベルを越えている（一車線三・二五メートル幅の都市部の幹線道路を朱雀大路に並べると、だいたい二五車線になる）。

なお、かつての朱雀大路の位置をおおよそ踏襲する、千本通《せんぼんどおり》という幹線道路が現在もある。その千本通のＪＲ二条駅付近に立命館大学の朱雀キャンパスがあり、そこで本書の内容の骨子を講演したことがあるが、その付近の千本通（左右の歩道と五車線）と、それに面する朱雀キャンパスの建物の幅をすべて足すと、ちょうど八二メートルほどになり、朱雀大路と同じ幅になる。朱雀大路の幅とは、太い幹線道路と中規模のビルの敷地を丸ごと飲み込めるほどの幅であった。

後述のように、平安京の人口は一〇万～一二万人程度と推定されるが、平安京がどれだけの人口を抱えていようと、人や車馬が通うのにそれだけの道路幅が必要なはずがない。その幅は不必要どころか、実用面では有害とさえいってよい。

ちなみにいえば、日本の朱雀大路の広さは、日本の独創ではない。平安京などがモデルとした唐の長安城では、日本の大内裏に相当する「皇城」の正面（南面）の朱雀門から南へ延びる、日本の朱雀大路に該当する中心道路を「朱雀大街《たいがい》」という。その朱雀大街の東西幅は唐の単位で一〇〇歩、メートル法に換算して何と一四七メートル《メートル》もあった（徐松・愛宕元・一九九四・六八頁）。平安京の朱雀大路の実に一・八倍、強いて現代日本の幹線道路の車線数でいうと四五車線分もある。

そこまで広いと、もはや車線で例えても、何の実感も湧かない。身近な例で例えるなら、東京ドーム球場のホームベースからセンターまで、つまりグラウンドの中軸線の、ホームランを出すために必要な距離が、一二〇メートル《メートル》だ（甲子園球場はわずかに短い）。観客席なども含めた球場の建物全体は入りきらないが、グラウンド面だけなら朱雀大街の幅にちょうど入りきる。そのような幅の道が、住民の通行にとって便利であるはずがない。そこには、住民の通行とは相容れない、それより重要な存在目的があったと見なければならない。

羅城の規格

実用性の欠如という側面からさらに掘り下げると、『延喜式』に次の規定が見つかる。

南北一千七百五十三丈……北極幷《ならび》に次ぐ四大路、広さ各十丈。……南極大路十二丈。羅城《らじょう》の外二丈〈垣《かき》の基《もとい》の半《なか》ば三尺、犬行《いぬはしり》七尺、溝《みぞ》広さ一丈。〉、路の広さ十丈。……東西一千五百八丈〈東西両京を通計す。〉……東極大路十丈……右京は此《こ》れに准《なずら》えよ。（左右京職、京程条）

冒頭部は平安京の南北方向の寸法（一七五三丈）で、以下、その内訳として各街路の幅が列挙されている（街路と街路の間はすべて四〇丈）。「北極」「南極」「東極」は平安京の北限・南限・東限で、それぞれ一条大路・九条大路・東京極《ひがしきょうごく》大路（現・新京極通《しんきょうごくどおり》にほぼ該当）を指す。東京極だけが挙がり、西側の西京極《にしきょうごく》大路が挙がらないのは、右の規定が左京だけについて述べているからで、規定の末尾に「右京は左京と同様（左右対称）」と定めることにより、平安京全体の規定となっている。それによれば、一条大路・東京極大路（と西京極大路）は幅一〇丈（約三〇メートル）、九条大路は幅一二丈（約三六メートル）で、これで平安京の東西南北の境界をなす街路の幅が判明する。

中国の都・城・羅城

しかしよく読むと、「南極大路」つまり九条大路に「羅城の外二丈」云々という付記がある。「羅城」とは、都城を囲む城壁である。中国の都城は原則として周囲を羅城で囲み、外敵の襲来を防いだ。その形態は巨大な城塞そのものである。

中国では「城」とは軍事的な防御機能をもつ集住地であって、元来は「都」と同じもので、だから日本のミヤコにあたる都市を「都城」といった（齊東方・二〇〇九）。中国では、「都」「城」に住むことは文明人の証である。「城」は、移住を繰り返す遊牧民の〝野蛮さ〟の対極にある、〝文明的な〟中国人の定住地を意味した。中国では遙か古代以来、「城郭」に民衆を安全に住まわせることが、聖なる王の責務であった（佐原康夫・二〇〇九）。そして、しばしば異民族や外国の侵略に晒される中国特有の事情のため、「都」「城」は防壁で囲まれる形を取ることになった。そのため、中国の都城を「長安城」「洛陽城」などと呼ぶ。そしてその構想と羅城は、唐の長安城をモデルとした平安京にも理念上は継承された。平安京も「平安城」と呼ばれ、廷臣はしばしば京外を「城外」と表現した。

しかし、それは中国の羅城とは似て非なる、というより似ても似つかぬ、名ばかりの継承にすぎなかった。

都を囲まない羅城

右に掲げた『延喜式』の、九条大路に付記された注記の意味は、「羅城の外側に幅二丈の空間があり、内訳は垣の基壇の半分（基壇の中心より外側。残る内側の半分は九条大路に属する）が三尺、犬行（垣と溝の間の空間）が七尺、溝が一丈」というものだ。何ということもない内容だが、この付記は九条大路だけにあり、他の北・東・西の境界を成す大路にはない。つまり、平安京の羅城は南辺の九条大路に沿って存在したが、北辺の一条大路、東辺の東京極大路、西辺の西京極大路には存在しなかった。本来の中国式の都城ならば四方にあって都城を囲むはずの羅城が、平安京では南側にしかなかったのである。

　その羅城の中央に設けられたのが、平安京の正面門というべき羅城門である。平安京南郊の鳥羽の別名「城南」を「セイナン」と訓《よ》み、平城京へ都を戻そうとした平城天皇が「ヘイゼイ天皇」と呼ばれたように、都（都城）を意味する「城」は「セイ」と訓まれた。羅城門も当時は「ラセイモン」と訓まれ（村井康彦・一九八二）、芥川龍之介が羅城門を題材にした小説で門の名を「羅生門」と改変したのも、元をたどるとこの訓みに由来するらしい。

　この羅城門は九条大路と朱雀大路の交差点、つまり平安京南端の中心にある。しかし、羅城門は文字通り「羅城に設けられた門」を意味する普通名詞だ。したがって、東西南北の四方を羅城に囲まれた都城なら、東西南北のそれぞれに「羅城門」があってよい。それにもかかわらず、南辺の一つの門だけが「羅城門」と呼ばれ、それが固有名詞として扱われてきた。それは、都の南辺にしか羅城が存在しなかった証左である。平安京の周囲を羅城が取り囲んだ痕跡は、文献上にも考古学的にも存在しない。

　平安京に先立つ平城京でも、羅城門の両脇の一坊分（四町分）しか羅城がなかったことが考古学的に確かめられており（網伸也・二〇一〇b）、その前の藤原京では、京の南辺が丘陵部にかかるため、そもそも羅城門・羅城が存在しなかった（舘野和己・二〇〇九）。中国の都城と異なり、平安京を含む日本の都城は、外部に対して丸裸であった。そして中国を模倣した条坊制は藤原京に始まるのだから、日本では最初から、都に羅城を構えるという発想を切り捨てていたことになる。

装飾品としての羅城・羅城門

平安京とその外部を区画する線は、まったく存在しなかったわけではない。左京では一条大路の北に土塁があり、右京では一条の北に大規模な濠（北野廃寺の南側）が、また東京極大路の東にも大規模な堀が発見されている（山田邦和・二〇〇二）。京の外周のうち東・西・北では、それらの土塁や濠が視覚的な区画線の役割を果たしたと考えられる（網伸也・二〇一〇b）。しかしそれらの土塁は幅・高さともに非常に小さく、文字通り区画するためだけの線であった。

しかも、右に掲げた『延喜式』によれば、平安京南端の羅城は「垣」（築地）であった。前述のように、垣は破壊が容易で、比較的頻繁に自然崩壊を起こす土塀であり、中国の石造りの羅城とは強度、つまり防御性能が比較にならない。平安京の羅城は京域を取り囲みもせず、わずかに造った南側の羅城も、戦争時にその気になれば簡単に破壊できる貧弱な土塀であった。ならば、平安京の羅城に防御性能は期待されておらず、そもそも藤原京以来の日本の都城には外敵の侵入を物理的に防ぐ発想がなく、それでさしたる不都合がないと、設計者・運用者は信じたのである。

それはそれで興味深い事実なのだが、いま問題としたいのは、平安京の南端にだけ羅城を設けた事実の方である。申し訳程度に造ったこの羅城には、実用性がない。羅城門にも、門としての実用性がない（門を通らずとも、北・東・西から自由に京内に出入りできるのだから）。実用品でないならば、それらは装飾品である。羅城門だけではない。その両脇に東西二町×南北四町の計八町という広大な寺地を占める東寺・西寺も、その立地から見て、羅城門とともに京の正面を飾る機能が期待されたと考えられている（網伸也・二〇一〇b）。装飾品とは、見るため・見せるためのものだ。では誰に、何のためにそれを見せるのか。

外交の〝舞台〟としての朱雀大路

鴻臚館の存在

羅城門は朱雀大路の入口なので、その左右に広がる装飾的な羅城は、朱雀大路の通行人に見せるためにある。しかし前述のように、朱雀大路は建前上、人が立ち入らない道であった。ここに矛盾が生じる。

朱雀大路は、あくまでも道路だ。道路は、何かが通るためにあるという本質がどこかに残っていなければ、道路として造られるはずがない。ならば、次のように考えるほかあるまい。朱雀大路は、普段は人が立ち入らないし、生活道路でもない。しかし特別な時には特別な誰かが立ち入る、生活以外の目的で使われる道路であった、と。

では、誰がいつ使うのか。その観点から朱雀大路の沿道を探ると、七条大路との交差点の南側に位置する、「鴻臚館《こうろかん》」という建物の存在に気づく（三〇頁の図3・七四頁の図11。

最近、京都鉄道博物館となった、かつての国鉄の梅小路機関区のすぐ北あたり)。鴻臚館とは、外国使節を滞在させ、接待する官庁である。では、そこで接待される外国使節とは、具体的には誰のことか。

渤海使と鴻臚館・朱雀大路

平安京が造営された頃、日本と深く関係をもった外国としては、唐・新羅・渤海《ぼっかい》がある(田島公・一九九三)。そのうち唐との関係では、周知の通り、日本から唐に派遣する遣唐使が寛平六年(八九四)に廃止されている。それは平安遷都からちょうど一〇〇年も後のことであったが、実際には、唐から日本に来る使節は、それより遙かに早く途絶えていた。唐人の入京は天長一一年(八三四)が最後で、遣唐使廃止の六〇年も前である。そして正式な使節である唐使の入京となると、さらにその五〇年も前の、宝亀一一年(七八〇)が最後であった。その頃はまだ奈良時代で、都は平城京だ。つまり唐使が平安京を訪れたことはなく、もちろん鴻臚館を使ったこともない。

次に新羅との関係では、天平九年(七三七)に、日本から新羅に派遣される遣新羅使《けんしらぎし》が聖武天皇に対して、「新羅が日本に服属の礼を取らない」と奏上するという出来事があった。それ以来、日本からは定期的な遣新羅使が送られなくなり、また新羅からの使節は大宰府から追い返す方針となった。新羅使が最後に都に入ったのは、奇しくも唐使が最後に来日したのと同じ宝亀一一年で、やはり奈良時代である。だから新羅使も、平安京の鴻臚館には足を踏み入れていない。また九三五年（日本の承平五年）に新羅を併合した高麗《こうらい》の国使も、平安京まで至った形跡がない。

一方、渤海の使節が鴻臚館に滞在した記録は豊富にある。渤海は、日本海を挟んで日本と向かい合う、靺鞨《まっかつ》人が建てた国である（一六四頁の図25参照）日本から派遣される遣渤《けんぼっ》海使《かいし》は弘仁二年（八一一）を最後に途絶えたが、渤海から派遣される渤海使の来朝は三三度を数え、延喜二〇年（九二〇）まで平安京の鴻臚館で歓待された記録がある。渤海が契《きっ》丹《たん》に併合されて滅亡するのは九二六年（日本の延長四年）なので、まさに渤海の滅亡寸前まで国交が維持され、鴻臚館も活用されたことになる。

このように、鴻臚館を実際に用いたのも、そして用いる可能性があったのも、渤海使のみであった。したがって鴻臚館も、鴻臚館が面する朱雀大路も、事実上は渤海使が来日した時のために造られた施設であったことになる。渤海使は来日するとこの鴻臚館に宿泊・滞在し、天皇に国書を伝達した。渤海使をねぎらう饗宴は大内裏の豊楽殿《ぶらくでん》で行われたから、渤海使は鴻臚館から大内裏まで、両者を結ぶ最短の街路＝朱雀大路を北上したに違いなく、また入京時にも鴻臚館まで、朱雀大路を北上したと考えられる。

『続日本紀』に「唐客《とうきゃく》入京す。将軍等《ら》、騎兵二百・蝦夷二十人を率《ひき》い、京城門《けいせいもん》の外の三橋において迎接す（唐使が入京したので、将軍らが騎兵二〇〇・蝦夷二〇人を率いて、京城門の外の三橋（門の前の溝に架かる三本の橋）で出迎えた）」（宝亀一〇年四月三〇日条）などとあるように、奈良時代の平城京では、外国使節や重要人物（唐から来日して唐招提寺を造った鑑真なども含まれる）が来日すると、日本側の接待担当官は京城門（平安京の羅城門にあたる位置の門）で彼らを迎えた。もちろん、その後、朱雀大路を北上して鴻臚館に向かったはずであり、それは平安京でも変わらなかっただろう（舘野和己・二〇〇九）。

日本外交の世界観

朱雀大路は、主に外国使節という特別な人物によって通行され、観察される街路であった。その入口の羅城門とその両脇に延びる羅城（垣）も、そのための装飾であった。古今東西を問わず、外交では相手に足元を見られぬよう、威厳を保たねばならない。

特に重要なのは、当時の日本が抱いた世界観である。日本の律令国家は天平一〇年（七三八）までに、唐を対等な「隣国」とし、新羅などその他の国は「蕃国《ばんこく》」という、一段下等な野蛮人の国と見なす国家観を身につけた（『令集解』公式令詔書式条所引『古記』）。それは華夷《かい》思想（中華思想）という世界観、つまり唐が自らを「中華」（世界の中心の、最も素晴らしい国）と位置づけ、周辺諸国をすべて「諸蕃《しょばん》」（野蛮な諸国・諸民族）と見なした世界観の模倣であった。

唐は、戦争による制圧や、冊封《さくほう》・婚姻・羈縻《きび》政策などの外交技術を駆使して、それら諸蕃と緩やかな主従関係を結び、ユーラシア大陸のかなりの部分を占める、世界規模の帝国を維持した。冊封とは、現地の王を唐の皇帝が改めて王に任命することで、相手国の事実上の独立を認めながら、形式上で唐に従属させる手法で、主に東アジアに対して用いられた。朝鮮半島では新羅以来がそうであり、日本でも足利義満が明の成祖（永楽帝）から「日本国王」に冊封されたことがある。羈縻政策は、これも現地の王の支配を追認しつつ唐の地方官に任命し、都督府《ととくふ》や都護府《とごふ》などの唐の統治機関を現地に置いて、間接的に支配する手法で、突厥《とっけつ》など北方・西方の諸蕃に多く用いられた（布目潮渢・栗原益男・一九七四）。また冊封もせず、都督府なども置かず、皇帝の娘が諸蕃の王に嫁いで婚姻関係を結ぶことで、擬似的な親子関係を設定するにとどまることもあった。

日本は律令国家を創立するにあたり、律令とともに、律令制の根底を成した右の華夷思想的な世界観も輸入した。ただ、さすがに律令制の本家本元である超大国・唐を、日本が「諸蕃」として見下すことは論理的に困難なので、「隣国」という対等国の概念を考え出して、唐だけを特別扱いし、残るすべての国を「諸蕃」とした。日本の世界観では、日本は唐と並ぶ、世界でただ二つのリーダーであった。

それはもちろん、若くて未熟な国家の背伸びであり、夜郎自大には違いない。もとより唐が日本を対等と見なすはずはなく、新羅も「諸蕃」扱いを明確に拒否して国交断絶に至った（前述）。ただ、日本側の立場を貫く限り、外国の使節が日本の都に来る時には、唐と同等の先進国・文明国としての威厳を、彼らに十二分に誇示する必要があった。

特に、神亀四年（七二七）に渤海使が入京して以来、日本は彼らを蕃国の朝貢者と見なし、渤海はとりたててその扱いに抵抗しなかった。そのため、渤海使の入京は日本の外交的主張を誇示する格好の場となった。そこで彼らの通る平安京の中軸道路＝朱雀大路は、雑多な人々が出入りしたり、雑多な建造物が視界に入らないよう、左右をひたすら続く垣で覆い隠し、圧倒的な規模と美観を保つ方針となったと考えられる。

国際秩序と〝礼〟

以上、平安京の大路、特に朱雀大路に伴う奇妙な点を複数挙げた。それらから共通して導かれるのは、〈平安京では、居住者の都合・実用性は二の次〉という設計思想である。居住者の都合を犠牲にして門の設置を制限した法令は、この都市が居住者ではなく管理者、つまり朝廷の都合を最優先して設計・運用されたことを伝えている。そして日本の国威を誇示するために外国使節が通される朱雀大路で、使節が最初に目にする羅城門の装飾的な垣は、朱雀大路やその関連施設が、〝使うこと〟より〝見せること〟を優先して造られたことを伝えている。最も主要な朱雀大路がそうであったならば、他の大路や平安京のさまざまな部分にも、少なからずその性質があったのではないかと、類推できることになる。

朱雀大路の使途が、主に外交の場であったことは重要だ。一般に、外交とは鋭い見栄と意地の張り合いの場であり、しばしばそのために、妥協すれば避けられた紛争が発生した。例えば天平勝宝五年（七五三）、唐で行われた朝賀《ちょうが》（皇帝の許に参上して祝賀を述べる儀礼）に参集した日本の遣唐副使大伴《おおとも》古麻呂《こまろ》は、新羅の使節と席次《せきじ》を争った。現代でもしばしばそうだが、前近代では必ず、席次（誰が誰より上座に座るか）は着席者の序列を最も直接的に表した。それが外交儀礼の場ともなれば、各国の使者の席順は、そのまま国際秩序の表現となる。そして新羅も日本も、相手の下風に立つことを受け入れなかった。

自分が相手より下座に座る理由はない、と信じる者は、ほぼ必ずその場で争いを起こし、場の成り行きで下座に座らざるを得なくなると、下座に座った既成事実ができてしまうことを何より嫌がり、席を蹴って帰った。また六三一年（日本の舒明天皇三年）、唐の太宗《たいそう》が日本に派遣した使節高表仁《こうひょうじん》は、倭（日本）の「王子」と「礼」を争い、使命を述べずに帰国してしまったと、中国の記録にある（『旧唐書』東夷伝倭国条）。尊大な所作を日本側が取ろうとしたか、卑屈な所作を日本側が唐に要求し、唐側が受け入れなかったのだろう（席次争いであったかもしれない）。当時の東アジア外交は、席順・礼儀作法一つが国際紛争の火種となりかねない危うさを抱えていた。

また白村江の戦い以来、六〇〇年ぶりの大規模な中国との戦争となった、一三世紀後半の元《げん》との戦争、すなわち文永《ぶんえい》・弘安《こうあん》の役《えき》の発端は、元がもたらした国書であった。その国書の趣旨は通好を求める内容であって、それ自体は決して宣戦布告ではなかった。しかし、〈すべての周辺諸外国は中国の直接・間接統治に服するべき〉という中華帝国の伝統的理念に、圧倒的戦闘力で拡大路線に邁進するモンゴル特有の性質が火を付けてしまったのが、元という〝モンゴル人が支配する中国〟であった。その結果、元は日本への国書の末尾に「兵を用《もち》いるに至りては、夫《そ》れ孰《た》れか好む所ならん（こちらとしては軍事力に訴えたくない）」という文言を付記した。これを書かなければ、まだ日本には他の選択肢があり得たかもしれないが、これは日本側のプライド上、絶対に受け入れられない文言であった。

この時、日本の外交政策を事実上掌握していたのが、〈挑戦されて、膝を屈して生き延びるくらいなら、戦って死んだ方がまし〉と考える、武士という人種（鎌倉幕府）であったことが、両国にとって不幸だった。日本には、態度を硬化させる以外の選択肢がなかったのである。日本を破滅させたかもしれない大戦争は、騎馬民族の精神に触れて肥大化・極端化した中華思想と、武士（職業戦士）の職業倫理（常に誰よりも勇猛であらねばならない）の衝突、いわば戦士の文化同士の、意地の張り合いで起こったのである。

朱雀大路は外交の舞台

外交が見栄の張り合いの場であったならば、外交に携わる人物の振る舞いは、〝その国の人間を代表するに相応《ふさわ》しい振る舞い〟として、演じられるものと見なすことができる。したがって、外交の場は一種の演劇の舞台である。国威を背負って仰々しく仕立てられた外国使節の行列が、その何倍も立派な（と朝廷が信じる）朱雀大路を北上し、天皇に謁見する。その場面で朱雀大路が果たした役割は、外交の〝舞台〟であった。実用性を損なう広大さをもち、通常時に居住者が出入りできない朱雀大路は、そもそも〝舞台〟として造られていたのである。

祭礼の〝舞台〟としての朱雀大路

大嘗会と〝標山〟

朱雀大路が〝舞台〟だと考える理由が、もう一つある。朱雀大路を主に通る人間は、外国使節である。しかし人間ではないもの、つまり神への捧げ物が通る重要な通路としても、朱雀大路は機能した。その機会が大嘗会《だいじょうえ》である。大嘗祭は、天皇が即位してから最初に行う新嘗祭《にいなめさい》（その年の収穫物を天皇が神と共食する祭礼）である。即位式が中国風の天皇就任儀礼であるのに対して、日本在来の神の祭祀と諸国の奉仕を演じて、新天皇の地位を神や全官人の前で明示する「一代一度」の最重要の朝廷儀式が大嘗会であって、践祚《せんそ》（天皇就任の発表）・即位式・大嘗会という一連の儀礼を経て、新天皇ははじめて天皇としての実質を備えると考えられた。

大嘗会で天皇に供される神饌《しんせん》（新穀・酒など）は、悠紀国《ゆきのくに》・主基国《すきのくに》（調達担当国を任され

図13　標山（上が主基，下が悠紀．鷹司本『大嘗祭図』宮内庁書陵部蔵）

た国々）が、北野の斎場所《さいじょうしょ》で準備し、大内裏の大極殿前庭に設けられた大嘗宮まで運び込まれる。

その運び込む行程は、単なる物資の輸送ではない。「標山《しるしのやま》《ひょうのやま》」という装飾物（前頁の図13）を、悠紀・主基が一基ずつ用意し、行列の先頭を進ませた（高取正ほか・一九七〇）。

悠紀の標山は、「慶山《けいざん》」という山の形の土台の上に梧桐《ごどう》（桐の一種）を植え、その木から五色の雲がたなびいて上に二羽の鳳凰《ほうおう》が集まり、雲の上に「悠紀近江」（近江国が悠紀国であった場合）という四字を記して懸け、その上に太陽を、さらにその上に半月を象《かたど》った飾りが設けられて、山の前に「天老《てんろう》及び麟《りん》」（中国風の仙人と麒麟《きりん》か）の像が建てられ、像の後ろに「連理《れんり》の呉竹《くれたけ》」（根が二つで幹の部分で一つになる竹）が設置された。

また主基の標山は、「慶山」の上に「恒春樹《こうしゅんじゅ》」を植え、悠紀と同様に木から五色の雲、雲の上に霞が象られて、霞の中に「主基備中」（備中国が主基の国であった場合）という四字を記して懸け、山の上に西王母《せいおうぼ》（寿命を司る中国の女神）とその桃（長寿の秘薬）を盗もうとする童子、鳳凰・麒麟などの像が、山の下に鶴の像が建てられた（『続日本後紀』天長一〇年（八三三）一一月一六日条）。

要するに、標山は車輪つきの台座上に山の形を設けて木を植え、その上と前に中国風の世界観・伝説に基づく装飾を施した一種の山車で、二〇人の曳《ひ》き手を要する巨大なものだ。

祇園祭の山鉾《やまほこ》巡行《じゅんこう》を一度でも見た者なら、これらと祇園祭の山・鉾が酷似することに気づくだろう。祇園祭は、古代・中世では「祇園御霊会《ごりょうえ》」と呼ばれて、貞観五年（八六三）に京中の神泉苑で行われたのを起源とし（『三代実録』貞観五年五月二〇日条）、その本来の核心・目的は御霊の鎮撫、つまり疫病をもたらす祟《たた》り神を封ずることにあった。しかし室町時代までには、下京を中心とする各地域の住民が、出し物として街路を巡行させる山鉾巡行が肥大化した。山鉾巡行では、高さ二十数メートルにも及ぶ巨大な鉾（車輪つきの基壇の上に稚児《ちご》・囃子方《はやしかた》を乗せる空間があり、その上に長大な竹を立てた山車）や、中国の故事、日本の神々の伝説、謡曲などに取材して趣向を凝らした精巧な模型を載せた山（山車）が二〇基以上、数多の曳き手や補助人員、町の代表者に伴われて進行する。

大嘗会の標山の、台上（山）に植えられた一本の木が極端化すれば、祇園祭の鉾の屋根の上に聳《そび》え立つ、ビルの五階ほどの高さに相当する長大な鉾の真木《しんぎ》（下部は檜《ひのき》や欅《けやき》、上部は竹）になりそうだ。また木の頂上に飾りつけられる日月（太陽・半月）は、長大な竹の先端に三日月型をつけた、今日の祇園祭の鉾の一つ「月鉾《つきほこ》」を髣髴《ほうふつ》させる。そして故事・伝説の一場面を立体像で再現したり、それらに由来する謂《い》われをもつものが多い祇園祭の山・鉾の中に、中国の故事に基づくものが多いことも、大嘗会の標山と共通する。

祇園祭の山鉾は、日本本来の伝統的文化・様式を今に伝えると考えられがちだが、実は

① 函谷鉾

② 白楽天山

③ 船鉾

図14　祇園祭の山鉾巡行（上杉本『洛中洛外図屏風』より，米沢市上杉博物館蔵）

〝異国風〟であることがきわめて重要である。その証拠に、近世以来現在まで、複数の山鉾で、ベルギーで作られて一七世紀に日本に輸入された、トロイア戦争や旧約聖書の逸話を描いたタペストリーが懸けられている。大嘗会の標山の巡行も、日本の古い祭礼・儀礼をベースにしながら、〝異国風〟のオブジェが運ばれてゆく、奇妙な祭礼であった。逆説的ないい方だが、〝異国風〟を好み、重視することが日本の伝統文化なのである。

祇園祭の山鉾は中世に一度（応仁の乱の戦乱で）廃絶しているし、鎌倉後期にはじめて記録上に現れてから、かなり姿が変わってしまっている。巨大化もその変容の一つで、本来「鉾」は人が手で持ち運べる大きさであったと考えられる。とはいえ、船鉾《ふねほこ》・月鉾などは、一六世紀成立の『洛中洛外図』には、ほぼ現在と同じ形で描かれている（図14）。それは一五世紀半ばの応仁の乱で中絶した山鉾の再興であるから、一五世紀までには、ほぼ現行の形になったと見てよい。それ以前の山鉾の形状はわからないのだが、右に挙げた共通性から見て、祇園祭の山鉾巡行が大嘗会の標山に由来することは、ほぼ確実だろう。

「標」とは、宮城の中で行われる朝廷の儀式の際に、人や物の配置場所が目立つように指し示した標識である。その本質は目印なので、単なる杭であったり、賢木《さかき》（榊《さかき》とも。神事に用いる常緑樹）を立てるだけで済まされることもあり、また鉾を立てることもあった。標山を、神が一時的に宿る依代《よりしろ》と考える説もあるが、素朴な賢木だけで済まされた実

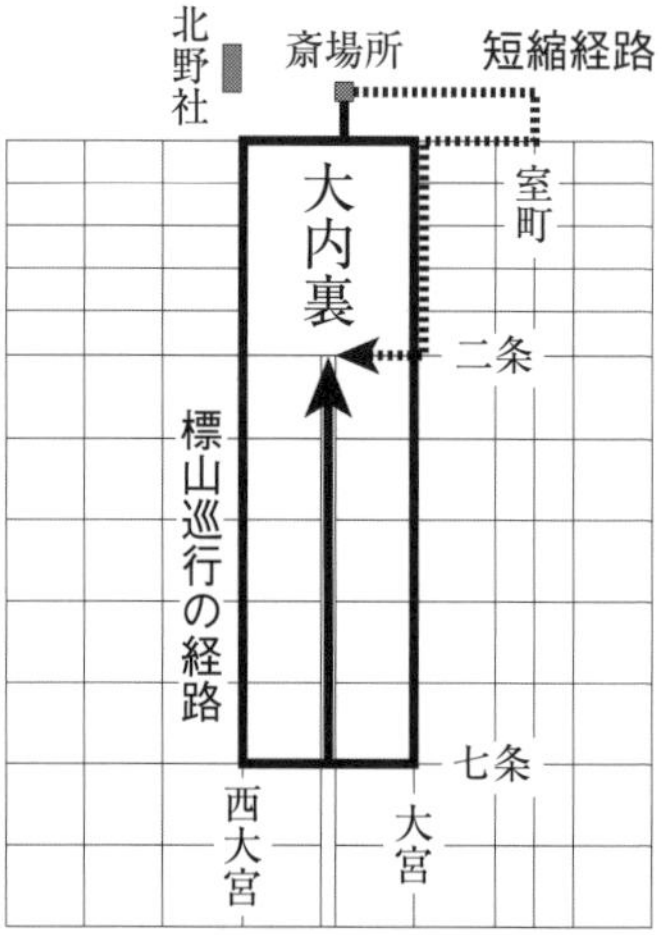

図15　大嘗会標山巡行の経路

例があり（『日本紀略』弘仁一四年一一月一三日条）、賢木は必ずしも神の依代ではない。また「悠紀近江」「主基備中」などと文字で明記した点に、それが本来標識であった事実が反映されている（東野治之・一九九七）。大嘗会の標山は、上洛した悠紀・主基の国司らの行列の現在位置を示す目印と考えられる（一条兼良《かねら》著『御代始和抄』）。

今日、祇園祭の山鉾巡行を見る者は、なぜ故事を再現した飾り物を「山」と呼ぶのか、また山や長大な木・竹の棒（鉾）を街路で巡行させる意味は何か、あのような行為のどこが神事となっているのか、ほとんど理解できない。しかし大嘗会の標山巡行と比較すれば、それらが本来、出し物や見せ物（曲芸や華麗な装飾品など）で祭に華を添えるために参加する各グループの標識であり、室町時代までに見せ物と標識が合体した結果だと了解できよう。

前述のように、大嘗会の標山は北野（北野天満宮付近）の斎場所で作られ、大内裏へと向かう。その行程は、それぞれが左京の大宮大路・右京の西大宮大路を南下して平安京を縦断し、七条大路を内側へ進んで朱雀大路で合流し、再度平安京を縦断するように朱雀大路を北上して、大内裏正門の朱雀門へと至る（図15）。北野は平安京の北端、つまり大内裏の北端にほぼ隣接しているにもかかわらず、あえてそれだけの迂回をして大内裏を縦断するのだから、これは単なる移動ではなく、見せるための行列である。そしてこの点も、祇園祭の山鉾巡行と酷似する。

異様に幅の広い街路で儀礼（祭礼）が行われる点も、大嘗会と今日の祇園祭で似通っている。祇園祭の山鉾は、今日では巡行の最後に、御池通を西に進んで左折して、計二車線しかない新町通《しんまちどおり》を（沿道の住宅を壊さないよう慎重に）南下し、その間は（自宅の二階・屋上から見物する沿道住民を除いて）一般見物客は横から見物できない。それに対し、山鉾の随伴者と見物人を余裕をもって収容するのに、六車線の御池通は都合がよい。祭は――ひいては儀礼的な行列は、行列それ自体の幅に加えて、見物客の観覧所を必要とする。

御池通では、太平洋戦争中に空襲で延焼しないよう、沿道の建物を強制疎開させて（つまり破壊して）広大な空閑地が造られた。それを戦後にそのまま道路に繰り込んでしまったため、御池通は異常に広い（五条通も同じ事情で広い）。本来、道路でなかった空間まで取り込んで肥大化した御池通で山鉾巡行が行われることは、本来、日常的な通行のために造られたのではない朱雀大路で標山巡行が行われた大嘗会を髣髴させ、平安京・京都の本質を今に伝える現象として大変興味深い。片側三車線の御池通は車道だけで約二五《メートル》、両脇の広い歩道も入れれば約五〇《メートル》弱もの幅がある。その御池通が現在より一・七倍ほど広くなったと想像し、そこを山鉾が巡行して見物客がごった返す景観を想像して頂ければ、それがだいたい、大嘗会の標山の朱雀大路巡行のイメージに近い。

祇園祭では、巡行順を決める籤《くじ》を奉行（現代では京都市長）に披露する所作、笛と鉦《しょう》で絶え間なく演奏され続ける囃子、鉾の曳き手、美麗に化粧した稚児、鉾や基壇にしがみついて辻回し（構造上直進しかできない鉾を、交差点で横から綱で引いて力ずくで方向転換させる）や進行をかけ声で指揮する人々など、行列の誰もがそれぞれ意味のある装束を着て、期待される役割を役者のように演じる。観覧席が設けられる四条—河原町—御池通は山鉾巡行の当日、文字通り劇場となる。

一方、大嘗会の標山巡行の時も、朱雀大路には人々の立ち入りが許され、身分を問わず多数の見物人がひしめいた。朱雀大路は、神事の行列を誇示する舞台として機能したのである。大嘗会において、初穂を天皇が「嘗《な》める」（食する）儀礼は、天皇と諸神だけが向き合う秘儀とされ、天皇（や介添えする摂関）以外の誰も目撃することがない。しかしそれとは対照的に、標山の朱雀大路巡行は、多数の住民・滞在者が見物した。

諸外国との外交が、各国の立場（姿・威厳）を主張し、それに基づく相互関係（国際秩序）の承認を求め合う儀礼の場であったのと同様に、祭もまた、神と人がそれぞれの立場を確認し、再生産する儀礼の場である。

儀礼とは、形式化された所作を実践する行為であり、つまり一種の演劇だ。特に朝廷儀礼や祭礼は、「誰が、いつ、何をするか」という式次第が法（律令の施行細則である〝式〟）や儀式書に、微に入り細を穿《うが》って書かれており、いわば〝台本〟がある。外交儀礼も、席次争いなど〝礼〟をめぐるトラブルが突発的に起こらなければ、事前に当事者に共有されている式次第の通りに進行する。上演期間中の演劇が毎回同じ役・筋書き・設備・所作で上演されるのと、儀礼は本質的に同じである。

外交も祭もともに本質が儀礼であり、その出演者たちが所作を演じる舞台として朱雀大路を用い、同時に多数の見物人が観客席として朱雀大路を用いたならば、それは街路という形を取った〝劇場〟と見なしてよい。そして、朱雀大路が外交・祭の時だけ使われたのならば、〝儀礼の劇場〟であることにこそ、朱雀大路の最大の存在意義があったことになる。しかも大嘗会は祭礼の形を取りながら、実際には天皇の即位儀礼であり、つまり新天皇の権威を誇示するための儀礼だ。そしてまた外交も、天皇率いる日本国（倭国）の国威を周辺諸国に誇示するための儀礼だ。つまり朱雀大路の存在目的は、〝天皇権威を誇示する儀礼の劇場〟であったと結論できる。

ところで、朱雀大路が古代国家にとって最重要の演劇（儀礼）を行う劇場として隔離・維持されていたなら、なぜ牛馬の放牧地や盗賊のねぐらになってしまうような荒廃を見せたのか。

演劇の廃絶と劇場の衰退

理由は簡単で、その演劇がほとんど上演されなくなったからである。

一〇世紀前半、裴璆《はいきゅう》という人物が何度か来日した。彼は渤海人で、延喜八年（九〇八）に通常の「渤海使」として来日し、また一二年後の同二〇年にも「渤海客使」「渤海大使」として来日していた（『日本紀略』延喜八年六月某日条、同二〇年四月二〇日条・五月一二日条）。二度目の来日時には、彼は鴻臚館に滞在し、大内裏の八省院（朝堂院）で「啓《けい》」と「信物《しんもつ》」（国書と手土産）を天皇に献じ、豊楽院の饗宴で接待されて、外国使を迎える正規の手続きで歓待されていた（同年五月八日・一一日・一二日条）。しかし、その六年後の九二六年に、彼の故国の渤海は契丹《きったん》に滅ぼされてしまう。

ところが、渤海滅亡から三年後の延長七年（九二九）、その裴璆がまたしても日本海沿岸の丹後（現・京都府）に来着した。『日本紀略《にほんぎりゃく》』には「渤海国入朝使英諸大夫裴璆」「渤海存問使裴璆」と記され（延長七年一二月二四日条・同八年三月二日条）、どうも最初は日本が渤海の滅亡を知らず、彼を渤海の使者と信じたらしい（それまでの渤海使としての付き合いを考えれば、自然ではある)。しかし裴璆自身は「東丹国使《とうたんこくし》」と自称し、来朝目的を問い質《ただ》しても要領を得なかった。その問答の中で、渤海が契丹に滅ぼされ、契丹は渤海の故地に東丹国という国を建て、裴璆はその東丹国に仕えていたことが判明した。

彼は渤海時代の日本派遣経験を買われて、契丹がはじめて日本に送る使者に選ばれたのだろう。しかし彼はその地位に満足しておらず、問答の中で「契丹王の罪悪」を数多く指弾した。これに対し、朝廷は「一日《いちじつ》、人臣為《じんしんた》らば、豈《あ》に其《そ》れ此《かく》の如《ごと》くならんや(一度臣下として仕えたからには、主君を悪罵してよいはずがあるか)」と責め、過状《かじょう》の提出を命じた(『扶桑略記』同年四月一一日条)。過状(怠状《おこたりじょう》ともいう)は過ちを謝罪する反省文である。その裴璆の反省文は、何と今でも残っていて、「私は偽りを行なって悪に従い、滅んだ渤海王を助けずに契丹王に諂《へつら》い、陪臣《ばいしん》(天皇の臣である渤海王の臣)として日本の秩序を乱してしまい、反省しています」という趣旨が書かれている(『本朝文粋』巻十二、怠状)。

辺境の野蛮人に君臣の秩序を教え諭すため叱責し、反省文まで書かせたことは、東アジア諸国に君臨する(ことになっている)日本の真骨頂と、日本側は信じただろう。また裴璆に陪臣と認めさせたことも重要だ。陪臣とは臣下の臣下(又家来)であって、つまり裴璆が仕える渤海王・契丹王(東丹国王)が、日本の天皇の臣であると認めさせたのである。面目を失った裴璆はそのまま帰国したようで、渤海の故地を支配する契丹との交流は成立しなかったが、この経緯自体には、華夷思想を抱く日本の朝廷は大変満足しただろう。

虚しい外交規定

興味深いのは、『延喜式』が完成して天皇に奉られた延長五年（九二七）が、渤海滅亡の翌年であり、右の裴璆事件の二年前であったことだ。その『延喜式』（大蔵省式）に、「大唐皇」「渤海王」「新羅王」から派遣された「蕃《ばん》客《きゃく》」に、天皇から与える物品の規定がある。すでに唐・新羅との国交はとうの昔に断絶し、渤海も滅亡していたのに、である。

前年の渤海の滅亡を直ちに知り得なかったとしても、唐・新羅に関する条項は、完全な空文だ。しかも日本は契丹（東丹国）と国交をもたず、右の裴璆事件を最後として、渤海人と見なせる者は日本に来なくなった。つまり、『延喜式』の完成後、外交使節と見なせる者は、一人として日本に来なかった。

ということは、『延喜式』は、来るはずがない使節が来た時のために、制度を整備していたことになる。それでも右の外交関係の規定があるのは、実態として外交が皆無となっても、日本が唐や周辺諸国に対する国際的な地位を捨てたわけではない（あちらは勝手に来なくなっただけ、こちらも必要がないので派遣しないだけ）ことを示し続けるためであり、理念として保存することが大切だったからである。

すでに『延喜式』の完成段階で外交は途絶していたが、『延喜式』の施行は四〇年も後の康保四年（九六七）まで遅れる。最後の外交の相手・渤海が滅んでから四一年も後であり、『延喜式』の施行以後、それに従って外交劇が行われる可能性は、実はゼロであった。

この形の平安京は不要

前述の『延喜式』の朱雀大路の維持・管理規定もまた、来るはずがない外国使節と外交劇を繰り広げるための、虚《むな》しい規定であった。そして外交の舞台としての役割が消滅すると、朱雀大路の使い道は、大嘗会だけになる。

まともな外交が途絶してから約三〇〇年が過ぎた鎌倉前期の貞応元年（一二二二）、京中の街路を勝手に農地として耕す「巷所《こうしょ》」のあまりの多さに、朝廷は「九重《ここのえ》（天皇の都城）に巷所有るべからず」と巷所禁止令を出した。特に目に余るのが朱雀大路の農地化で、朝廷は特にこれに言及して「朱雀大路は大極殿《だいごくでん》の正門たり。大嘗会の要路たり。常に修固すべし。豈《あ》に耕作すべけんや（朱雀大路は大極殿の正門とつながる、大嘗祭の重要な通路であるから、常に修理維持すべきで、どうして田畠に変えてよいものか）」と非難した（『承久三年四年日次記』同年四月某日条）。朱雀大路の存在意義は、大内裏の最重要施設である大極殿の正門（朱雀門）と直結していたことと、大嘗会の標山の巡行路であることだと明記されている。この頃、大内裏はすでに使われなくなっていたから、朱雀大路の存在意義は、大嘗会で使うという、ただその一点にあったといってよい。

しかしその大嘗会は、前述のように天皇「一代一度」の祭礼なので、天皇の在位が一〇年に及べば一〇年、二〇年に及べば二〇年の間、一度しか行われない。外交劇は行われる可能性がなく、大嘗会の神事が行われるのもきわめてまれであった。

本書の冒頭で「平安京はいらなかった」と書いた理由の一つは、ここにある。朱雀大路がほとんど使われず、そして鴻臚館がまったく使われないならば、それらを完備する平安京は、実用上の無駄があまりに多く、そのような形で存在する必要がなかったのである。

このようにほとんど使われない劇場を、日々高いコストを払って維持管理することは、どう考えても馬鹿らしい。実際には前掲の法令（七二〜七五頁）にあったように、朱雀大路は周囲の宅地と物理的に隔離するのが精一杯で、貞観四年（八六二）に坊門に兵士を置き、左右兵衛府に夜間の巡回をさせ始めるまで、守衛が置かれなかった。その物理的隔壁（垣）でさえ維持管理にはコストがかかり、実際には使われない期間、荒廃に任せていた。

朱雀大路は南北一二九一丈（三八五三メートル）、東西二八丈（八四メートル）なので、その面積は三二三六五二平方メートルもある。約三二万平方メートルという朱雀大路の面積は、実は東京ドーム球場の七個分弱にも相当する。それだけの広大な空閑地の維持管理費がどれほど嵩《かさ》むかは想像に難くないし、またその空間が普段ほとんど使われていなかったならば、平安京内に正規の居場所をもたない人・モノの居場所に活用されるのは、自然の成り行きであった。

大きすぎた平安京

〝平安京図〟という妄想

未完成の平安京

平安京のメイン・ストリートである朱雀大路が、日常的な生活で通行するためではなく、特別な日に特別な行事を見せるために存在したならば、そもそも平安京自体がそのような設計思想に基づいて造られたのではないか、という疑いが生じる。平安京が未完成であった事実は、その仮説を支持している。

〝平安京図〟という妄想

ここでいう〈平安京が未完成〉とは、計画通り作り終えられなかった事実と、後から継ぎ足して無理に京域を拡大した事実の、二つを念頭に置いている。

平安京といえば、教科書に必ず載る碁盤目状の整然とした街区の都市を、誰もが想起する（三〇頁の図3）。しかし、このいわゆる〝平安京図〟のような姿の平安京は、歴史上ただの一度も実在したことがない（山本雅和・二〇一〇）。

軍事と造作の過大負担

平安遷都が決定されてから一一年後の延暦二四年（八〇五）一二月七日、桓武天皇は平安京の造営を終え、その三日後に造営を司る官庁であった造宮職《ぞうぐうしき》を廃止した。その理由は、平安京が完成したからではない。参議の藤原緒嗣《おつぐ》が「方《まさ》に今《いま》、天下の苦しむ所は軍事と造作となり。この両事を停《とど》むれば百姓安《やす》んぜん（今、天下の諸人は軍事と造作で苦しい。これらをやめて、百姓の生活を楽にしてあげてはどうか）」（『日本後紀』）と建言し、これを桓武天皇が認めたからである。「軍事」とは、蝦夷《えみし》（東北地方の異民族）との戦争を指す。当時の朝廷は、この時期を挟んで〝三十八年戦争〟と呼ばれる長期戦のさなかにあった。巨大な出費を強いる戦争が始まった宝亀五年（七七四）から、すでに二〇年が経過していた。

その大事業の遂行中に、桓武は延暦三年の長岡京遷都、次いで一〇年後に平安京遷都を断行した。当時、中国的な華夷秩序の二番煎じを日本で実現しようとした律令国家は、文化を異にする周辺諸族を完全に服属させるために躍起になっていた。これは、日本という国家が、周辺地域とどのような秩序を構築するかという、いわば国家デザインの問題である。一方、国家の顔（特に外国使節に誇示したい表の顔）というべき都の造営もまた、国家デザインの問題に属する。したがって、桓武朝においては、それらは一つの仕事であった。

しかし、天皇（大王）の代替わりごとに移動・再構築が可能な、七世紀末頃までの（藤原京以前の）小規模な〝宮〟ならともかく、桓武が「万代《よろずよ》の宮と定め賜《たま》いし平安京（永久的な宮都と定めた平安京）」（『日本後紀』弘仁元年九月一〇日条）のような都城の建造は、途方もない税負担を諸人に強いた。一つだけ具体例を挙げれば、平安京の造営開始から三年後の延暦一六年、朝廷は遠江《とおとうみ》（現・静岡県西部）・駿河（静岡県東部）・信濃（長野県）・出雲（島根県）の諸国から二万人余りの人夫を徴発・雇用して、造営に従事させた（朧谷寿・一九九四。『日本後紀』同年三月一七日条）。対価が支払われた雇用とはいえ、人夫の側に雇用を拒否する権利があったとは考えられず、しかも人夫の出身地の労働力・生産力を、三月という農繁期に奪った。それが民衆の多大な負担と化したことは、想像に難くない。

投げ出された平安京造営

これらの多大な負担を並行して二〇年も国に課した結果、国土が極端に疲弊したため、桓武天皇は平安京造営の中止を決断した。

造宮職が廃止された後も、造都が全面的に中止されたのではなく、木工《もく》寮《りょう》や、弘仁九年（八一八）に設置された修理職《しゅりしき》に引き継がれて、細々と継続したという見解もある（朧谷寿・一九九四）。しかし、木工寮は個別の建造物の設計・造築を司る官庁であって、都城全体をデザイン・造営する官庁ではない。また修理職は文字通り既存の宮城・京内を維持・整備する官庁であって、ゼロからそれらを造営する官庁ではない。

それに対して造宮職は文字通り、ゼロから都を造営するための臨時の官庁である。その造宮職の廃止は、平安京の造営済みの部分だけを維持・改変してゆく方針への転換にほかならない。平安京は遷都一一年目に途中で造営を放棄され、完成を諦められたのである。

蝦夷との戦争は平安遷都以来、小康を保っており、桓武は右の経緯によって戦争継続を断念した。しかし、桓武の没後も、嵯峨天皇の弘仁二年に二万人もの兵力で征討が実行され、それでようやく三八年間の戦争が終わる。造都は中止される一方、蝦夷との戦争は潜在的に継続し、後に再燃した。

三十八年戦争初期の宝亀一一年（七八〇）、伊治公呰麻呂《これはりのきみあざまろ》という蝦夷の族長が朝廷側の統轄官らを殺害し、最終的に陸奥国府の多賀城《たがじょう》が炎上して、朝廷が危機的状況に立たされた。そのような危うさがこの頃の東北情勢にはあったし、戦争は相手のあることだから、自分の都合だけではやめられず、積極的攻勢を凍結するくらいしかできない。

しかし、造都は天皇が「やめよう」といえば終わる。そして、平安京は完成しなくても国家は回る。それが桓武の認識であった。結局、平安京は全体を完成させる喫緊の必要性が乏しい——つまり余計なものが多い都城なのであった。

痕跡がない
右京の西側

平安京が未完成であったことは、考古学的な痕跡——というよりも痕跡の不在から、裏づけることができる。

例えば、平安京北西部の右京一条四坊十二〜十四町跡、三条三坊十二町跡、

四条四坊十三町・十四町の区域（図16－①～③）は、低湿地や池の跡しかなく、宅地化された痕跡が出土しない。また平安京の西南端である右京八条四坊・九条三坊・四坊（図16－④～⑥）は、どれだけ発掘しても、平安時代の痕跡（遺構・遺物）がまったく出土しない（山田邦和・一九九四a・一七三頁・図2）。都城の内部は原則として宅地利用されるはずだが、北西部は人が住んだ痕跡がなく、南西部は開発自体がなされていないのである。

また平安京の西端の西京極《にしきょうごく》大路は、遷都当初には存在しなかった。西京極大路のうち土御門大路～中御門《なかみかど》大路の区間（図16－⑦。現在のJR山陰線花園駅の下）は、大治四年（一一二九）に西隣の法金剛院《ほうこんごういん》という寺院が建立された際に、はじめて造られた（舘野和己・二〇〇九、山田邦和・二〇〇二）。そもそも西京極大路の考古学的な痕跡はすべて平安後期に限られ、平安京造営時はもちろん、平安中期にさえ存在した形跡がない。平安時代が終わる頃まで、平安京の西の境界となる大路は設計図の上にしか存在しなかったのである。

南側も穴だらけだ。右京八条三坊付近（図16－⑧）は平安前期には湿地帯で、八条大路を造れる状況ではなかった。平安中期に排水の目処《めど》が立ってようやく造営されたが、発掘調査で出土した八条大路は、路面幅がわずかに四《メートル》しかなかった。『延喜式』が定めた本来の幅八丈（二四《メートル》）の一七％にすぎず、「大路」と呼ぶにはあまりに貧相な、最低限の生活道路であった（山田邦和・二〇〇九a）。

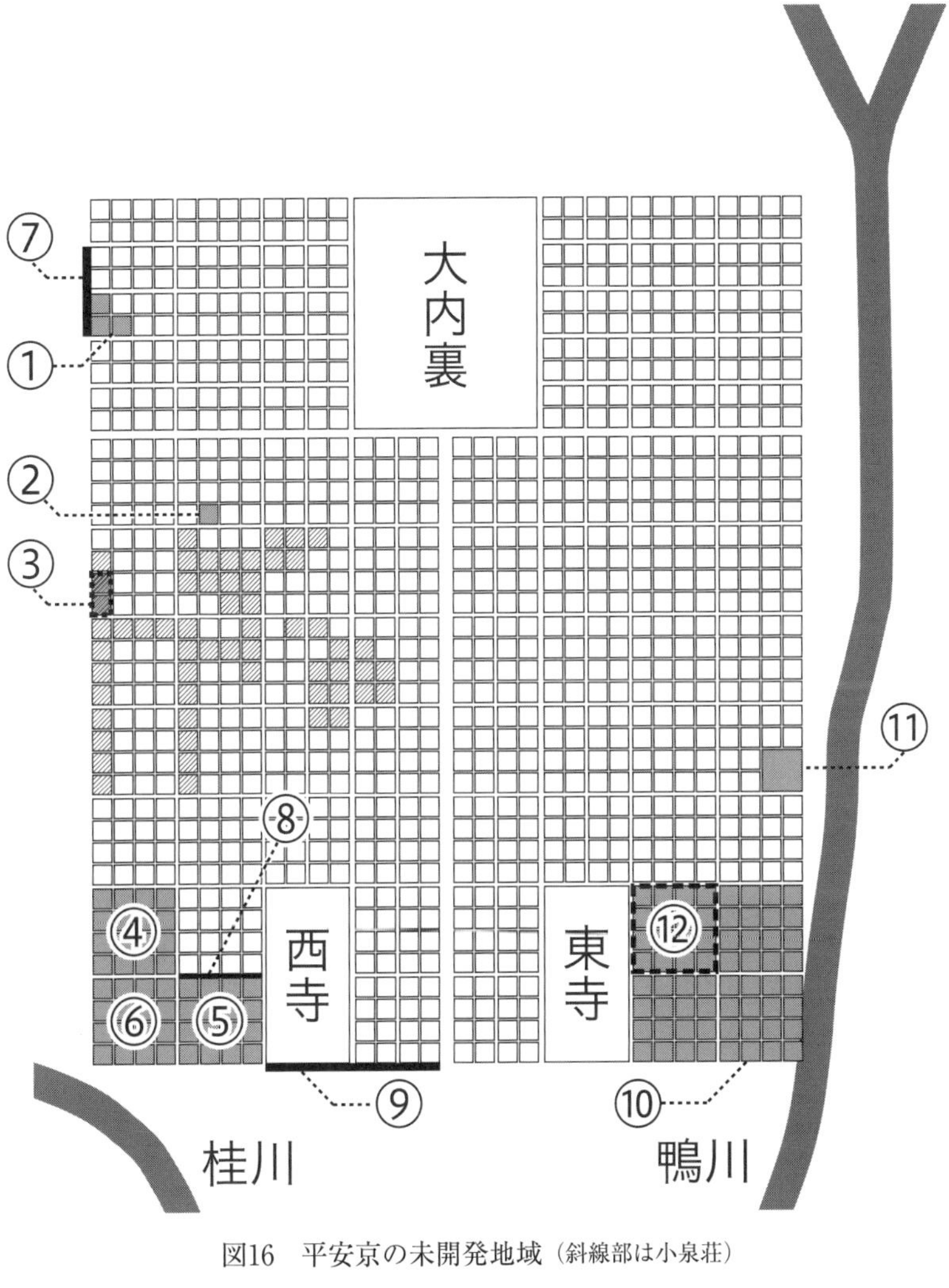

図16　平安京の未開発地域（斜線部は小泉荘）

さらに平安京南端の九条大路（図16−⑨）は、右京側では西寺の門前あたりまでしか整備されておらず、それより外側の九条三坊・四坊には存在しなかった（金田章裕・一九九三、山田邦和・二〇〇九ａ）。西寺と、その対になる東寺は、ともに羅城門から入京する外国使節が最初に目にする、都の〝顔〟というべき位置にあったが、少なくとも右京側はその〝顔〟の前、つまり右京の半分までの範囲にしか、九条大路が存在していなかった。おそらく、羅城門から東西に延びる羅城も、同じ範囲にしかなかっただろう。前述のように、平城京の羅城も、羅城門の両脇の一坊分（四町分）しか存在しなかった。とすれば、その未完成の中途半端な羅城こそ、日本の唐風都城の完成形だったのである。

水没する左京の南側

そしてそもそも、平安京の南東部分は、左京側でも開発が止まっていた。西洞院より東、七条より南（図16−⑩）には、平安前期に路面・側溝が存在した痕跡がまったく見つからないのである。この未開発地域がまったく放置された理由は、鴨川に近すぎる立地と、排水困難な地質にあった。

この地域に含まれる左京六条四坊（六条坊門の南、六条の北、万里小路の東、京極の西）には、四町規模（二町×二町）の河原院《かわらのいん》（左大臣　源　融《みなもとのとおる》の邸宅。図16−⑪）があったが、その南方の地域では鴨川に近いどころか、鴨川の流路・河原自体が京極（東京極）大路を西に踏み越えて、平安京域に食い込んでくる。そのような場所では条坊制の地割《じわり》を施行することが物理的に不可能なため、この部分が未開発のまま放置され、その結果、左京もまた完成しなかった（河原院は平安京の事実上の東南端となった）。前期平安京では、この左京の東南端と、右京の北西端・南西端はまったく市街地化されず、街路すら十分に存在しなかったのである（山田邦和・二〇〇二）。

しかも問題は、鴨川の沿岸近辺だけにあったのではない。この未開発地域に含まれる左京八条三坊（図16―⑫。七条の南、八条の北、東洞院の東、西洞院の西。東端の東洞院は京極大路から約五〇〇メートルも西）では、平安前期に町《まち》小路（現・新町通《しんまちどおり》）を挟む川や、湿地が存在した。平安京では、鴨川の洪水被害に遭いやすいばかりでなく、街区に鴨川の支流自体が流れていたのであり、それらに挟まれた地域も水はけの悪い湿地であった。延長七年（九二九）七月に鴨川の堤が決壊した時には、七条大路より南が通行不能となり、平安京の南に広がる水田も海のようになったという（『日本紀略』八月一五日条）。これでは宅地化は無理である（山田邦和・二〇〇二）。

平安京は過大

以上から明らかなように、平安京図の姿は理想型・想像図であって、現実には一度も実在することなく、途中で開発が放棄されていた（次頁の図17）。それでも古代国家が不都合なく機能したならば、平安京はそもそも全域を開発する必要がなかったということであり、つまり設計段階から平安京は過大《オーバーサイズ》なのであった。

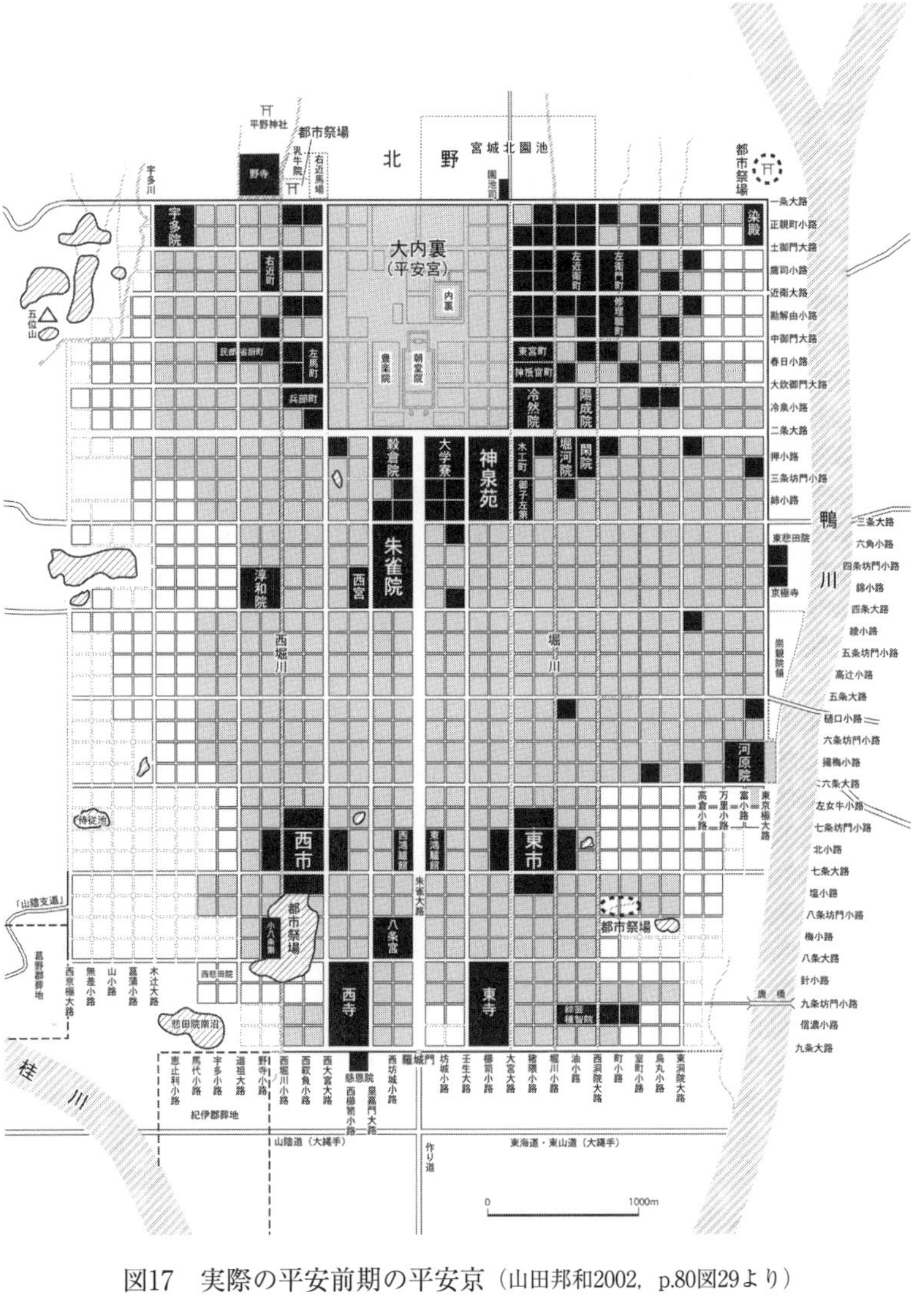

図17　実際の平安前期の平安京（山田邦和2002，p.80図29より）

平安京を北に二町拡大

このように、朝廷は当初計画の平安京全域を到底埋められなかったにもかかわらず、後から一度、設計段階に存在しなかった区域を増設し、京域を拡大した形跡がある。その証左は、一二世紀半ば過ぎの廷臣中山忠親《なかやまただちか》の日記『山槐記《さんかいき》』に記された、「昔、土御門《つちみかど》を以《もっ》て一条大路と為《な》す。其《そ》の後、北辺二丁《ちょう》（町）宮城《きゅうじょう》に入れられ、既に京中たり（昔は、今の土御門大路が「一条大路」だったが、大内裏を北に二町拡張して、一条大路が今の位置になった）」（長寛二年（一一六四）六月二七日条）という記事である。彼の言を信じれば、平安京は一度造営された後、北に二町（約二五〇メートル）分だけ、後づけで拡張されたのだという。

この説に真実味を与えるのが、大内裏東面の上東門《じょうとうもん》と、西面の上西門《じょうさいもん》の存在である。大内裏の東面・西面にはそれぞれ四つの門があり、上東門・上西門はいずれも最も北にある（次頁の図18）。これらの門は他の門と異なり、土でできた築地に穴を空けて整形しただけの土門にすぎず、屋根も、門の名前が記される扁額《へんがく》もなく、基壇すらなかった（この土門から東西に延びる道を、土門に通じる大路なので「土御門大路」という）。

異質な上東門と上西門

上東門・上西門が後づけの、他の門とは異質な門であったことは、その名称からも察せられる。大内裏の諸門の名は、門を警衛する氏族の名を、好字（よい字）で書き換えて付けたものである。門の名と、かっこ内に対応

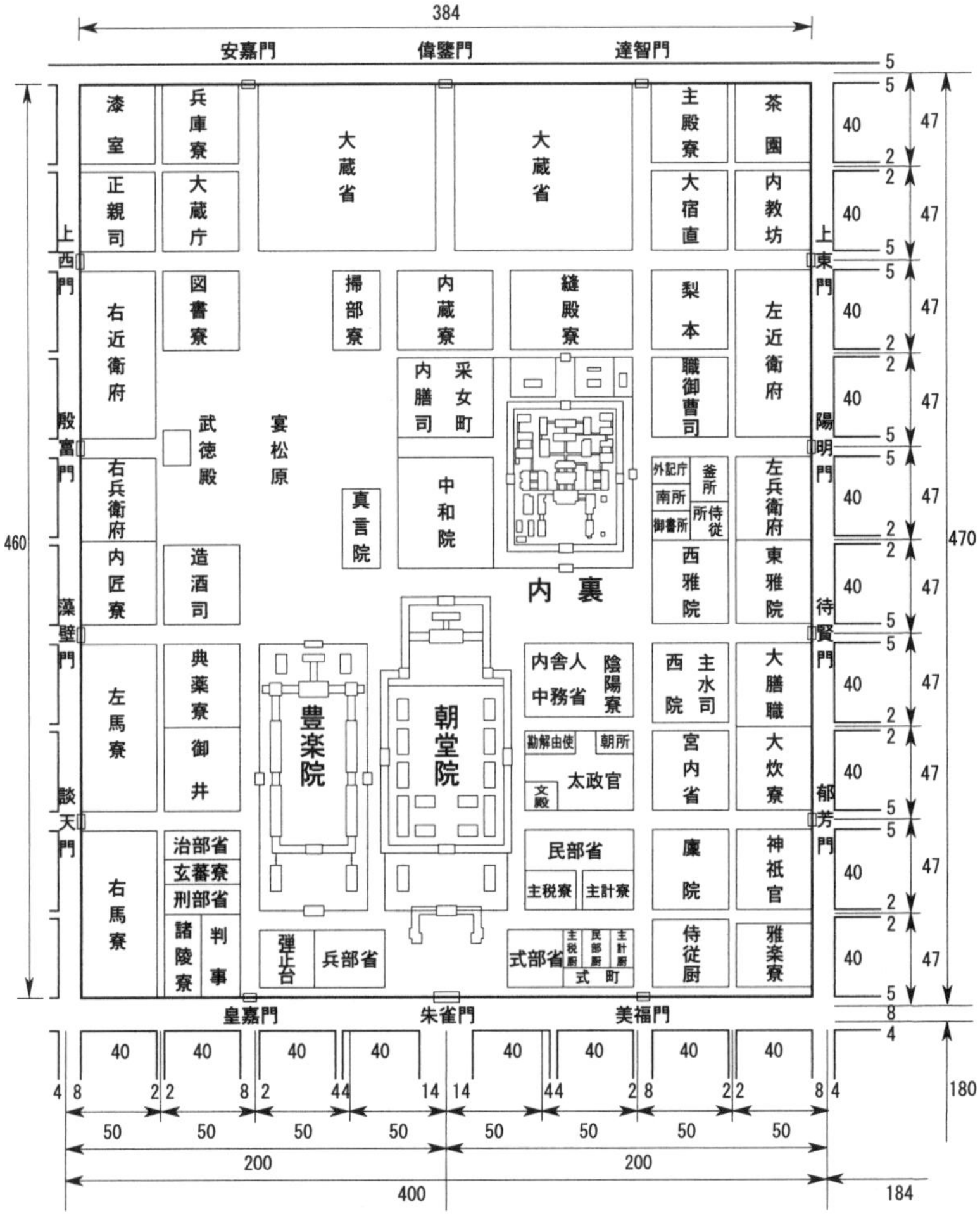

図18　大内裏の全体図（網伸也2010，p.286より．数字の単位は丈）

する氏族の名を列挙すると、東面では陽明《ようめい》門（山部《やまべ》氏）・待賢《たいけん》門（建部《たけべ》氏）・郁芳《いくほう》門（的《いくは》氏）、西面では殷富《いんぷ》門（伊福部《いふくべ》氏）・藻壁《そうへき》門（佐伯《さえき》氏）・談天《だんてん》門（玉手《たまて》氏）、北面は達智《たっち》門（多治比《たじひ》氏）・偉鑒《いかん》門（猪養《いかい》氏）・安嘉《あんか》門（海犬養《あまのいぬかい》氏）、南面は美福《びふく》門（壬生《みぶ》氏）・皇嘉《おうか》門（若犬養《わかのいぬかい》氏）という具合である。弘仁九年（八一八）に好字で表記するよう改正（『日本紀略』同年四月二七日条）される以前は、藻壁門を「佐伯門」とするように、氏族の名をそのまま門の名としていた。このように氏族の名と対応しない大内裏の門は、南面中央にあって朱雀大路と直結する特別な正門の朱雀門のほかは、上東門と上西門だけである。上東門・上西門という名は、「上（＝北）側にある東（または西）側の門」という、物理的な所在地を直接記述しただけにすぎない。

平安京に先行する都城（藤原京・平城京）では、大内裏（宮城）には一二門があった。平安京でもそうすればよいものを、わざわざ粗末な門を二つ増やした。しかも平安中期に著された『口遊《くちずさみ》』という一種の辞書には、「十二門の外《ほか》に上東門〈東〉・上西門〈西〉有り。俗にこれを土御門と呼ぶ」（宮城門）とある。上東門・上西門を門として数えず、実際には一四あるのに「宮城十二門」と総称したのである。

その不自然な事実は、次の経緯を想定すると最も理解しやすい。本来平安京でも一二門しかなかったが、大内裏が北に拡張された結果、もとの一条の位置に門がないと各門の間隔が不釣り合いになって、対称性・規則性が損なわれて不格好であるため、門を増やした。しかし、〈宮城門の数は一二〉という理念を継続させる必要上、新たな門はあえて粗末に造り、門として数えないこととした、と（瀧浪貞子・一九八四、一九九一、一九九四）。

大内裏の拡大に巻き込まれた京域

この北方への拡張の理由を、右の説の提唱者の瀧浪貞子氏は、元慶《がんぎょう》三年（八七九）に中央財政の建て直しを図るために、畿内五ヵ国に四〇〇〇町歩《ちょうぶ》（約四〇〇〇ヘクタール）の広大な官田《かんでん》（年貢が直接、朝廷財源として収納される田地）が設定されたためと推測した。多量の収穫物を収納する蔵を新設するための空間が大内裏内部に不足したため、大内裏を二町分だけ北に拡大し、それに合わせて平安京自体も同じ分だけ北に拡大されたというのである。現存する平安京宮城図には、大内裏内部の土御門大路に相当する位置より北、朱雀大路の左右（東西）に一つずつ、四町規模（東西二町×南北二町）の広大な「大蔵省」が記載されている（図18）。合わせて八町という、大内裏で最大の空間を占める大蔵省の面積は、蔵の占める面積によるものと考えるしかなく、瀧浪氏の説を傍証する。

さらに補うと、上東門・上西門が後から造られた証左がもう一つある。中御門《なかのみかど》大路の存在である。

上東門を土御門と呼んだように、宮城門には唐風の立派な正式名称のほかに、より素朴な和風の通称があった。宮城門は天皇の宮殿の門なので、和語では敬意を込めて「御門《みかど》」という。天皇が「ミカド」ともいわれるのは、畏《おそ》れ多い貴人を直接呼ばず、建物の名で婉曲に呼ぶ風習によって、大内裏の宮城門で婉曲に表現したからである（その風習は近世まで続いた日本の伝統で、皇族を「宮」、大名を「殿」や「御屋形《おやかた》（様）」、僧侶を「坊主（お坊様）」と呼ぶのはその典型である）。

その「御門」の和風の名前は、そのまま門とつながる大路の名前となった。そのような門と大路の組み合わせを北から順に列挙すると、上東門―土御門大路、陽明門―近衛大路、待賢門―中御門大路、郁芳門―大炊御門《おおいのみかど》大路となる。つまり、中御門は待賢門の通称、大炊御門は郁芳門の通称なのであった。

大炊御門という郁芳門の通称は、門を入ってすぐ右（北）に大炊寮《おおいりょう》（官人の食料となる米・雑穀を収納・配分する官司）があったからだ。同様に、近衛大路に通じる陽明門では、入ってすぐ右（北）に左近衛府（大内裏や宮城門を警衛する官司）があった。このように、門の別名は単純に、物理的な所在地を示している。とすると、待賢門が中御門と呼ばれた理由は、複数の宮城門の〝真ん中〟にあったからと考えるしかない。しかし待賢門は、四つの宮城門の北から三つ目であり、真ん中ではない。というより、そもそも門が偶数なら真ん中の門は存在しない。中御門が〝真ん中の門〟であるためには、一番北側の上東門が余計だ。つまり、待賢門が「中御門」と命名された時、上東門は存在しなかったと考えねばならず、やはり大内裏は北方に拡張されたと考えるべきなのである。

大内裏を北へ拡大すると、その分だけ平安京の北辺から出っ張って凸型になってしまい、明らかに不格好だ。そこで、平安京を長方形に保つため、大内裏と同じ分だけ京域も北に拡大された。既存の京域さえ十分に活用できていないのに京域が拡大されたのは、大内裏の北方拡張に巻き込まれたためであったと考えられる。

この大内裏拡大で新たに増えた二つの門のうち、西側の上西門は過疎地の右京に開かれたため、ほとんど記録に現れない。これに対し、左京に開かれた上東門は、一〇世紀前半までには造られたことが確実である。承平二年（九三二）に、摂政藤原忠平が牛車で上東門を通る特権を許されているからで、平安京が北に拡張されたのもそれ以前になる。

慶滋保胤《よししげのやすたね》が『池亭記《ちていき》』（『本朝文粋』巻第十二所収）というエッセイで左京四条以北への人口集中を論じたのは、そのちょうど六〇年後であった。京域の北方拡大は、京域自体の拡大が目的であったわけではないが、結果として利用可能な左京北部の土地が東西一二町×南北二町で二四町も増えた。それは、人口増加と宅地の密集化のため、左京北部で宅地の取得が次第に困難となっていった趨勢に、一定の緩和をもたらしただろう。

衰退する右京

左京の繁栄と右京の衰退

繰り返すが、京域の北方拡大は大内裏の都合に合わせた結果であって、平安京全体が居住者で飽和したからではない。平安京は依然として、都城としては過大《オーバーサイズ》であった。その証拠に、未完成であった平安京はその規模すら保てず、逆に縮小してゆく。使いにくかったり大内裏から遠い不人気な土地は人が住まなくなり、淘汰され、もとの原野へと回帰していったのである。天元五年（九八二）に慶滋保胤が記した『池亭記』の著名な一節に、次のようにある。

予《よ》、二十余年より以来《このかた》、東西二京を歴見《れっけん》するに、西京《さいきょう》は人家漸《ようや》く稀《まれ》にして、殆《ほとほ》と幽墟《ゆうきょ》に幾《ちか》し。人は去ること有りて来ること無し。屋は壊ること有りて造ること無し。

保胤はいう。「自分はここ二〇年来、東西二京（左京と右京）を観察し続けてきた。その間、西京（右京）では人家が次第にまれになり、ほとんど廃墟に近くなった。西京では、人が去ることがあっても新たに来住することはなく、建物が壊れることはあっても新造されることはない」と。平安京の実態として著名な〝右京の衰退〟である。

治水困難な右京

平安京北西部（右京北部）に低湿地や池しか出土しないという、前述の事実を思い出されたい。そもそも右京全体で、その西半分の開発はほとんど手つかずのまま終わった（山田邦和・二〇〇九a）。なぜなら、京域の西を流れる桂川（大堰川《おおいがわ》）と、北野天満宮の西隣付近から右京の中を南北に流れる紙屋川《かみやがわ》の氾濫原であった右京は、水はけの悪い湿地が多く、宅地にすることはおろか、耕作地として利用することも困難な地質だったからである。

二〇一三年九月一五〜六日に関西を直撃した台風一八号は、数十年に一度といわれる豪雨を京都にもたらした。この時、桂川の水位は羽束師《はづかし》水位観測所で観測史上最高を記録し、嵐山付近の中洲（中島）はもちろん、観光名所として著名な渡月橋まで水没させ、近隣の住民や観光客が避難のためにゴムボートに乗って道路を進まねばならないほど、沿岸を水浸しにした。平安京の歴史は鴨川の洪水との戦いの歴史といってよいほど、朝廷は鴨川のコントロールに苦慮したが、西部では紙屋川・桂川の水と戦わねばならなかった。

現在、旧平安京の北辺・一条通の標高は京都御所付近で海抜五九メートル、南辺・九条通の標高が東寺付近で二五メートルなので、平安京は南に向かって下がるように傾斜し、南北で約三四メートルの高低差がある。九条通には国宝の東寺五重塔が面し、相輪（最上層の屋根の上に載せる装飾物）まで入れた全高は約五五メートルだが、相輪を除いた五層日の屋根の最上部が約三九メートル、屋根の最下部が約三一メートルの高さにある。これと比較すると、平安京は九条から一条へ北上する間に、東寺五重塔の五層目までと同じ分だけ、標高が上がっていることになる。

このように平安京が南に低く北に高いことは有名だが、実は北東から南西にかけても傾斜しており、南西へゆくほどわずかに低い（河角龍典・二〇〇四・第8図）。この低地に紙屋川・桂川の水が注ぎ込み、左京にはあまり被害を及ぼさずに右京を水浸しにした。今もかつての右京域の大部分は桂川の後背湿地だが（植村善博・二〇〇四）、『今昔物語集』（巻第二六、兵衛佐上緌主於西八条見得銀語第十三）にはすでに、「西ノ四条ヨリハ北、皇賀《おうか》（嘉）門《もん》ヨリハ西ニ、人モ住《すま》ヌ浮《うき》ノユウユウト為《な》ル一町余所《いっちょうあまりのところ》」、つまり現在の四条通・七本松《しちほんまつ》通の交差点の北西の、人も住まない湿地に、難波から葦《あし》を運び入れて敷き詰め、その上に土地を固めてようやく家を建てた人の話がある。

右京の過疎化

近年の考古学的成果によれば、右京にも宅地の痕跡はあり、右京も完全な無人ではない。二条大路より北では引き続き街路が整備され、三条坊《ぼう》門《もん》小路・楊梅《やまもも》小路・七条大路に沿った地域でも路面・側溝が修理・維持され、建物・井戸も見つかっており、新しい町並みが形成されつつあった（山本雅和・二〇一〇）。

しかし、問題は「幽墟《ゆうきょ》に幾《ちか》し」という過疎化である。

考古学的にも、平安後期の右京では平安前期・中期の建物が廃絶し、耕作地（田畠）に変化していたことが確認されている。そもそもその時期には、朱雀大路より西、二条大路より南で、ほとんど街路の路面・側溝が見つからない。

右京の西堀川小路（現在の紙屋川の南北方向の流路と、その南の西土居通《にしどいどおり》）では、一一世紀後半に路面に木棺墓《もっかんぼ》が営まれて墓地にされてしまったあげく、一二世紀前半には街路自体が埋没してしまう（瀧浪貞子・一九九一）。また道祖大路《さえおおじ》（現・佐井通《さいどおり》）・野寺《のでら》小路（現・西大路《にしおおじ》）に至っては、平安中期以降に路面が流路に、つまり川になってしまった（山本雅和・二〇一〇）。全体として平安後期の右京は、「田園地帯の中に市街地的な部分が島状または帯状に点在していた」景観であった（山田邦和・二〇〇二・六九頁）。

東朱雀の誕生と葛野川の無視

右京の衰退を最も直接的に物語る事実の一つが、「東朱雀大路《ひがしすざく》」の存在である。これは平安京の東の境である（東）京極大路のさらに東側に、一一世紀末までに新設された街路であった（ほぼ現・河原町通《かわらまちどおり》）。

宅地や人口の密度が高まる一方の左京北部が外へと面積を広げ、街路が新設されたこと自体は、怪しむに足りない。しかし重要なのは、それが「朱雀」と名づけられた事実である。本来の朱雀大路は平安京の中軸線であり、「朱雀」の名は〝京の中心〟と同義だ。唐の長安の「朱雀大街」もそうであるし、青竜・白虎《びゃっこ》・朱雀・玄武の四神に守られる地形が都に相応《ふさわ》しいという中国の四神相応《しじんそうおう》説でも、朱雀が守るのは都の南であって、断じて東ではない。その名が平安京の東限のさらに東に用いられたということは、当時の生活実感上、京都の中心（中軸線）がそちらに移っていたことを意味する。東朱雀大路のすぐ東には鴨川があり、その東には白河という大規模な都市域が、一一世紀頃から急速に開発されていた。つまり、都市域としての京都は、左京北部と白河が、鴨川・東朱雀を中心に相対する形（後に〝京・白河〟と呼ばれる）に移行していた。そこでは、右京が完全に切り捨てられている。

　まさにその白河を大都市域として完成させた白河法皇が、「賀茂河の水、双六《すごろく》の賽《さい》、山《やま》法師《ほうし》、是《これ》ぞわが心にかなわぬもの（自分の意のままにならないのは鴨川〔治水〕・賽の目〔博打の取り締まり〕・比叡山の僧兵〔嗷訴《ごうそ》〕だけだ）」（『平家物語』巻一、願立）と豪語したことはあまりに有名だが、そこに葛野川《かどのがわ》（桂川・大堰《おおい》川）が挙がらないことに、これまで注意を払った研究を、筆者は寡聞にして知らない。京都に壊滅的な洪水をもたらしたのは、鴨川だけではない。右京の西を流れる葛野川も同等の暴れ川であり、何度も京域を水没させた。それが挙がらないのは、白河法皇が左京・白河しか自分の治める都市と考えておらず、右京に関心がなかったからである。一一世紀以降には記録上、右京の洪水は「京中」の洪水と認識されなくなった。

また朝廷では、鴨川・葛野川の治水を担う防鴨河使《ぼうかし》・防葛野河使《ぼうかどのがわし》という官職を、平安京造営当初から設けていた。しかし防葛野河使だけが、九世紀半ばを最後に姿を消す（北村優季・二〇一二）。人が住まない地域の治水に、朝廷が関心を失ったからにほかならない。そもそも「防鴨河使」という官職名は、「防葛野河使」と区別するための名前である。しかし中世までに「防鴨河使」を「ぼうかし」と訓《よ》むようになる。つまり「鴨」の部分の発音が抜け落ち、「防河使」と書いたのと同じ訓みになってしまった。それは人々が葛野川への関心を失い、治水すべき「河」といえば鴨川しかなくなってしまったことの反映である。

「洛中」の誕生と右京の無視

京都を「洛中」と呼ぶ慣習も、右京への無関心を直接示す出来事だ。一六世紀以降、京都の名所・風物を大画面の絵に描いた『洛中洛外図』が数多く製作される。かつては平安京内（北は一条大路、東は京極大路か東朱雀大路）を「洛中」、京外を「辺土《へんど》」といい、その境界は明瞭で、合わせて「洛中辺土」といったが、室町時代頃から「洛中洛外」という表現が流行った。中世では「洛中」は京都を意味するが、中世の京都は平安京よりも北と東に何となく拡大していたため、外縁の境目、つまり「洛中」と「洛外」の境界が不明瞭であった。しかし、とにかく双方合わせて「洛中洛外」といえば、京都盆地内の集落はすべて含まれる。そして一六世紀末に豊臣秀吉が（平安京の境界を大胆に無視して）京都を取り囲む御土居《おどい》（土塁）を構築して以降（図19）、御土居の内を「洛中」、その外を洛外と呼ぶようになった。

重要なのは、古代末期以降、洛中・洛外の「洛」が京都を意味したことだ。前近代には京都に上ることを「上洛」と表現したし、京都を指す「京洛」「花洛」などの雅語があった。現代でも京都西方の郊外に洛西《らくせい》ニュータウンがあり、また京都の東西南北には洛東・洛西《らくさい》・洛南・洛北を校名とする高等学校がそろっている。

しかし「洛中」には、実は平安京の半分しか含まれていない。

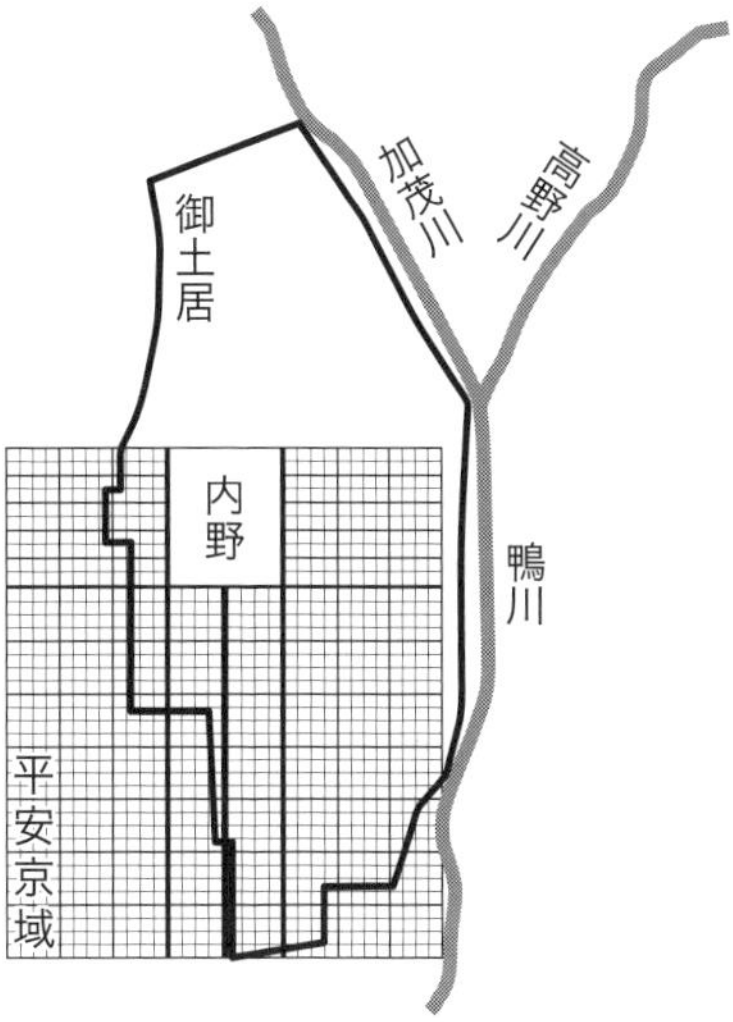

図19　御土居の範囲と平安京域

長安城＋洛陽城＝平安京

平安京の造営当初、京中の「条」（東西が左京・右京の幅、南北が四町の帯状の区画）には唐風の名前が付けられた。一条を「桃華坊《とうかぼう》」、二条を

「銅駝坊《どうたぼう》」といい、三条より南では左京と右京で名前が異なった（左京は三条が「教業《きょうぎょう》坊《ぼう》」、四条が「永昌坊《えいしょうぼう》」……、右京は三条が「豊財坊《ほうざいぼう》」、四条が「永寧坊《えいねいぼう》」……と続く）。これらの名の大部分は、日本のオリジナルではなく、唐の洛陽城や長安城にあった区画の名を、そのまま転用したものである。日本は「本朝の制度、多く唐家《とうか》に擬《なぞら》う（わが国の制度の多くは唐に似せている）」（『日本三代実録』貞観一三年〈八七一〉一〇月二一日条）と自ら明言する国であったから、そのこと自体は怪しむに足りない。

しかし問題は、その模倣があまりに実態とかけ離れていたことだ。その最たるものが、平安京の左京を「洛陽城」、右京を「長安城」と名づけた事実である。長安城は周知の通り唐の都で、洛陽城は後漢から隋まで、いくつかの王朝が都とした都城であり、唐でも陪《ばい》都《と》（複都制において、主たる都を補完する都）として重要視された。つまり中国の二つの代表的な都城が、理念上、一つの平安京の中に含まれているかのように名づけられていた。

しかし、長安の面積は平安京より四倍も広い（後述）。しかも先に述べたように、堅牢な石造の城壁（羅城）に囲まれた長安城に対して、平安京では南方だけに、土製の垣が、飾り物として申し訳程度にあるだけだ。平安京の実態は、規模においても内実においても、長安城に比べるべくもない貧弱な都城にすぎない。

その貧弱な平安京が、中国の洛陽と長安を足し合わせたくらい雄大な都城だと、標榜したのである。壮大な構想だが、「夜郎自大」という言葉はこのためにあるのではないかと思えるほど、現実とかけ離れている。日本の都城の企画者・設計者は、遣唐使のもたらした情報を通じて、現実の長安城を一定度知っていたはずだから、この理念は現実からかけ離れていると承知のうえで、あえて設定したものである。

「洛中」への収束

理念として模倣・吸収するのだから、現実との食い違いはさしたる問題ではない、という割り切った古代日本人の思考様式は、それ自体興味深いのだが、ここでは、平安京で「洛陽」といえば左京を指す、という設定が重要である。「洛中」の「洛」は、この左京を意味する「洛陽城」の「洛」だ。つまり京都の代名詞である「洛」「洛（中）」は、京都の東半分を意味するにすぎない言葉が基になっている。平安期を通じて進行した中世「京都」の形成過程で、右京は切り捨てられ、残った左京（洛陽城）だけが「京都」となったのである。

したがって、もし朝廷が東西を逆にして、右京を「洛陽城」、左京を「長安城」と名づけていたら、上洛・洛中・京洛や洛東・洛西などの、「洛」の字で京都を表す言葉はすべて生まれなかった（もしそうなったら、上洛は「上長」、洛中は「長中」にでもなったのであろうが、何ともすわりの悪い語感だ）。もっとも唐では長安が西にあって西京・西都と呼ばれ、洛陽が東にあって東京・東都と呼ばれたから、よほどの理由がない限り、長安城を右京、洛陽城を左京に設定するほかはない。

「洛」が明白に（左京に限定せず）平安京を指して用いられた事例としては、貞観一三年（八七一）に、焼けた応天門《おうてんもん》の修理に関連して「洛都の宮城門、是《これ》を応天門と謂《い》う」（『日本三代実録』同年一〇月二一日条）と記されたのが古い。応天門は平安宮（大内裏）朝堂院の南面の正門なので、その所在地は京中ではなく大内裏内部だが、すでに平安京を「洛都」と呼び始めている。これも、九世紀後半には、左京が都を代表し始めた証左と見てよい。

また一一世紀末頃、白河法皇の近臣であった文人官僚の大江匡房《おおえのまさふさ》が『洛陽田楽記《でんがくき》』を著した。永長元年（一〇九六）の〝永長の大田楽〟に関するこの書物は、決して左京だけに話を限定して著述されたのではない。彼は京都の熱狂的な田楽流行を記録する意図で、京都と同じ意味で「洛陽」の語を使った。まさに、左京の鴨川に関心があっても右京の葛野川には関心がない、白河法皇の時代の産物なのである。

さらに四世紀を経た寛正六年（一四六五）、室町幕府は大宮大路を、「洛中」の西の境界と見なした。大宮大路は大内裏の東面の街路、つまり左京の中だ。その頃になると右京はもちろん、大宮より西の左京さえ「辺土（洛外）」扱いされ、京都は極小化してゆく。

成長する左京

栄える左京と廃れる右京

話を戻せば、かくして右京が衰退し、軽視・無視されてゆく一方、左京はまったく対照的であった。その様子を『池亭記』は次のように描く。

> 東京《とうきょう》の四条以北、乾《いぬい》・艮《うしとら》の二方は、人々貴賤《きせん》無く、多く群聚《ぐんしゅう》する所なり。高家《こうけ》は門を比べ堂を連ね、小屋《しょうおく》は壁を隔て簷《のき》を接す。東隣に火災有れば西隣は余炎《よえん》を免《まぬか》れず、南の宅《いえ》に盗賊有れば北の宅《いえ》は流矢《ながれや》を避け難し。

東京（左京）の四条大路より北、特に乾（北西）・艮（北東）のあたりは、貴人も庶民も、身分を問わず多く群集して住み着いている。貴人の豪邸は競い合うように門を構えて建物を建て連ね、庶民の小屋も壁を接し軒がつながるように、隙間なく建ち並ぶ。ここでは東に火事があれば西隣の家は延焼を免れず、南に盗賊が入って戦闘になれば北隣の家は流れ矢から逃れられないほど、宅地の密度が高かった、という。文学特有の誇大表現を差し引いたとしても、過疎化して衰退する右京と、人口が過密化して繁栄する左京の対照的な様子は、疑うべくもない。

院政期の左京南部開発

左京の最南部である七条~九条の開発が、遷都後もしばらく行われなかったことは、先に述べた。その区域に、平安後期になると一斉に街路が出現する。その理由は、主に二つある。人口集中に伴う左京の拡大と、そのために必須の治水工事である。この地域では、平安後期になってようやく治水対策がなされると同時に、新たな街路・街区が形成・整備された。この時期から鴨川の洪水被害が増加したのは、鴨川近傍まで開発が進んだからだという指摘がある（山本雅和・二〇一〇）。鴨川が洪水を起こす頻度が変わったのではない。それまでも洪水は起きたが、人が住んでいないので、被害が報告されなかったにすぎないのである。

この左京七条~九条間の新規開発をもたらした原因は、左京の北半分への人口集中が進み、北半分では抱えきれなくなったことである。その結果、人が住めるように治水・排水設備が整備され、左京の南部が開拓された。この開拓地はほとんど手つかずであったため、新興勢力が広大な土地を占めて新たな街区を形成した。

その新興勢力の一つは王家《おうけ》である。この頃、上皇が〝治天《ちてん》（の君）〟と呼ばれて政務を

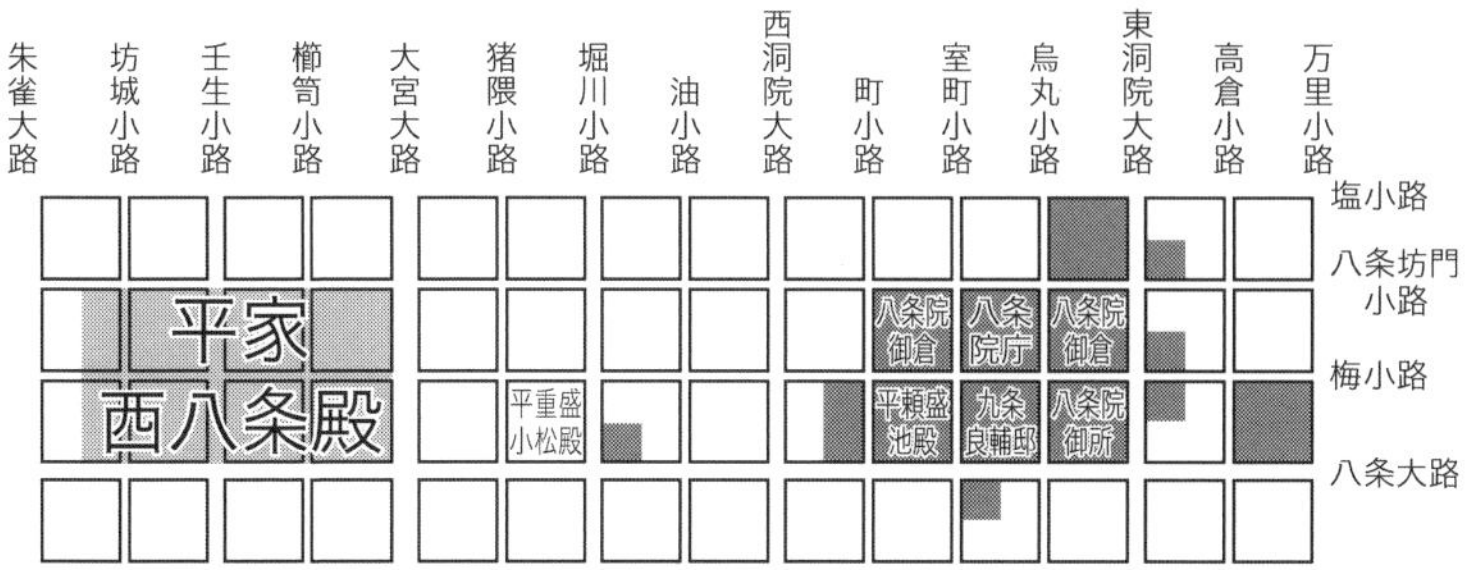

図20　八条院領と平家の西八条殿（『平安京提要』をもとに作成．濃い網かけは八条院領）

握る、〝院政〟という家父長制的な権力のあり方が発達した。これにより、治天と彼の直系親族が、巨大な富を集積する最大の新興勢力となった。この治天を家父長とする一家を、近年の歴史学では、近代の〝皇室〟と区別するため、またより広い範囲を含む〝皇族〟と区別するために、〝王家〟と呼んでいる。

院政の進展とともに、王家は莫大な宅地・所領を領有した。特に院政最盛期の治天である鳥羽法皇の皇女暲《しょう》子《し》内親王は、女院《にょいん》（天皇の母や有力な皇族女性に与えられる、院＝上皇と同等の待遇）となって八条院《はちじょういん》と呼ばれ、〝八条院領〟という巨大な荘園・所領群を相続した。彼女は右に述べた、左京南方の新規開拓地に広大な土地を得て、八条大路・東洞院大路の北西に御所を構え、八条大路より北、東洞院大路を中心に、東は万里小路から西は堀川小路までを、八条院領に繰り込んだ（図20）。その広さは何と全体で一二町にも及ぶ。

平家の西八条殿開発

もう一つの新興勢力は武士、特に平家であった。平清盛《きよもり》の弟頼盛《よりもり》は、妻が八条院に仕える女房（女官）であった縁で、八条院の母の美福門院《びふくもんいん》から、八条北・室町西にあった邸宅（前頁の図20）を譲られている。その地は八条院領に含まれたので、ここに平家と八条院領の密接な関係が生まれ、後に清盛がすぐ西に広大な西八条殿《にしはちじょうどの》を造営する機縁となった。

清盛を中心として、平家一門は清盛の祖父正盛《まさもり》の代から本拠地としていた河東《かとう》（鴨川の東岸）の六波羅《ろくはら》を離れ、八条院領の西に移住して、巨大な集住区を形成した。その集住区である西八条殿は、東寺の真北に、東寺より西に一町はみ出る位置にあった（美川圭・二〇一〇）。具体的には、大宮の西、坊城の東、八条坊門の南、八条の北にあたる六町で（図20）、中心は八条坊門櫛笥《くしげ》亭であった（朧谷寿・一九九四）。

さらに、京中のただ二つの市（商品取引所）と定められていた左京の東市《ひがしいち》と右京の西市《にしいち》は、この頃すでに衰退していたが、東市の近くの七条町（現・JR京都駅の北側一帯）は、一一世紀半ばまでに細工職人が集住する商工業地域として発展していた（野口実・一九八八）。その南方の左京八条三坊周辺は、考古学調査によって発見された鋳造遺跡が最も密集している地域で、中世には京都の鋳造工房の中核となった（西山良平・二〇一〇）。

街路を犠牲に宅地を拡大

居住可能な土地を増やそうとする圧力は当然、既存の集住地の内部に対しても働いた。平安京では建造物が新築・修築されるとしばしば土地が整地され、土をかぶせてかさ上げされた。左京ではそのかさ上げの際に、街区が面する街路の側溝《そっこう》を、本来の位置から街路の中心に寄せて付け替えた事例が、発掘調査で多数確認されている（山本雅和・二〇一〇）。平安京の街路（大路・小路）の両脇には、排水のために側溝という溝が設けてあった（五八頁の図6）。その溝の外に築地が築かれ、築地の向こう側が街区（居住地）であったのだが、居住地を修築する際に、その側溝を街路側へ移動させて街路を狭め、その分だけ居住地を広げてしまうのである。

　街路を犠牲にしてでも左京の宅地を広げたい、という欲求が存在した事実は、二つのことを裏づけている。一つは、いうまでもなく左京の人口密度の上昇だが、もう一つは、〈居住地拡大のためなら、街路を狭くしてもよい〉という発想の存在自体である。〈狭めても実用上問題ない〉と考えられたからこそ狭められたに違いないのであって、やはりそもそもの平安京の街路幅は、実用上必要な広さを超えていたことが明らかである。

　前述したように、平安京の坊（四町×四町の一六町の区画）は大路に沿った築地で包囲され、内外に出入りするための利便性は犠牲にされていた。平安京の大路は、生活者や生活物資を（特に庶民のレベルで）円滑に移動させるための動脈ではないし、それらで囲まれた各坊・町は開かれた空間ではない。むしろ大路は、治安・美観維持のために彼らを坊の中に閉じ込める壁であった。そのような作りの街路で、活発に人・モノ・情報が行き来すべき商業都市が発達するはずがない。

町屋の成立

しかし、平安京が北に拡張され、右京の衰退と左京の過密化が進行した一〇世紀頃から、京内に町屋《まちや》型建物が成立し始める。現代京都の貴重な景観としても著名な、あの〝京町屋〟の源流である。町屋型建物の特徴は、「街路に面する」「小規模である」「建ち並ぶ」という三点にあると考えられている（山本雅和・二〇〇八）。近世～近現代の京町屋も、玄関を開くといきなり道路があり、その間に庭も何もない。そして俗に〝鰻《うなぎ》の寝床〟といわれるほど間口が狭く、奥に細長い。さらに隣の町屋との間に一切空間がなく、一枚の壁を左右の家が共有するように密着して建ち並んでいる。だから、一つの町屋が取り壊されて駐車場などになると、隣の町屋は急ごしらえの壁を造らなければならない。正面から見ると立派で風情のある京町屋が、横から見るとトタンなどの安普請で、見栄えも何もない壁で覆われていることが多いのはそのためだ。

このような町屋の条件を満たす住居跡が、右京七条二坊十二町や左京四条四坊十二町に確認されている（山本雅和・二〇〇八）。右京にある前者は、もともと人が住まなかった未開拓地に新たに成立した町並みの中にあり、左京にある後者は、過密な繁華街の中にある

（現在の藤井大丸デパートの、四条通を挟んだ左斜め前）。いずれも一〇世紀頃から、実用性を重視して発展した地域である。

垣によって閉じ込められるのではなく、街路に直接面して建つ町屋型建物の出現により、塀や門などを通さず、住民が直接街路と交流できる町並みが発生した（山本雅和・二〇一〇）。それは、決して朝廷が実用性を重視し始めたことを意味しない。平安京の運用ルールを維持できなくなり、朝廷がそれを厳密に統制することを断念した結果にすぎない。それは、何度禁じても一向に根絶できない住民の勝手な宅地・街路利用であり、ある段階で朝廷はこれを徹底弾圧する意欲を失った。

そして、摂関家が朝廷を実質的に支配し始めた平安中期頃から、廷臣は儀礼用と生活用で空間を切り分け、不便な儀礼用邸宅を維持しつつ、生活用邸宅で大いに利便性を追求し始める（川本重雄・二〇〇六・一六一頁）。朝廷の支配者が平安京の不便さに耐えられなくなってそのように舵を切った結果、平安京は使いやすい中世〝京都〟へと加速度的に変貌を遂げてゆくのである。

土地があり余る平安京

平安京の適正サイズ

以上を極端に要約するなら、一〇世紀末までに、右京の過疎化が決定的となって平安京の実際の稼働面積が東西方向にほぼ半減し、さらに左京の南半分の過疎化が決定的となって北半分に人口が集中した（八条院や平家による南半分の開発は、一二世紀半ばまで待たねばならない）。つまり、一〇世紀末の平安京の稼働面積は、平安京図の四分の一程度にすぎない。

ここで、人口も四分の一に減ったのではないことに注意したい。むしろ、平安京の人口は微増傾向にあった。ならば平安京は、最初から四分の一の面積で全住民の活動を支えるのに十分であったと、考えざるを得ない。平安京は、最初から大きすぎたのである。

集住地である左京の四条以北は、おおよそ後の上京《かみぎょう》・下京《しもぎょう》と一致する。その集住地の縮小傾向の行き着く先には、戦国期（一六世紀）の上京・下京惣構《そうがまえ》がある。応仁の乱以降、特に一六世紀に入ってしばしば戦場となった京都では、朝廷・幕府関係者の邸宅や寺社、町人の集住地が一定規模ごとに〝構《かまえ》〟と呼ばれる隔壁・堀で地区ブロックを形成し、それらがモザイク状の集合体となって南北二つに集約され、それぞれ上京と下京となった（高橋慎一朗・二〇〇九）。上京と下京は室町小路（現・室町通）によって一応接続したが、地理的には分離した都市域で、それぞれが全体を取り囲む隔壁と堀、つまり〝惣構〟をもち、自治的に防衛された（高橋康夫・一九八三）。

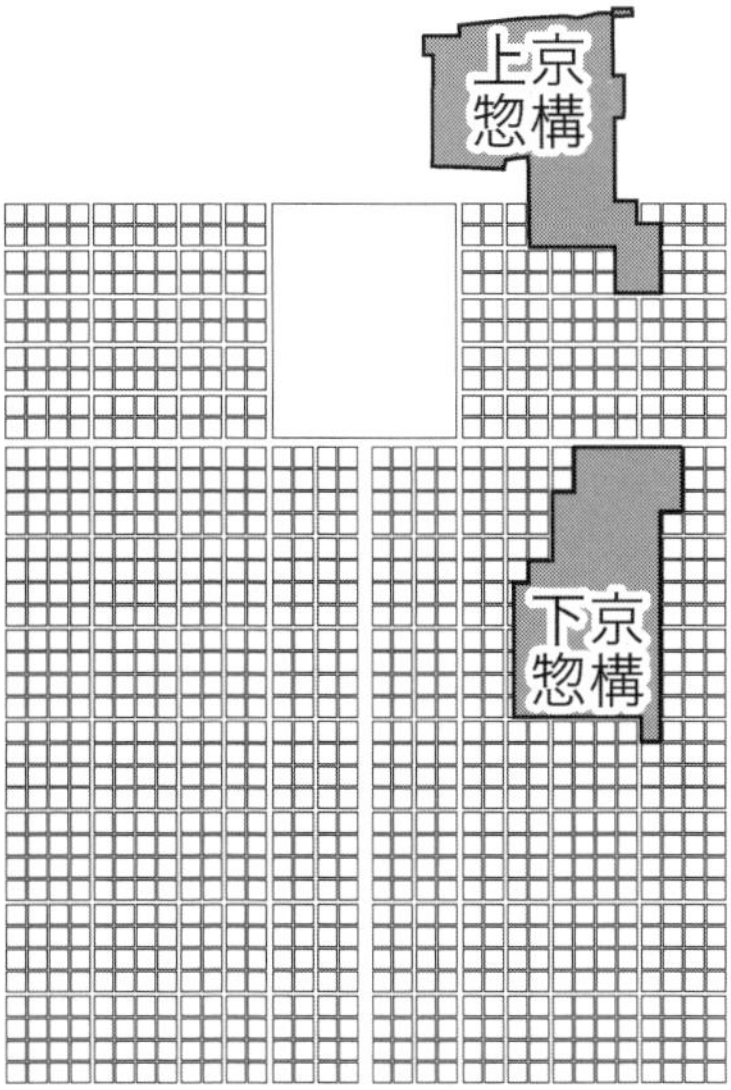

図21　平安京と上京・下京惣構

その当時、平安京の理念はとうに廃れ、朝廷・幕府や一部の寺社と町人らがまったく実用性の観点から、日常的な生活サイクルを維持するのに必要な規模・構造に作り替えていた。その上京・下京を平安京図に重ねると、図21のようになる。一二〜一五世紀にかけての一条以北の新規開発地を含めても、上京・下京の領域は平安京と比べてあまりにも小さい。たび重なる戦乱で多大な人口損失・流出を蒙ったとはいえ、これが当時の京都住民に必要な実用的サイズであった。そして時代・事情が大きく異なるとはいえ、集住地・繁華街化した平安期の左京四条以北もまた、当時の実用レベルでの適正サイズであった。

あり余る空閑地

平安京が大きすぎたことは、さまざまな記録から裏づけられる。

平安京遷都から二五年、造営停止から一四年が経過した弘仁一〇年(八一九)、京中の行政を司る京職《きょうしき》が「京中《きょうちゅう》を巡検するに、閑地《かんち》少《すく》なからず。或《ある》いは貧《ひん》家疎漏《かそろう》し徒《いたずら》に空地《くうち》を余し、或いは高門占買《こうもんせんばい》し曽《かつ》て作営《さくえい》せず。彼此閑廃《かれこれかんはい》し多く地利《ちり》を失う。須《すべから》く並びに勧課《かんか》を加《くわ》え地利《ちり》を尽《つ》くさしむべし」と申請し、朝廷が許可した(『類聚三代格』巻第一六、閑廃地事、天長四年〈八二七〉九月二六日太政官符所引弘仁一〇年一一月五日太政官符所引左右京職解)。「京中に未使用の土地が多く、貧しい人々は家も建てられずに空地のまま放置し、貴人・富裕層は土地をいたずらに買い集め集積するばかりで開発せずに放置している。もったいないので開発を促し、地利(土地利用料として徴収する税)を確実に徴収できるようにして頂きたい」と京職が主張し、認められたのである。それほど、京中には活用されない土地が溢れていた。富裕層さえ宅地として活用しなかった理由は、そこに住むべき人がいなかったから、という一点に尽きるだろう。

耕地化も進まない

右の命令にもかかわらず、八年後の天長四年（八二七）にまたも右京職が「条《じょう》に課《か》して戸《こ》に喩《さと》し、勤めて営作《えいさく》せしむ。而《しか》れども人稀《ひとまれ》にして居少《すまいすく》なく、耕営《こうえい》を事とせず、徒《いたずら》に日月《じつげつ》を過《す》ごし、稍《やや》もすれば藪沢《そうたく》と成る」と現状を報告した（同前所引、天長四年九月二六日太政官符）。右京の人口密度がいまだ低く、宅地化どころか耕地化すら進まず、荒地（藪・沼地）となってしまう、というのである。

危機感を抱いた朝廷は、「宜《よろ》しく閑地《かんち》を惣計《そうけい》し、先《ま》づ其《そ》の数を申し、重ねて其《そ》の主に課し、悉《ことごと》く耕種《こうしゅ》せしめよ。一年耕さずは、収めて申請する人に賜《たま》え。若《も》し地を授《さず》くるの人、二年開かずは、改判《かいはん》して他人に賜え。遂に開熟《かいじゅく》の人を以《もち》て永《なが》く彼《か》の地主《じしゅ》と為《な》せ」と命じた。空閑地をリストアップして現在の持ち主に耕作を促し、それでも一年間放置されたら没収して希望者に与え、その者が二年間放置したら別の希望者に与え、耕作地として開発を遂げた人物を永久に持ち主とする、と定めたのである。『延喜式』にも「凡《およ》そ京中の閑《かん》地《ち》は、貧富《ひんぷ》を論《ろん》ぜず、力を量《はか》り種を播《ま》き時に営作《えいさく》し、並びに勧課《かんか》を加《くわ》えて地利《ちり》を尽《つ》くさしめよ」という規定がある（左右京職、閑地条）。京中の空閑地では、持ち主の貧富に関わりなく、その経済力に応じて種をまかせ、耕作させて、その収穫から地利を確実に徴収せよ、という意味である。平安期の朝廷は一貫して、京中の未使用の土地を耕地化して、最大限活用する方針を保たねばならなかった。

しかしそれでも、耕地としての活用も活性化しなかった。平安京には、「凡《およ》そ京中、水田を営むことを聴《ゆる》さざれ。但《ただ》し大・小路の辺、及び卑湿《ひしつ》の地は、水葱《なぎ》・芹《せり》・蓮の類を殖《う》うることを聴せ。此《こ》れに因《よ》りて、溝を広げ、路に迫ることを得ざれ」（『延喜式』左右京職、京中水田条）というルールがある。京中に水田を作ってはならないが、大路・小路の周辺や湿地で、湿地性の植物を育てることは許可する、という。遷都から三四年後の承和五年（八三八）に、「諸家、京中に好んで水田を営む」（『続日本後紀』承和五年七月一日条）という状況を改善するため発せられた禁令と、禁止内容・例外条項（湿地性植物の栽培）が共通するので、この『延喜式』の規定は承和五年（平安遷都の四四年後）まで遡《さかのぼ》る。

水気の多い湿地で水葱・芹・蓮の類を栽培が許可されたのは、灌漑《かんがい》設備を必要とせず、また宅地・耕地として利用しようがない湿地の唯一の活用法だったからだろう。慶滋保胤の邸宅〝池亭《ちてい》〟の復元図を見ると（次頁の図22）、街路から引いた水路が、宅内を貫通して別の街路に流れ出る構造をもっており、その流れ出る直前の街路際《ぎわ》の場所に「芹田」があった。この芹田を拡大しようとすれば、邸宅に沿う垣（築地）を破壊して街路側に侵蝕してゆくことになる。右の『延喜式』の条項の末尾で、湿地性植物の栽培は許すが、そのために街路脇の溝を勝手に広げ、街路を侵蝕して水路にしてはならない、と定めたのは、そのような事態が容易に想像されるからであった。それでも栽培自体を許可したのは、平

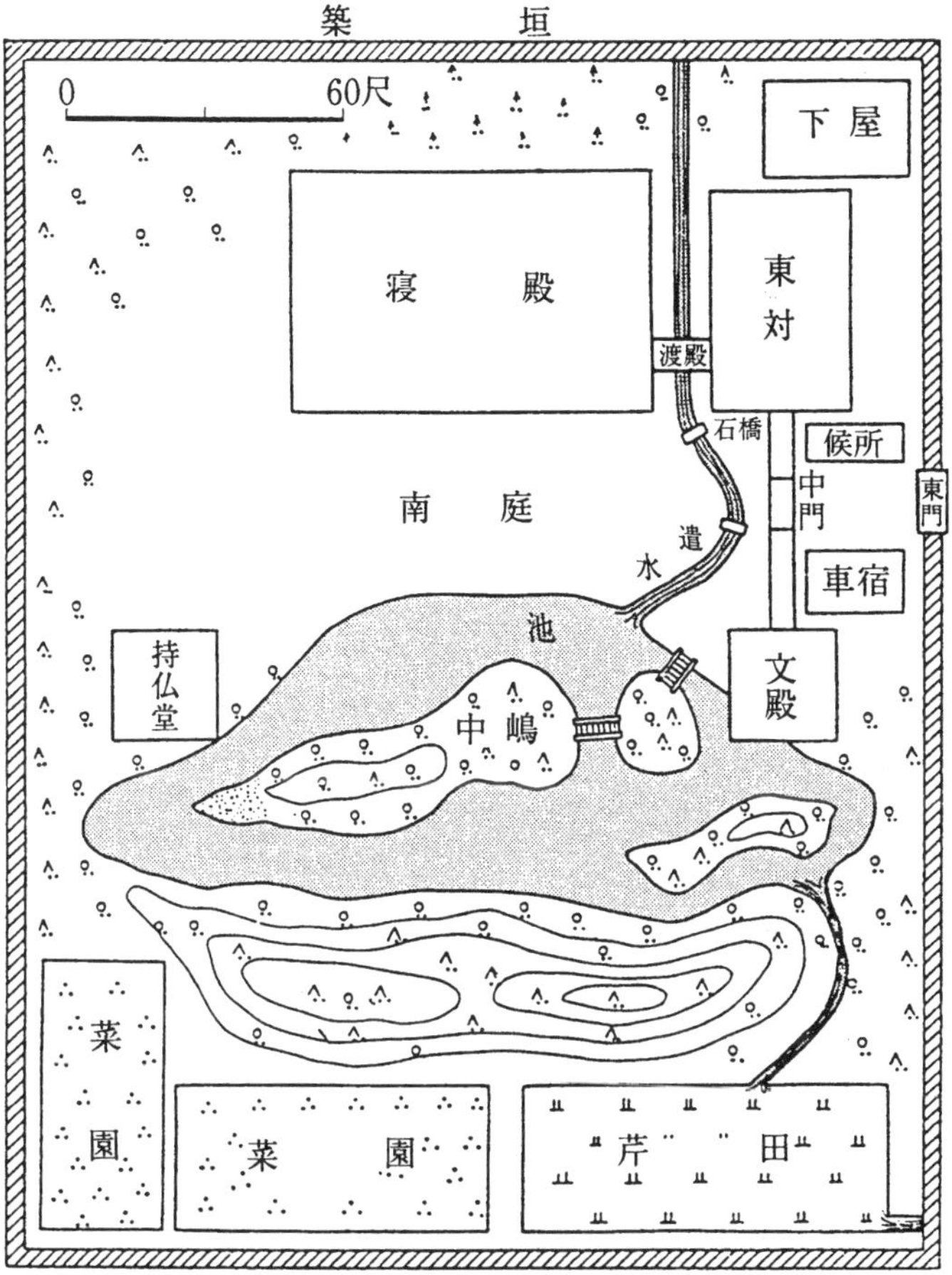

図22 「池亭」推定復元図（『平安京提要』p.72図１より）

安京の美観を維持しつつ、生産力を少しでも上げようとする、いわば妥協策だろう。

なお、せっかく耕地化が進んでいるのに承和五年に京中の水田が禁じられた事実は、京中の耕作地を畠《はたけ》（水田に対して陸田《りくでん》という）に限る朝廷の方針を意味する。水田には多大な水量とそれを確保・排出する灌漑施設が必要とされるから、生活用水であるはずの京中の水路の水を大量消費されることと、灌漑のため水路を含む京中を大規模に改造されることを、朝廷が認めなかったためとみられる。

水田化の禁止と進行

しかし現実には、宅地や湿地性植物の栽培地に使途を限定されては、未開発の京中空閑地を活用しようがない。その結果、右京はもちろん、左京にさえ手つかずの土地が余った。そして、どうせ国家が（というより誰も）活用しないなら、ルール違反であっても水田にして活用した方がましだ、と考えた人々が多かったのは当然であろう。

そしてむしろ摂関政治期には、朝廷の主導者である摂関家が率先して田地を開発・集積し始める。摂関家は一一世紀後半までに、右京の三条～七条の間に六三町にも及ぶ大規模田地を開発し、小泉荘《こいずみのしょう》（西院荘《さいいん》とも）と名づけて荘園にしてしまった（一一五頁の図16の斜線部）。右京の半ばあたりは農村化したのである（現在、その地域の四条付近に阪急京都線の西院駅《さいいん》、嵐電《らんでん》の西院駅《さい》がある）。三条～七条の間は水田化できただけまだよい。前述のように、右京の北部や南部はそれさえ困難な、開発しようのない藪沢《そうたく》（藪《やぶ》と沼地）であった。宅地利用など、到底望むべくもない。

逃亡する京の都市民

かつて平城京の時代の天平宝字五年（七六一）、「京戸《きようこ》の百姓《ひやくせい》、課役を規《き》避《ひ》し、外国《げこく》を浮宕《ふとう》すること、習《なら》いて常と為《な》り、其《そ》の数、実に繁《しげ》し（京の戸籍に登録された庶人が、課役を逃れるために京外の国へ逃亡する風習が恒常化し、非常に多数に上っている）」という実態が、朝廷に報告されたことがある（『続日本紀』同年三月一九日条）。京の庶人が嫌った負担とは肉体労役を指すと思われ、京の修造や美観維持のための動員であった可能性が高い。

律令国家は京に官人を集住させるため唐風都城に遷都したが、彼らの生活を労働力として支えるべき都市民は、それを嫌って定着しなかった。平安遷都のわずか三〇年ほど前であり、問題の本質は平安京でも変わらないはずだから、平安京でもそのような都市民の逃亡は相次いだ可能性が高い。京域を埋める住民が確保できなかった理由の一つに、都市民の逃亡を招かざるを得ない、制度上の住み心地の悪さがあったことも、想定すべきだろう。

平安京を埋められない人口

町は左京だけか
開発地五八〇余

以上を踏まえて、実際に平安京の開発がどの程度まで進んだのかを考えるうえで、興味深いデータがある。

天長五年（八二八）、朝廷は、左京の行政を司る左京職《さきようしき》が提出した請願書を太政官符《だいじようかんぷ》に引用した（『類聚三代格』巻二〇、断罪贖銅事、天長五年一二月一六日太政官符）。その請願書に、「京中惣《す》べて五百八十余町、橋梁《きようりよう》三百七十余処」という、きわめて重要な数値が挙がっているのである。ここでいう「町」は、平安京の事実上の最小単位である一一九㍍四方の区画のことだ。問題は、前半部の「京中には全部で五八〇あまりの町がある」という数値が、請願書の提出者である左京職が管轄する左京だけの町数なのか、平安京全体の町数なのか、不明瞭なことである。

五八〇町は左京だけの数値だとする見解に、山田邦和氏の説がある。山田氏によれば、平安京が当初の設計（いわゆる平安京図）通りに造られたと仮定すると、平安京全体の町数は大内裏を含めて一二一六町、大内裏を除くと一一三六町となる。このうち、実際に市街地化していたと考古学的に推定可能な区域は七〇〇町に及ぶ。ここで、左京職が申告した五八〇町余りが平安京全体の稼働中の市街地の町数だと仮定すると、七〇〇町との差の一二〇町ほどが、市街地の中の湿地・荒蕪《こうぶ》地（つまり使えない土地）であったことになる。しかし、七〇〇町の中に使えない土地が一二〇町もあったと想定するのは多すぎ、したがって五八〇町を平安京全体の数値とはみなしがたいという。これに対し、左京は設計通りならば、大内裏を含めて六〇八町ある（大内裏を除けば五六八町）。この六〇八町から、鴨川の河原が京域に食い込んで道路敷設・宅地利用が不可能であった東南部二〇数町を除くと、だいたい「京中惣べて五百八十余町」と一致するという（山田邦和・二〇〇二）。

かくして山田説では、平安京全体で七〇〇町程度（左京五八〇町＋右京一二〇町）まで、つまり設計上の全町数の六割程度まで開発が進んだと推定し、それを基に、平安時代の平安京人口は多くてもせいぜい一〇万人前後と推定した（山田邦和・一九九四b）。

宮中（大内裏）は京中でない

ただ、右の説には二点、再考の余地がある。第一に、「京中惣《す》べて……」という表現は、素直に読む限り「平安京全体の中で……」と解釈するのが自然であり、平安京の半分の左京しか含まないと解釈できる理由は、文章自体にはない。第二に、山田説の主張を支える計算で、左京の総町数＝六〇八町に大内裏を含めている点も、修正せねばならない。

『延喜式』の祭礼に関する条項（神祇一、四時祭上）は、二月の祈年祭《きねんさい》で祀《まつ》られる三〇四の神社を「宮中三十座、京中三座、畿内、山城国五十三座、大和国一百二十八座、河内国二十三座、和泉国一座、摂津国二十六座」と、宮中・京中・畿内（五ヵ国の内訳）に区分して列挙している。

また全国の神社のリストを載せた条項（神祇九、神名上）では、「宮内省《くないしょう》坐《にいます》神三座」「大膳職《たいぜんしき》坐《にいます》神三座」「造酒司《さけのつかさ》坐《にいます》神六座」「主水司《もいとりのつかさ》坐《にいます》神一座」など、明らかに大内裏内部にある官司に付随する社を「宮中神卅《さんじゅう》六座」と呼び、次いで「左京二条坐《にいます》神社二座」「同京四条坐神一座」など、明らかに大内裏の外にある京中の社を「京中坐《にいます》神三座」と呼び、そして「畿内神六百五十八座」を各国別に挙げ、冒頭の「山城国一百廿《にじゅう》二座」で「乙訓郡《おとくにのこおり》十九座」以下を郡ごとに列挙する。つまり平安期の法制上、大内裏部分である「宮中」と、大内裏を除く平安京の「京中」と、平安京を除く「山城国」は、すべて別の行政区分である。したがって「京中」と書かれたら、そこに大内裏は含まれない。

さらに、貞観七年（八六五）に左京職が太政官に提出した解《げ》（申請書）には、より直接的な表現が見える（『類聚三代格』巻一六、堤堰溝渠事、貞観七年一一月四日太政官符）。平安京の維持・清掃義務を守らない諸官庁・諸家があった場合、三等官以上の官職にある者や家の別当（貴人の家の家政を司る職）の名を式部省・兵部省（文官と武官の人事を司る官庁）に京職が通報して、人事考課を落として禄を奪うことが、弘仁一〇年（八一九）の格《きゃく》（単行の法令を発する勅《ちょく》）で定められていた。その通報業務は、天長九年（八三二）に京職から弾正台《だんじょうだい》に移管されたが、貞観七年に京職が自らの所管業務に戻してほしいと申請し、弾正台とともにこれにあたることに決まった。

その申請書には「弾正は毎月、京中を巡検《じゅんけん》す」という表現があり、そして申請書を引用してこれを認可した太政官符には、「弾正、宮中の諸司を巡検す」という表現がある。所々を巡回して法令違反を摘発する弾正台は、その職務を大内裏でも京中の市街地でも遂行したが、そこでは「宮中」と「京中」がはっきりと書き分けられている。朝廷の公文書で「京中」といった場合に、そこに「宮中」（大内裏）が含まれなかった証左である。

さらに京職自身が述べた表現は、最も端的だ。京職は右の申請を行う根拠として、「凡《およ》そ京地《きょうち》の官、京戸《きょうこ》を統摂《とうせつ》す。宮城《きゅうじょう》の外、京城《きょうじょう》の裏《うち》、皆是《こ》れ粛清の部なり」と主張した。「京の土地を管轄する官庁（つまり京職）は、京戸（戸籍上、京を本貫とする家）を統轄する。宮城（大内裏）の外で、かつ京の内側である領域は、すべて京職が統制する対象である」というのである。ここに、京職の管轄地域が最も明瞭であって、そこに大内裏が含まれなかったことが明らかである。

平安京全体で五八〇余町のみ開発

したがって、その京職が公文書で「京中惣《す》べて五百八十余町」と記した時に、そこに大内裏が含まれる可能性はない。となると、これを左京だけの町数と考えることも不可能になる。大内裏部分を除くと、左京のすべての町を数えても五六八町しかなく、京職のいう「京中惣べて五百八十余町」に足りないからである。したがって「京中惣べて五百八十余町」とは、左京・右京全体を合わせた、実稼働中の区域の総計と考えねばならない。考古学的に推定可能な市街地七〇〇町との差が大きすぎる印象があっても、また五八〇町が平安京の（大内裏を除く）一一三六町に対して少なすぎる（わずか五一％）印象があっても、そう結論するしかない。

仮に西半分の右京が無人化し、残る左京の南半分も無人化したと仮定すると、平安京で実際に利用されていた町数は四分の一まで落ち込む。実際には、右京も、左京の南半分も無人ではないので、それよりは実稼働の町数は増えるはずだが、では左京の南半分と右京がどの程度まで〝過疎化〟し、どの程度まで実稼働したかを考えるうえで、右の数値は十分に現実的な数値である。

平安京の（大内裏以外の）全町数一一三六町を単純に四分の一にすると二八四町だが、

厳密に左京の四条以北を数えると（大内裏を除いて）二四八町だ。京職が天長五年に把握していた実利用中の町数を、端数を無視して単純化すると五八〇町。左京の四条以北はすべての町が実利用されていたと見てよいので、残る左京の四条以南と右京全域の実利用町数は、五八〇町－二四八町＝三三二町。左京の四条以南の総町数は三二〇町、右京全域の総町数は五六八町、両者を合わせて八八八町である。つまり左京四条以北を除いた京中の実利用率は、実利用町数三三二町÷総町数八八八町で、約三七％となる。これは、〝無人ではないが過疎化した地域〟の実利用率として、きわめてありそうな数値ではないか。

前述の『池亭記』に「左京の四条以北では、東に火事があれば西隣は延焼を免れない」とあえて記された事実は、逆にいえば、その他の京域（右京全域と左京の四条以南）は、隣が火事になっても延焼しないくらい、宅地密度が薄かったことを意味する。右の、その他の京域の実利用率三七％という推計値は、この記事とよく照応している。

そのような密度の薄さを実感するうえでは、人口の比較が助けになるかもしれない。

平安京人口の諸説

平安京の人口には複数の推計がある。かつて村井康彦氏は、平安前期の平安京に少なくて一七〜一八万人、多くて二〇万人程度が住んでいたと推測したが（村井康彦・一九八二）、後の時代の人口（後述）と比べると多すぎる。また平安京の居住区一一三六町に等しく人が居住したと見なした場合、貴族・官人約一万二〇〇〇人、諸司厨町約一万五〇〇〇人、一般市民約九万人に、実数不明な天皇・貴族・奴婢《ぬひ》等を加えて一二〜一三万人とした、井上満郎氏の見解もある（井上満郎・一九九二）。しかし、平安京全域に人が居住したとは考えられないため、この推計も採れない。

養和飢饉の餓死者と京の人口

確実な材料が乏しいため、平安京の人口を推計するのは難しいが、左京の人口をうかがい知れる記事が、鴨長明《かものちょうめい》の『方丈記』にある。『方丈記』は、養和元年（一一八一）に多大な餓死者を出した〝養和の飢饉〟についての克明な記事をもつことで有名だ。そこには、「京の内、一条よりは南、九条より北、京極よりは西、朱雀よりは東の、道のほとりなる頭《こうべ》、すべて四万二千三百余なむありける」とある。ある僧が餓死者を供養しながら左京の餓死者の頭蓋骨を数えたら、四万二三〇〇人に及んだというのである。

実際には、養和の飢饉は一年で済まなかった。同じ『方丈記』に「養和のころかとよ……二年が間、世の中飢渇《けかち》して、あさましきこと侍りき（養和の頃だったか……二年間、世間が飢饉になって、ひどいことになった）」とあり、また『歴代皇記』（養和二年条）に「去今《きよこん》両年、天下飢饉。兵乱と云《い》い、旱魃《かんばつ》と云い、諸人餓死す。なかんづく二年春・夏比《ころ》、上下多く以《もっ》て餓死す」（養和元年・二年の二年間、天下が飢饉となった。兵乱と旱魃が重なり、諸人が餓死した。特に養和二年の春・夏頃は、身分を問わず多く餓死した）」とある。

餓死者の四万人超は二年分の人数なので、その間の若干の出生人口を考慮せねばならないが、短い期間でもあり、また飢饉中にはほとんど人口増はないに等しかったと考えてよかろう。生き延びた人々を合わせた左京の総人口は、餓死者の四万二三〇〇人を、それなりに超えたはずである。

では、左京の餓死者が四万二三〇〇人として、右京ではどれほどの餓死者が出たのだろうか。ここで先に述べた、京内の実利用町数を参考に、京内の人口分布を推計してみよう。左京の四条以北の総町数は二四八町で、実利用町数もそのすべての二四八町と考えてよい。また、左京の四条以南の総町数は三二〇町だが、実利用町数の割合は先に三七％と推計したので、実利用町数の実数は三二〇町の三七％である一一八町（以下、端数は四捨五入）となる。つまり左京の実利用町数は合計で二四八町＋一一八町＝三六六町である。

ただし、この計算は九世紀前半の実利用町数を基にした点に弱点がある。養和の飢饉までには、前述のように八条院だけで一二町、西八条殿だけで六町など、左京南部の開発が数十町単位で進んでいた。平安末期までの左京の利用状況は、次頁の図23に示したように、ほぼ全域に広がっている。それを考慮すると、左京の実利用町数は、全町数の五六八町にかなり迫っていた可能性が高い。もっともその中には、神泉苑（八町）・東寺（八町）・東市（一〇町）など、宅地利用できない町も含まれている。そうした土地や、水利などに問題がある開発困難な土地を除くと、この頃の左京の実利用町数は五〇〇町前後ではないか。

一方、右京全域の総町数は五六八町で、実利用町数はその三七%の二一〇町となる。右京は左京と異なり、過疎化する一方であっただろうから、実利用町数はこれと同程度か、それを若干下回るだろう。ここでは、実利用町数を左京五〇〇町、右京二〇〇町、合計七〇〇町と単純化して、話を進めよう。

ここで、実利用町数と人口は比例していると見なしてよいだろうから、左京と右京の人口比は五対二、左京を一〇〇%とすると右京は四〇%である。そして人口に対する餓死者の割合は、左京でも右京でもおおむね一定と見てよいだろうから、餓死者の数の比も人口比と同じく、右京は左京の四〇%となる。そして『方丈記』のいう左京の餓死者四万二三〇〇人を信じるならば、右京の餓死者は四万二三〇〇人の四〇%の一万六九〇〇人前後と推計でき、左京・右京の餓死者の合計は、六万一〇〇人（単純化して六万人）前後となる。

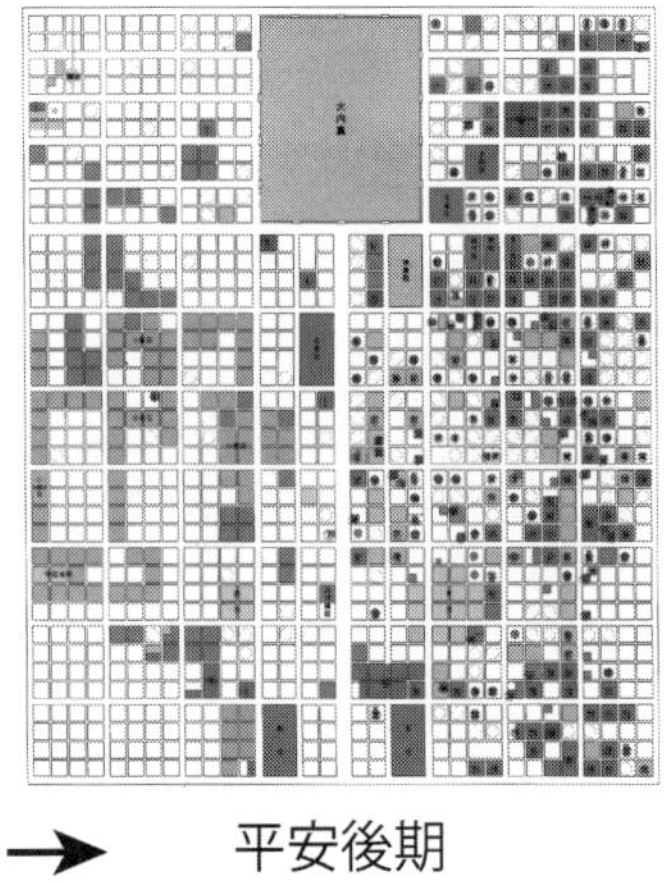

京』，p.87〜91を改変）

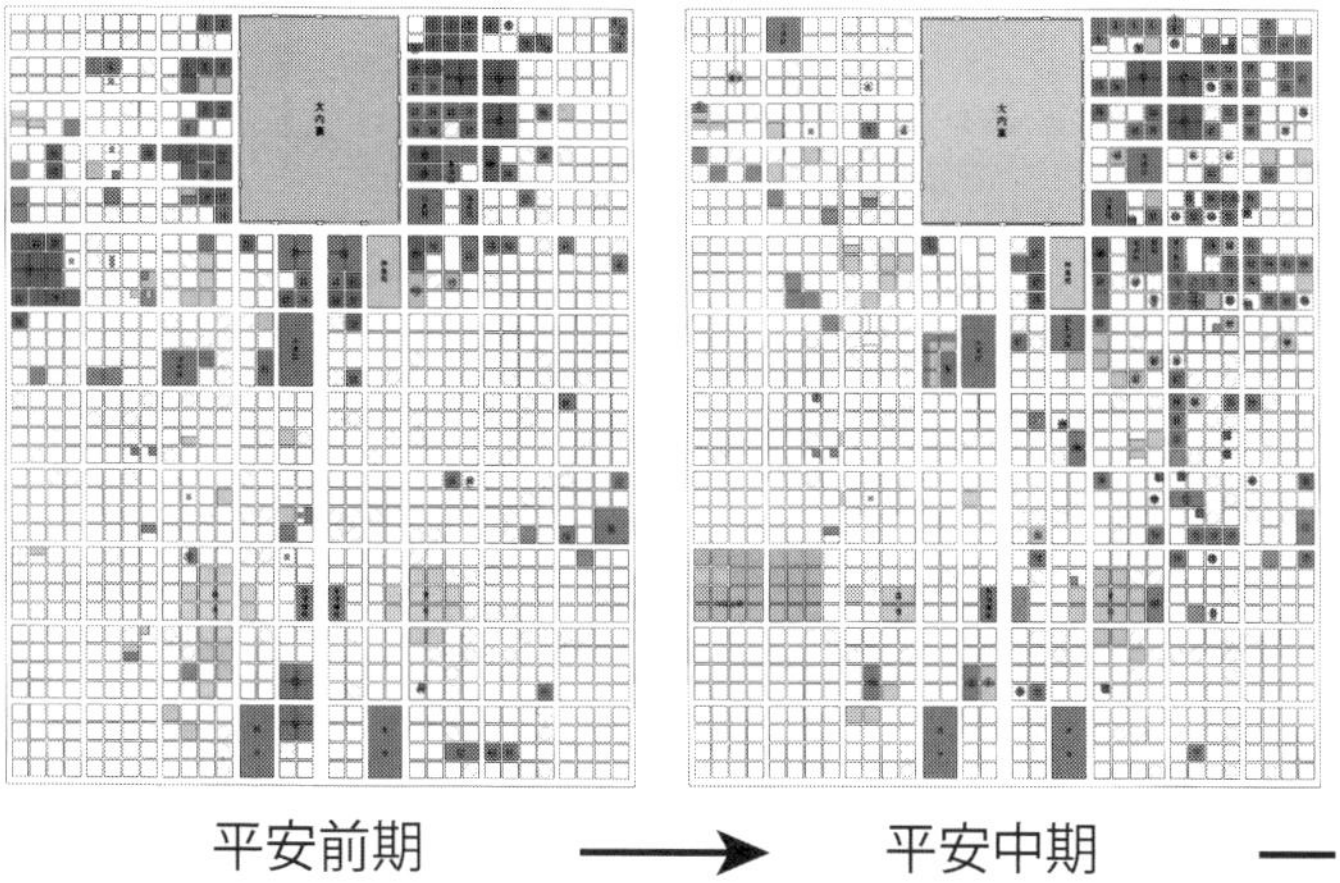

図23　平安京の宅地分布状況の変遷（『よみがえる平安

総人口と左京・右京の比率

では、この時の餓死者は、住人全体に対してどの程度の割合を占めたのか。残念ながらそれを伝える同時代の史料はないが、右に言及した『歴代皇記』（養和二年条）の続きに、「存《なが》うる者、十人の中、終に〔纔《わずか》にカ〕四・五人なり（生存者は一〇人中、わずか四～五人であった）」という貴重な情報がある。この、生存率四〇～五〇％という情報を信じてよければ、先に計算した餓死者の六万人前後が総人口の五〇～六〇％であったことになるので、平安京の総人口は一〇万人～一二万人の間くらいと推計できる。結果として先学の出した一〇万人や一二万人と似たような数値となったが、単純に中間値の一一万人と考えた場合、多くてもせいぜい一〇万人という山田説よりは一万人多く、一二〜一三万人とした井上説よりは一万人以上少ない。なお、『平家物語』（巻第七、維盛都落）に「平家都を落行《おちゆく》に……京・白河に四・五万間《けん》の在家《ざいけ》、一度に火をかけて皆焼払う」とあり、養和の飢饉の直後の、寿永二年（一一八三）のいわゆる平家都落ちの段階で、京（右京も含むだろう）と白河に合計で四万〜五万軒の住宅があったという。もっとも、実際に平宗盛率いる平家が焼いたのは自分の本拠地の六波羅と西八条殿だけで（『玉葉』寿永二年七月二五日条）、京を焼き払ったりはしていないから、右の一節は文学的なインパクトを狙っただけの文飾であり、信用できない。

平安期を通じて劇的な人口爆発があった形跡は知られていないし、保延二年（一一三六）の「天下大飢餲《けかち》〔渇〕、道路に餓死者多し」といわれた飢饉や、久寿二年（一一五五）の飢饉（『中右記』保延二年正月二八日条・『百練抄』久寿二年六月条）などで、むしろ一定規模の人口減があったはずである。特に、安元三年の京都の大規模火災（いわゆる安元の大火、太郎焼亡《たろうじょうもう》）は、『方丈記』に「このたび公卿の家十六焼けたり。ましてその外は数を知らず。すべて都のうち、三分が二〔異本は「三分が一」とする〕に及べりとぞ。男女死ぬるもの数千人」という被害を出した。そういった災害に伴う人口減を考慮すると、平安期を通じた平安京人口は、さほど大きくは動いていないと推測される。

中世後期の京都の人口

後代では、室町時代に京都の人口を一〇万人程度かとする推計がある。また戦国期については、応仁の乱で上京の「下ハ二条、上ハ御霊辻《ごりょうづし》、西ハ大舎人《おおとねり》、東ハ室町ヲサカイ《（境）》百町余リ、公家武家ノ家三万余宇」が焼け

（『応仁記』焼亡之事）、乱直後の下京大火では一万戸が焼けたといわれている。誇張を差し引いても上京・下京で合わせて商工民の家屋が約二万戸はあったと想定できるといい、朝廷・幕府・寺社などの人口を加えると一五〜一八万、一七世紀はじめ頃までには二〇万を超えたと推計されている（高尾一彦ほか・一九六八）。明応九年（一五〇〇）の上京大火事では、数にばらつきがあるものの、当時の記録が一万五千軒・二万軒・二万五千軒・四万軒といった罹災件数を報告している。

なお元和六年（一六二〇）頃にマカオで日本語通訳ジョアン・ロドリーゲスが編纂した『日本教会史』（第13章）に、昔の京都の「納税家屋の戸数《カーザ・フォレイラ》」を「Kio Cuman Faxenghen, Xira cava Juman Faxenghen（京九万八千軒《きょうくまんはっせんげん》、白川十万八千軒《しらかわじゅうまんはっせんげん》）」という諺《ことわざ》でいい習わしたとある。しかし、中世の京・白河に計二〇万六〇〇〇軒の人家を想定するのは多すぎるだろう。また寛永一一年（一六三四）に将軍徳川家光が上洛し、京都の民屋に銀五〇〇〇貫《かん》目《め》を与えた際には、京都の家数は三万七〇八六軒と数えられている（『日本財政経済史料』一巻一〇七七頁所載『玉露叢』九、『寛永日記増補』九、十、十一、十二）。近年の歴史人口学

の成果によれば、京都の人口は一七世紀前半に四〇万人強にまで膨張し、一八世紀になると三五万人前後へと緩やかに減少するという（浜野潔・二〇〇七）。

以上の推定の細かい論証に立ち入るのは本書の主眼から逸《そ》れるし、最終的には確証できるだけの材料もない。しかしここでは、平安時代に一〇万人超、中世に漸増して十数万人、その後近世に急増したという、大筋をつかんでおけばよかろう。特に重要なのは平安時代の人口である。その一〇万人超という人口が、京都という土地に対して相対的にどれほどの多さであったのかをイメージするために、現代の京都の自治体と比べてみよう。

京都市中京区《なかぎょうく》のWebページ（http://www.city.kyoto.lg.jp/nakagyo/）によれば、二〇一六年六月一日現在で、京都市中京区の人口は一一万一九一人である。これは右で推計した平安時代の平安京人口とほぼ同じである。ただし中京区はきわめて小さい自治体で、面積は七・三八平方キロしかない。これに対して、平安京の面積は約二三・五平方キロもある。中京区の四倍の面積に、中京区と同じ人口が居住していたのであり、平安京の人口密度はだいたい今日の中京区の人口密度の四分の一であると見れば、実感が湧くかもしれない。

日唐の都城と国土面積

より適切な比較を行うなら、平安京がモデルとした唐の長安と比べるとよい。長安城は、記録によると南北八一九二メートル（一五里一七五歩）×東西九六九一メートル（一八里一一五歩）、また発掘調査による実測値は南北八六五一・

七メートル×東西九七二一メートルである（徐松・愛宕元・一九九四・六五頁・六八頁）。記録と実測値が大きく食い違うのは、記録の側で街路の幅が計算から漏れているためのようだが、大雑把に見て一〇キロ弱四方と見てよく、面積は記録に従うと約七九平方キロ、実測値に従う約八四平方キロである（布目潮渢・栗原益男・一九七四・二〇七頁以下）。

それに対して平安京は、設計通りにすべて造られたとすると（実際には造られなかったが）南北五二二六メートル（一七五一丈）×東西四五〇一メートル（一五〇八丈）、おおよそ五キロ四方で面積は二三・五平方キロである。したがって、長安城は平安京の三・五七倍の面積がある。両者を同じ縮尺で左右に並べると次頁の図24のようになり、その平安京の小ささは、中国に対する日本の国土・人口規模の少なさをよく反映しているように見える。

しかし、本当にそうか。現在、中華人民共和国の面積は約九六〇万平方キロで、日本の約二六倍ある。中国の統一王朝の勢力圏は時期により変動が激しいが、唐と日本の面積比は、当時の世界地図を見れば明らかだろう（次頁の図25）。唐が直接統治した国土だけでも当時の日本（倭）の一〇倍はあろうと思われ、さらに七世紀以降、唐が羈縻《きび》政策（間接的な支配）によって突厥《とっけつ》（北方の騎馬民族の国）を間接的に支配した時期に至っては、唐の勢力圏は日本（倭）の二〇倍を超えただろう（布目潮渢・栗原益男・一九七四・九五頁以下）。

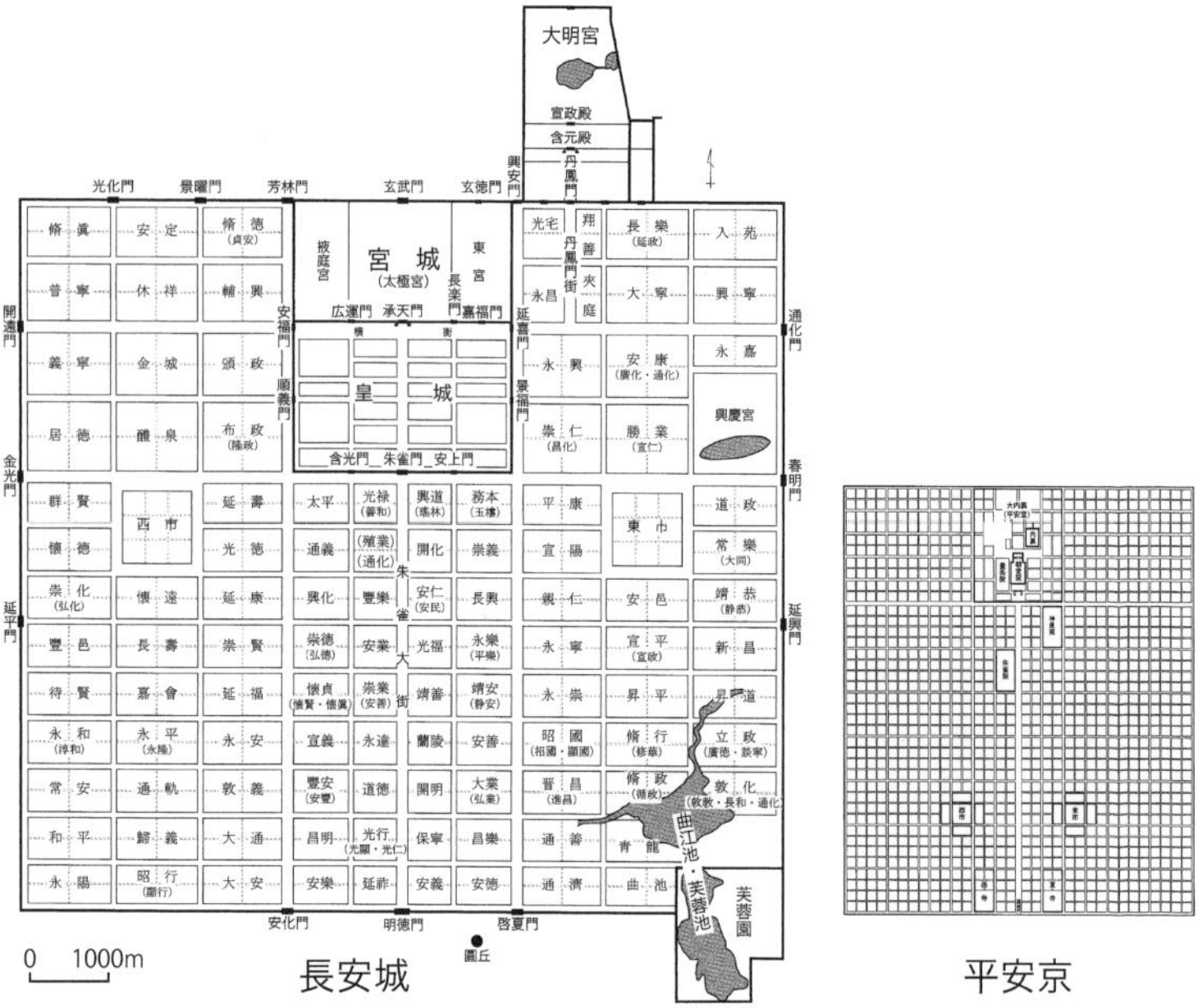

図24　長安城と平安京の面積比較（山田邦和2007b，p.52図23，同2009b，p.3図1を改変）

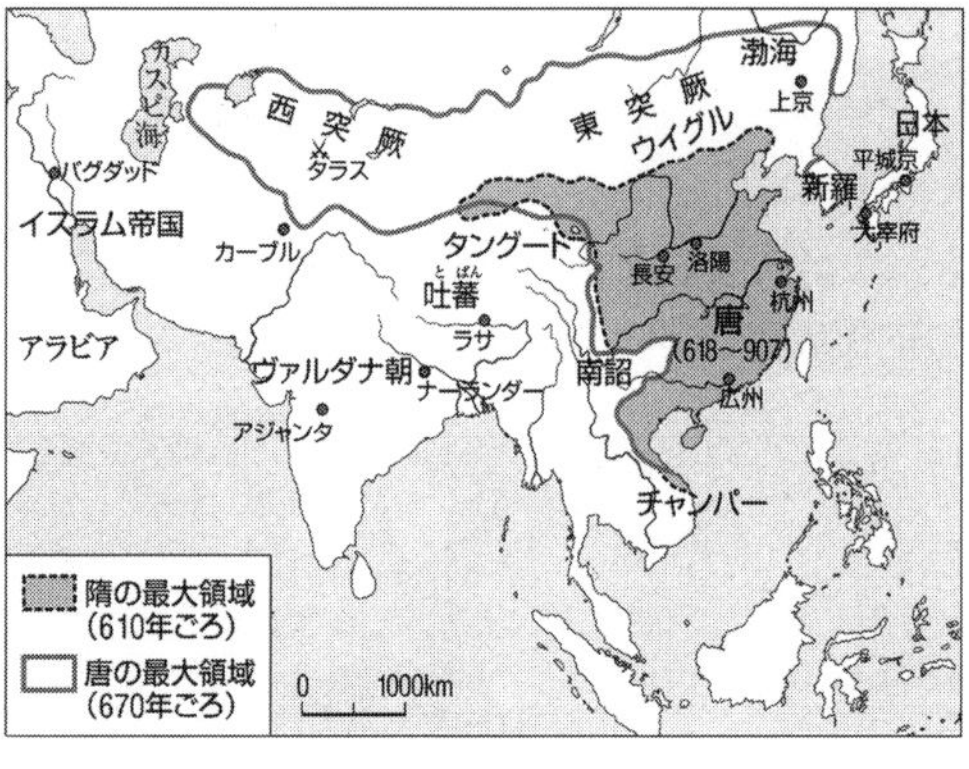

図25　最大時の唐の勢力範囲と日本（東京書籍『新選日本史B』p.26より）

日唐の人口と都城面積

一方、人口はどうか。中国は自然な人口増加と、王朝交替ごとの人口減を繰り返した（加藤徹・二〇〇六）。前漢以来、安定期におおよそ四〇〇〇～五〇〇〇万人を保った中国の人口は、隋から唐への王朝交替の混乱で人口が激減し、唐の貞観一三年（六三九）には一二〇〇万人に落ち込んだが、神竜元年（七〇五）に三七〇〇万人、開元一四年（七三六）に四一〇〇万人、天宝元年（七四二）に五一〇〇万人、天宝一三年に五三〇〇万人ほどまで回復していた（佐原康夫・二〇〇九）。

一方、日本の人口は各説あるものの、一〇世紀には六五〇万人弱、一二世紀に六八〇万人あまりという推計値がある（鬼頭宏・一九八三）。もとより厳密は期せないが、日本の平安時代、中国の人口は日本の一〇倍近くあったと大雑把に見積もることは可能であろう。

このように、中国は日本に対して国土面積で一〇倍程度（間接的な勢力圏も含めば二〇倍）、人口でも一〇倍近くの規模であった。それに対し、長安城は平安京のわずか四倍弱である。このことは、平安京が、なお国土・人口規模に対して大きすぎることを意味する。

加えて、平安京の人口が一〇万～一二万人と考えられるのに対して、長安城は戸数が三〇万戸、人口は一〇〇万人を超えていたと考えられる（布目潮渢・栗原益男・一九七四・二一三頁以下）。つまり平安京は、長安城の人口の一〇～一二％の人口しか抱えていないにもかかわらず、面積は長安の二八％もあった。長安城を基準として（適正な規模と仮定して)、人口比で適切な平安京の面積を求めるなら、平安京は長安城の面積八四平方キロの一〇～一二%、つまり八・四平方キロから一〇・一平方キロ程度もあれば十分だ。これは平安京の設計上の面積二三・五平方キロの三六%～四三%にすぎない。

この大きさの平安京は不要

以上のように、平安京は最初から完成させる必要がなく、右京はなくてもよかったほどの過大《オーバーサイズ》であり、左京北部を除いて土地はあり余り、京域を埋め尽くすにはほど遠い人口が左京北部に密集して暮らしていた。

本書の冒頭で「平安京はいらなかった」と極論した理由の第二は、「このような大きさの平安京は最初からいらなかった」ということである。

ではなぜ、朝廷はなぜ必要にして十分な、適正サイズの都を設計しなかったのか。それは、平安京だけの問題ではない。平安京のサイズはおおむね、その前の長岡京と、さらに前の平城京を踏襲している。そして平城京のサイズは、実はその前の藤原京より縮小していた。

律令国家の背伸び

先に述べたように、その理由は中央集権化の徹底であった(仁藤敦史・二〇一二)。かつての倭京では、豪族が思い思いの拠点を設けて散在し、それに伴って彼らが担う官司も広域に散在してしまっていた。そのため倭京では、それら全体を京域に含めるために、無闇に広大で漠然とした京域を設定せねばならなかった。そのあり方を克服し、彼らを天皇の膝下に集住させて国力を集約するために、藤原京で京域の限定が試みられた。そして平城京ではさらに集住化＝中央集権化を徹底するため、京を縮小したと考えられている。

しかし、それでも平城京は大きすぎる。ではなぜ、平城京はそれ以上、小さく設計されなかったのか。それは結局、朝廷がさまざまな意味で、自分の力を過信したからと見られる。第一に、朝廷が考えたほどスムーズには中央集権化が、つまり土着した豪族と彼らの根拠地の切断が、うまくいかなかった。天平一三年（七四一）に聖武天皇が、五位以上の官人に対して、平城京から恭仁《くに》京に移住するよう強制した時、そもそも少なからぬ官人がいまだに平城京に移住していなかった事実を、仁藤敦史氏は指摘している（仁藤敦史・二〇一二）。全官人の平城京移住が達成されなかったため、平城京では埋まるはずの土地も埋まらなかったと考えられる。そのように急進的に豪族を掣肘《せいちゅう》する中央集権化を達成する権力は、天皇制にはいまだ備わっていなかった。

現実との妥協点

そしてもう一つ、日本は自らの国家像そのものを過大に描いていた。桁違いに広大で強大な唐を対等な「隣国」と見なし、実質上同レベルの新羅などの周辺国を「蕃国」と見下す日本の世界観は、明らかに国力に見合うよりも日本の権威が水増しされている。なぜそのように考えたのか、本書では追究する余裕がないが、当時の朝廷が考えたように、日本が唐に比肩すべき超大国であるならば、その国力・

存在感を目に見える形で表現する最も重要な装置である都も、唐の都城に比肩すべき規模をもっている必要があろう。

では、中国と同等であると称して、どうせ過大な都を造るなら、なぜ長安城と同じ大きさにしなかったのか。理由の一つは、物理的制約だろう。当時の畿内を見渡しても、京都盆地にも河内平野にも、長安城と同じ大きさの都城を設けられるスペースは存在しない。唯一、奈良盆地の中央になら長安城サイズの都城を置けそうではあるが、そうすると都城が奈良盆地のかなりの部分を埋め尽くしてしまう。それでは、広域に散在する豪族を都に集住・集約させたいという中央集権化の方針に反する。

この問題に関しては近年、平城京を九〇度回転させると、縦・横ともに、かなり厳密に長安城の二分の一となるという事実が、井上和人氏によって発見された（井上和人・二〇〇八）。若き律令国家の背伸びした理想と、実際の唐との関係も考慮した現実的な大きさと、双方を天秤にかけた末の妥協点・落としどころが〝長安城の半分〟だったのだろう。

縮小する政務、引きこもる天皇

拡大しない国力

本格始動したばかりの日本の律令国家の、国際社会に対する過大なプライドを引き継いで過大《オーバーサイズ》に造られた平安京では、現実に大量の土地が余った。それらの、捗々《はかばか》しく有効活用されない余剰の土地を埋めてゆくためには、人口を劇的に増やせるだけの国力の増強と、その人々を統治するための朝廷の成長・拡大が欠かせない。しかし実際には、どちらも起こらなかった。

朝廷は、飛躍的な国力増強に不可欠の、商工業の重点的な支援に関心をもたなかったし、商取引の活性化に必要な貨幣経済の導入にも失敗した。朝廷は和銅元年（七〇八）の和同開珎を皮切りに、唐をまねて貨幣発行を行なってみたものの、継続的な貨幣発行を支える国力の裏づけがなく、村上天皇の天徳二年（九五八）、乾元大宝《けんげんたいほう》を発行したのを最後に手を引いてしまう。

こうして国力が拡大しないどころか、朝廷自身が成熟とともに、自らの機構を縮小させる方向へと邁進したため、もともと余っていた平安京の空間は、さらに余ってしまう。

朝堂院と大極殿

本来、朝廷の主な政務は、大内裏の中心政庁である朝堂院《ちょうどういん》で行われることになっていた。朝堂院は太政官院《だいじょうかんいん》・八省院《はっしょういん》などとも呼ばれ、太政官に属する八つの省の官人が公的な執務を行う場所であった（網伸也・二〇一〇b）。平安初期の貞観年間（八五九〜八七七）に完成した朝廷の儀式書『儀式』（朝堂儀）や、平安前期の法令集『延喜式』（式部上）には、朝堂で大臣以下の議政官や弁官《べんかん》（行政文書を作成・管理する専門部局）が、諸官司からの案件上申を受けて、大臣が決裁するという政務の姿が記録されている。この形は八世紀（奈良時代）まで遡る古いもので、長岡京でも引き継がれた（橋本義則・一九九五）。その朝堂院の正殿が大極殿《だいごくでん》であり、大極殿では即位や元日朝賀《ちょうが》などの、全官人が参列する国家儀礼が行われた。天皇が全官人に姿を見せるのは、この朝堂院で行われる儀式だけに限られていた（古瀬奈津子・一九九一）。

内裏に吸収される政務

ところで、奈良時代には内裏（天皇の居住空間）が朝堂院と一体化しており、天皇は朝堂院ではなく内裏で政務を見ることが多く、大極殿に出御《しゅつぎょ》する（姿を見せる）ことはまれであった（加藤友康・二〇一〇）。天皇が国家・百官・万民に向き合う最も公的な場であった大極殿に対し、天皇の住居であり日常政務の場であった内裏には、私的色彩が濃い。つまり、奈良時代から天皇の政務は公的な空間よりも、私的な空間で行われることが多かった。延暦八年（七八九）、桓武天皇は長岡京の大内裏（長岡宮）で内裏を朝堂院から分離してみたが、それによって私的な生活空間と公的な政務が厳然と分離されることはなく、むしろ私的空間に政務が持ち込まれ、公的空間から離れてゆく傾向を加速した。

平安時代の朝廷政治の特色は、そのような私的空間へと政治が収束してゆく傾向と、政務・儀礼自体が縮小され、略式化されてゆく傾向であった。すでに初期の平安宮では、朝堂院で行われる本来の正式な「朝堂政《ちょうどうせい》」（太政官の政務）に代わって、東隣の太政官曹司《そうし》という小規模な空間で行う「官政《かんせい》」が成立し、正式の公卿聴政《ちょうせい》（議政官が諸官司の上申した案件を決裁する政務）として位置づけられていた。

そのような簡略化・合理化は時とともにさらに進行し、政務の場は内裏東面の建春門の隣にあった太政官候庁《こうちょう》（外記庁《げきちょう》）という、より小規模な空間で行う「外記政《げきせい》」へと継承された。つまり、太政官の政務は平安初期から二度の縮小・省略を経たうえに、朝堂院を離れて内裏へと近づいていった（加藤友康・二〇一〇）。そして、もっぱら内裏で行われた天皇の政務と融合し、内裏の内部へと吸収されてゆくのである。

縮小・略式化する政務

一方、天皇自身が臨む政務は本来、大極殿に毎朝天皇が出御して政務を親裁し、政務が終わると音楽を奏したり宴を行うという形の、「朝政《ちょうせい》」であった（「朝廷」は、本来は朝に宮廷政務を行う組織）。

ところが淳和《じゅんな》天皇の承和年間（八三四〜八四八）頃までに朝政は廃れ、天皇は内裏の紫宸殿《ししいでん》に毎日出御して政務を聴くようになった（『平安時代史事典』「朝政」・「旬政」）。天皇が政務のために、自宅（内裏）を出て大極殿に臨むことをやめ、すべて自宅で行うようになったのである。

しかも、それも文徳天皇の仁寿年間（八五一〜八五四）にはやめてしまい、毎月四回だけ決まった日に紫宸殿で政務を聴く「旬政《しゅんせい》」に移行してしまう（角田文衞・一九九四）。「旬」（定期的）に行うから「旬政」なのであり、つまり毎日政務を見るのが面倒になったのである。

さらに毎月四回、年に四八回も行うのが面倒になったのか、旬政は一〇世紀までには、四月一日（孟夏《もうか》）と一〇月一日（孟冬《もうとう》）に年二回だけ行う「二孟旬《にもうしゅん》」へと縮少する。そしてすぐに、それさえ面倒になり、一〇世紀以降には「平座《ひらざ》」という、本来なら天皇が出御しない場合に限って、内裏の宜陽殿《ぎようでん》の平敷座《ひらしきざ》で行う略式の儀礼しか行われなくなってしまう。平座は、限られた官人だけで、まったく形骸化した書類行政（のまね事）を行い、酒食を飲食するだけの儀礼と化しており、実際的・実用的な意義はまったくない。かくして最終的に、天皇は大内裏に出るのをやめ、完全に内裏に引きこもったのである。

不要な朝堂院・豊楽殿

以上のように、国家的朝儀を行う場は朝堂院から内裏の紫宸殿へと移行し、その結果、玉突き式に、紫宸殿にあった日常政務の場は、天皇の生活空間である清涼殿《せいりょうでん》へと移行した。こうなると、大内裏の朝堂院はまったく不要になる。

平安京が造られた当初には、国家的な儀式の場である朝堂院に対応させるように、その西隣に豊楽殿《ぶらくでん》が創設された。豊楽殿の存在意義は、「天子宴会の処」と儀式書（『西宮記』八）に明記された通り、国家的な饗宴の場であった。しかし、そこで行うべき節会《せちえ》（饗宴型の儀礼）も、やはり貞観年間までに内裏の紫宸殿へと吸収されてしまう（加藤友康・二〇一〇）。豊楽殿では外国使節の饗宴も行われたが、前述のように外国使節の到来は一〇世紀初頭に完全に途絶していた。豊楽殿は天皇の「一代一度」しか行われない大嘗会《だいじょうえ》の会場となる以外に使い道がなくなり、朝堂院と同様に無用の長物となって、一一世紀に入ると荒廃し、康平六年（一〇六三）に焼けたのを最後に消滅した。

朝堂院は安元三年（一一七七）の大火（太郎焼亡《たろうじょうもう》）で全焼するまで何とか存続したが、これも即位・大嘗会しか行われない場所と化していた（古瀬奈津子・一九九一）。

引きこもる天皇

内裏に収束した天皇の政務は、さらに収縮を続ける。平安初期の承和年間（八三四～八四八）までは、天皇は毎日紫宸殿で政務を見たし、公卿は内裏に出仕して紫宸殿の天皇と密接に連携し、効率的に政務を運営した（坂上康俊・二〇〇一）。ところが平安中期にも入ると、紫宸殿で行うべき儀礼の大部分に天皇が姿を見せなくなり、天皇は生活空間の清涼殿に引っ込んだまま、めったに出てこなくなる（古瀬奈津子・一九九一）。朝廷の政務は時を経るほどに、奥（天皇の日常生活の場）へ奥へと収縮し、引っ込んでいったのである。天皇は自宅からほぼ一切外出しないし、自宅の客間にさえほとんど出てこず、自室に閉じこもる〝引きこもり〟になった、ということだ。

内廷（蔵人）と外廷（太政官）の融合

天皇の〝引きこもり〟化と並行して、朝廷の政務も、限界まで縮小していった。太政官に属する八省は早くから省庁としての実質を失って形骸化し、大内裏に実務の場を必要としなくなった。また太政官の実務は、弁官局という文書行政部門に集中されて矮小化し、天皇の秘書官というべき蔵人頭《くろうどのとう》・蔵人を弁官が兼任して天皇と太政官を接続し、院政期には治天《ちてん》（院政を敷く上皇）と天皇・摂関の間で、彼らの意向を調整する連絡役として走り回る存在となった。

本来、太政官の政務と天皇は独立している（それぞれ外廷・内廷という）。嵯峨天皇が蔵人頭を設置したのも、太政官の手続きに縛られず、自由に天皇の意思を発令するためであったはずだ。しかし、平安後期には弁官が蔵人を兼ねたことで、外廷と内廷は融合する。天皇が宣旨《せんじ》（意思を発言し記録した文書）という形で命令を発する場合には、次の手続きを取る。まず天皇の意思を蔵人が奉《うけたまわ》って（聞いて）、それを蔵人が、太政官の議政官（大臣か納言）が勤める上卿《しょうけい》（案件ごとの責任者）に伝達する。次に上卿が太政官を代表して配下の弁官局に伝達し、弁官が太政官としての命令文書（太政官符・官宣旨《かんせんじ》など）を書き、諸司・諸国に発令される。しかし右の手続きのうち、〈蔵人が上卿に案件を送り、上卿から弁官が案件を受け取る〉という作業は、蔵人と弁官が同一人物ならば、無駄である。

かくして中世までに、上卿は形式上だけの存在となり、蔵人を兼ねる弁官が実務の担い手として、直接摂関や院ら意思決定者の手足として行政を担うようになり、朝廷の運営はきわめて少ない人員規模で可能となった。このように組織・人員面で最小化しつつあった朝廷を収める物理的な器として、朝堂院・豊楽院をはじめとする大官庁群が建ち並ぶ大内裏は、どう考えても無用の長物であった。

最初から過大な大内裏と平安京

以上の経緯を見ると、読者は次のように思われるだろう。最初は立派な律令国家が存在したのに、律令制の崩壊とともに政務・官庁が形骸化し、段々と朝廷が縮小するに従って、政務の場も小さくなったのだな、と。学校でも、そう習ったかもしれない。

しかし、朝堂院を使わない太政官の政務が、すでに平安時代初期から存在していたことに注意して欲しい。律令制が綻《ほころ》んで空洞化したから、政務の場が小さくなったのではない。律令制の全盛期にさえ、朝堂院は大きすぎ、実用性に欠けたのである。

日本は唐の律令制や都城をまねてみたが、所詮、唐の制度は巨大な国土と、膨大な人口を統治するための制度だ。先に、唐の国土が日本の一〇倍程度、間接統治する周辺諸国も含めると二〇倍を超えただろうと述べたが、それを数値だけから実感するのは難しい。しかし、中国の広さを甘く見てはいけない、ということを痛感させる事実がある。

日本と元が衝突する文永の役の六年前の一二六八年（元の至元五年）、クビライ・カアン率いる元は、南宋の攻略を開始した。この時、元軍は長江の支流・漢水を挟んで向き合う襄陽《じょうよう》・樊城《はんじょう》という城を攻める包囲戦に、足かけ六年を費やした。一二七三年にそれらの城が陥落すると、翌年に開始された進攻で南宋の諸都市はほとんど抵抗せずに降伏し、二年後の一二七五年に南宋の都・杭州が無血開城して南宋は滅んだ。しかし、直接南下して南宋の都が置かれた杭州を目指さなかったのはなぜか。

それは、黄河から長江にかけての地域、淮水《わいすい》流域を中心とする中国本土の中央部に、南北の幅三〇〇〜四〇〇〇㌔に及ぶ帯状の空白地帯が、東西に横たわっていたからである。女真《じょしん》族の金《きん》と南宋の戦争で荒野になったこの地帯には人がほとんど住まず、したがって軍勢はまったく補給ができないため、一つ間違えるとたちまち全軍が行き倒れになる。そしてこれを乗り越えた先にも、長江という水の壁がある。これを強行突破するのはリスクと被害が大きすぎるため、元はまったく違う方法を採ったのである。

このことを指摘した杉山正明氏は、この無人地帯を「「空白」という名の巨大な壁」と表現した（杉山正明・一九九五・一八三頁）。日本ではあり得ない壁である。どれだけ戦乱や災害で荒廃しても、日本列島に幅三〇〇〜四〇〇キロ（長さはもっと長い）の無人地帯ができる可能性はない。直線距離でいえば、東京から滋賀県の米原までが三〇〇キロ、京都までで三七〇キロ弱、大阪までが四〇〇キロである。その間が誰も住まない無人地帯であることを、想像することさえ難しい。南北で二つの王朝がそれなりに大きな領土を確保してもなお、そのよう空白地帯が存在できる中国の広さは、日本人の想像の外にある。

その巨大な国土を統治するシステムが、律令国家であり、その都城なのである。それを、狭い日本と少ない日本人を統治するために無理に用いるのはナンセンスだと、平安初期に朝廷は気づき始めていた（だから平安京造営を、平然と途中で放棄した）。国を統治する制度では、〞大は小を兼ねない〞のである。

大内裏の諸官司の庁舎も、平安京も、律令国家の物理的インフラはすべて、そもそも最初から過大《オーバーサイズ》で、広すぎて使いにくい無用の長物であった。本書の冒頭で、「平安京は、いらなかった」と書いたのは、それがいいたかったからである。

天皇が〝引きこもり〟になるということは、国土からも、膝下の平安京からさえも遠ざかり、関心を薄れさせることを意味する。その中で、海外への関心が保たれるはずがない。

外交の終焉、鴻臚館の廃絶

再び天皇が海外に関心をもつのは一〇〇〇年近く後、幕末のことだ。一九世紀半ば、江戸幕府がペリーに迫られてアメリカと条約を結ぼうとすると、孝明天皇は「アメリカを追い払え」と騒ぎ、日本は大混乱に陥った。一〇〇〇年も家から出なかった〝引きこもり〟が急に海外に関心をもっても、まともに対応できるはずがない。

文久三年（一八六三）の、破約攘夷の祈願のための孝明天皇の賀茂社行幸は、寛永三年（一六二六）の後水尾天皇の二条城行幸以来、実に二三七年ぶりの行幸であった。近世の天皇は二三七年間、一歩も自宅を出なかったのであり、そして皮肉なことに、二世紀半ぶりの天皇の外出は、〈外の人と付き合いたくない〉という思いが極限まで高まった結果、実現したのである。明治政府による天皇制の近代化は、天皇の〝引きこもり癖〟を一掃するところから始まった。鳥羽・伏見戦争の直後に、大久保利通らが少年の明治天皇を大阪に行幸させたのは、とにかく外に彼を出して、御所の外に実在する世界を実感させる帝王教育であった（佐々木克・二〇〇一）。

話を戻すと、天皇が海外に関心を失えば、外交演劇の舞台であった鴻臚館や朱雀大路の存在意義もまた、失われる。

すでに唐・新羅からの使者が途絶し、渤海使だけが細々と来朝していた弘仁六年（八一五）、鴻臚館は「頃者《このごろ》、疾病の民、此《これ》に就きて寓宿《ぐうしゆく》し、遭喪《そうそう》の人、以《もつ》て隠す処と為《な》し、舎・垣を破壊し、庭・路を汚穢《おあい》す（最近、行くあてのない病人が鴻臚館に寝泊まりし、身内が死んだ人が遺体を鴻臚館に放置し、建物や垣を破壊し、庭や道を汚している）」という荒廃ぶりであった。朝廷はこれを弾正台や京職に是正させたが、改善された様子はない（『日本後紀』同年三月二日条）。

その中で、朱雀大路を挟んで東西二つあった鴻臚館のうち、まず左京の東《ひがし》鴻臚館が廃絶した。二町の面積を占めた東鴻臚館の敷地は、承和六年（八三九）に典薬寮《てんやくりよう》（天皇の投薬治療を司る官庁）の御薬園（天皇に投与する薬草を栽培する畑）に転用すると、決定したのである（『続日本後紀』同年八月一二日条）。残された右京の西《にし》鴻臚館については、貞観一五年（八七三）に、木工寮《もくりよう》（宮殿・官舎の修造を司る官庁）と右京職に命じて「共に鴻臚館を守」らせたが、効果は薄く、翌年には「それを徹底せねば人事査定を貶《おとし》める」と脅したが、無駄であった（『三代実録』貞観一五年三月二八日条・同一六年五月二八日条）。

寛平六年（八九四）になると、日本からの遣唐使も、凋落《ちようらく》・混乱する唐へ危険を冒して渡るメリットが見出されなくなり、断絶した。そのわずか一三年後の九〇七年（日本の延喜七年）に唐は滅亡し、中国は五代十国の争乱期に入って、東アジア世界の求心点となる超大国《スーパーパワー》は失われた。唯一最後まで日本との国交を保った渤海が西鴻臚館を用いたが、前述のように渤海も九二六年（延長四年）に滅亡し、日本と諸外国との政府間外交は終焉を迎える。

瓦解した唐中心の世界秩序に見切りをつけ、大陸の新興勢力（渤海を吸収した契丹など）と新たに関係を構築する必要性も認めなかった日本は、国際社会に天皇・日本国の威信を誇示する理由と意欲をまったく失う。かくして日本が外交を放棄し、外国使節の到来がまったく見込めなくなった結果、外国使節を滞在させる鴻臚館には存続する理由がなくなった。

天暦一一年（九五七）に菅原文時《ふみとき》が奏上した「封事《ふうじ》三箇条」（『本朝文粋』巻第二）は「頃年《けいねん》より以来《このかた》、堂宇《どうう》尽《つ》きんと欲《ほっ》し、所司《しょし》修造すること能《あた》わず、公家《こうけ》空しく以《もっ》て廃忘《はいぼう》す（最近では鴻臚館の建物も崩壊寸前で、その維持を司る木工寮・京職もこれを修築する力がなく、朝廷でも忘れ去られようとしている）」と訴え、当時すでに荒廃していた西鴻臚館の再興を訴えた。しかし、現実に外交が途絶した以上、それが実現するはずがなく、西鴻臚館もそのまま廃絶した（西山良平・一九九四）。

平安京の解体と〝京都〟への転生

摂関政治と平安京の再利用――平安京の終わりの始まり

平安京の終わりの始まり

元来、日本の律令制は、国際関係の緊張に直面した日本（倭）が、それに対処できる国家の再編成（いわば国家の〝近代化〟）を目的として成立させた体制である。そしてその基礎となるべき天皇中心の中央集権制を実現する重要な手段として、藤原京から平安京までの唐風都城が生まれた。つまり平安京を含む唐風都城は、国際関係上の生き残りの手段として生まれ、友好的であろうと敵対的であろうと、国際外交自体の継続を前提として存在した。したがって、その国際外交という概念が平安前期の日本から消滅した時、存在意義を失うのは鴻臚館《こうろかん》や、日本と渤海が外交演劇を繰り広げる朱雀大路《すざくおおじ》だけではない。平安京自体が、元来目指した形で存続する理由を失うことに、注意せねばならない。外交の終焉は、平安京の終わりの始まりであった。

摂関政治の時代へ

外交演劇の舞台という機能を失った平安京は、もっぱら国内向けの政治的演劇の舞台へと特化してゆく。それは、摂関政治の本格化と軌を一にしていた。

すでに九世紀半ば過ぎ、清和天皇という幼帝の出現と同時に、藤原良房《よしふさ》が初の摂政となり、藤原氏が天皇を代行するという現象が起こり始めていた。良房が没すると養子（甥）の基経《もとつね》が直ちに摂政となり、清和が没しても引き続き陽成《ようぜい》天皇のもとで摂政を続けた。基経は元慶八年（八八四）に陽成を廃して光孝天皇を立てるという、絶大な権勢を振るい、光孝が没しても、その子の宇多天皇と阿衡《あこう》の紛議《ふんぎ》（自分の職掌が「阿衡」と表現されたことに反発した基経の政治闘争）を繰り広げ、後に関白として固定化する地位を確立させた（坂本賞三・一九九一、坂上康俊・二〇〇三）。基経が没した後、宇多の子の醍醐天皇の時期は天皇が親《みずか》ら政務を執る天皇親政であったが、醍醐の子の朱雀天皇の時に基経の子の忠平《ただひら》が摂政となり、後に関白となって天皇を補佐した。その忠平が朱雀の弟の村上天皇の初世に没すると、再び摂関は置かれずに天皇親政となった。

菅原文時が鴻臚館の興隆を虚《むな》しく訴えた天暦一一年（九五七）は、まさにその村上の治世であった。その一〇年後の康保四年（九六七）に村上が没して子の冷泉天皇が立つと、忠平の子の実頼《さねより》が関白となり、以後、摂政か関白（もしくは同様の職務を果たす内覧）が常置されるようになった。藤原氏（の嫡流の北家《ほっけ》）の権力は良房・基経以来、飛躍的に高まっており、そしてその地位が制度化する摂関政治の本格化が、この頃始まっていた。

国際関係のために存在する平安京が存在意義を失った時、真っ先にその影響を被るのは、平安京の中でも特に国際関係儀礼の舞台であることを主な役割とした、朱雀大路である。朱雀大路にはいまだ、大嘗《だいじょう》会《え》の標《しるしのやま》山《ひょうのやま》巡行の順路となるという役割が残されていたが、そのような一代一度の、限りなく頻度が低い行事のために、日々メンテナンスされるはずがない。

不要となる朱雀大路・羅城門

最初に摂関政治時代の洗礼を浴びたのは、朱雀大路の正門・羅城門である。天元三年（九八〇）、羅城門は暴風雨で倒壊した。その再建が企てられたのは二四年後の寛弘元年（一〇〇四）で（『日本紀略』寛弘元年閏九月五日条）、すでに藤原道長（忠平の曽孫）が左大臣・内覧として朝廷の主導権を握っていた時代であった。倒壊後、二四年間も放置されたということは、二四年間、羅城門が必要とされなかったということだ。この時、再建費用は丹波国の税収から賄われることとなったが、翌年、その財源は大内裏豊楽院《ぶらくいん》の再建費用に転用することが急遽決まり、羅城門再建は放棄されてしまう（『御堂関白記』寛弘二年九月一〇日条）。

摂関政治の都合と平安京

それだけではない。道長はそれから一八年後の治安三年（一〇二三）、法成寺《ほうじょうじ》の新造堂舎の礎石とするため、神泉苑《しんせんえん》の門と乾臨閣《けんりんかく》、坊門・羅城門・左右京職や寺々の礎石を取り去ってしまう（『小右記』治安三年六月一一日条。西山良平・一九九四）。

神泉苑は大内裏の南東（大宮大路の西、壬生大路の東、二条大路の南、三条大路の北）に、南北四町×東西二町の計八町という巨大な敷地を占めた禁苑《きんえん》（天皇の遊猟地）である。そこは、空海が天長元年（八二四）に祈雨《きう》（雨乞い祈禱）を行なって以来、重要な国家的祈雨の場であり、乾臨閣はその中心的な建物である。また坊門は左京・右京と朱雀大路を隔てる垣（築地）に設けられた門、そして左右京職は何度か言及した通り、京内の行政全般を司る官庁である。

道長がそれらの各所から礎石を持ち去った事実は、羅城門・坊門という朱雀大路の出入口や、検非違使に職掌を吸収されて形骸化した京職の庁舎が、すでに消失していたことを意味する。朱雀大路の坊門は、九世紀半ばには兵士二人を常駐させ、また左右兵衛府《ひょうえふ》の兵士に毎晩警護させていたようだが（『日本三代実録』貞観四年〈八六二〉三月八日条）、この頃までに門自体が崩れ去っていた。そして、辛うじて残っていた礎石を取り去ることは、「それらの施設が再興される必要は、もはやない」と朝廷の主導者の道長が認定したことを意味する。平安京の当初の設計思想は、ここに明示的に放棄されたといってよかろう。

しかもそれらの礎石は、法成寺に転用された。法成寺は道長が創建した寺院で、東側で鴨川に面したため「中河の御堂《みどう》」と呼ばれた。道長が後世に「御堂殿《みどうどの》」と呼ばれたように（彼の日記を『御堂関白記《みどうかんぱくき》』という）、法成寺は宗教的側面における彼の権勢を象徴する寺院であった。つまり、右の諸施設からの礎石の転用は、道長が主導する摂関政治が、かつての平安京の設計思想・構造を犠牲にし、これを上書きする体制として現れたことを示す現象にほかならない。

平安京のオートファジー（自食）

摂関政治の絶大な権力と財力は、平安京を再建する方向には働かなかった。摂関政治にとって、平安京の物理的に壊れかかった部分は、修復・維持する対象ではなく、むしろ積極的に分解して、別の何かを――つまり摂関政治全盛期という新時代に相応《ふさわ》しい別の記念碑《モニユメント》を造るために、材料を調達できる廃品資源の山、再利用《リサイクル》可能な資源の回収場所にすぎなかった。そうして造られた法成寺のような記念碑《モニユメント》が、古代〝平安京〟を中世〝京都〟へと再構成してゆく。いわば摂関政治は、平安京の残骸を餌として〝食い〟、消化して、中世京都を造る栄養素へと変えていったのである。

その様子を何に例えようか苦慮していたところ、偶然にも最も適した話題が、本書の出版直前の二〇一六年一〇月にマスコミを賑わせた。大隅良典《おおすみよしのり》氏がノーベル生理学・医学賞を受賞した研究テーマの、〝自食《オートファジー》〟である。自食とは、細胞が自分の内部の不要になったタンパク質をアミノ酸に分解し、新たにタンパク質を合成する現象をいう。自分の体の一部を分解し、それを再び自分が〝食べて〟栄養素にしてしまう自食《オートファジー》こそ、まさに平安京で起こった現象にほかならない。中世京都への転生という現象は、〝平安京の自食《オートファジー》〟と表現すると、最も適切にイメージしやすい。細胞という微視的《ミクロ》な生命と、都市という巨視的《マクロ》な人間社会の構築物で、似た現象が起こることには驚かされる。物事のスケールや性質を超えた、大きな法則の存在を感じずにはいられない。

住人の平安京再利用

本来の存在目的を失った平安京の再利用を始めたのは、摂関政治だけではない。住民もまた、自分たちが使いやすいように、平安京を勝手に改造し始めていた。厳重に閉ざされた儀礼専用の空間であったはずの朱雀大路が、一〇世紀に入るまでに住民の牛馬の放牧地や、盗賊のねぐらとなっていたことは、先に述べた。そして羅城門と左右各坊の坊門の命脈が絶たれた結果、朱雀大路は使い道のない開放的な巨大空閑地と化した。そうなってから久しい院政末期、平清盛が権勢を極めつつあった仁安三年（一一六八）に、朝廷は次のような宣旨を下している（朧谷寿・一九九四）。

宮城の東西、幷《なら》びに朱雀大路の七条に至るまで、泥途《でいと》を掃除し、殊《こと》に修固《しゅうこ》せしむべし。兼ねて亦《ま》た京裏《きょうり》の制、具《つぶ》さに式条《しきじょう》に載す。今、溝渠《こうきょ》を開鑿《かいさく》して往来を煩《わずら》わし、道路を侵奪《しんだつ》して田畝《でんぽ》を耕作す。これを政途《せいと》に論ずるに、違濫《いらん》と謂《い》うべし。宜《よろ》しく左右京職《きょうしき》・検非違使等をして、永《なが》く糾断《きゅうだん》を加え、停止《ちょうじ》に従《したが》わしむべし。（『兵範記』仁安三年一〇月五日条）

宮城（大内裏）の東方・西方と南（朱雀大路の七条までの区間）が泥でぬかるむ荒廃地と化していたので、特に意を払って修復せよ。また京中で認められない禁止行為については、詳しく『延喜式』に載せていたはずだが、今では住人が勝手に水路を開削して通行を妨げ、街路を勝手に自分の土地に組み込んで耕作してしまっている。これらは不法であって、行政上、放置することはできないので、京職と検非違使らに命じて摘発させ、永久的にやめさせよ、という。

街路を田畠にした巷所

この法令で興味深いのは、朱雀大路を含む、京内のあらゆる使われていない街路を、住民が勝手に再利用し始めた事実である。永久三年（一一一五）に東寺の僧侶が朝廷に提出した請願書に、「針小路《はりのこうじ》通《どおり》、并《なら》びに以北の巷所《こうしょ》等は、先祖慶秀《けいしゅう》執行《しぎょう》の時、これを開発してより以降《このかた》、定俊《じょうしゅん》相伝し領知《りょうち》し来《きた》る所なり。但し件《くだん》の巷所、元は古より道路たり。耕作無し」とある（東寺権上座定俊申状写、阿刀弘文氏所蔵文書、『平安遺文』一八一八号）。彼らは街路に溝を引いて灌漑用水を開削するなどして「開発」し、道を田畠にしてしまっていた。これを当時の言葉で「巷所《こうしょ》」という（「巷《ちまた》」は市街地の交通の要衝という意味）。

その巷所を禁断したのが右の法令なのだが、どのみち道長の時代から国家が必要としなくなっていた街路なので、禁令も理想論に基づく机上の空論であり、朝廷も本気ではない。事実、取り締まり担当官として、巷所の存在を認めてはならなかったはずの京職は、むしろその後、巷所の管理者に変貌してしまう。京職は中世社会に適応したのである。

後述のように、「京内街路を耕作地にしてはならない」という禁止令はすでに『延喜式』に見えるから、逆に『延喜式』が完成した一〇世紀前半までには、京中の街路の各所が勝手に耕作され始めていたことになる。そして右の東寺の僧侶の請願書に「先祖が開発して以来、代々所領としてきた」とあるように、それらの巷所を、寺社などの権門が手練手管を尽くして、獲得・集積し始める（馬田綾子・一九七五）。特に東寺は立地を活かして、朱雀大路より東側の八条大路一帯の、至近距離にある巷所を次々と開発・集積し、重要な膝下所領として、中世を通じて保持した。

鎌倉前期に「朱雀大路は大極殿の正門たり。大嘗会の要路《ようろ》たり。常に修固すべし。豈《あ》に耕作すべけんや（朱雀大路は大極殿の正門がある街路であり、大嘗会で使う重要な街路なので、常に修復・維持すべきであって、田畠にしてよいはずがあろうか）」（『承久三年四年日次記』貞応元年〈一二二二〉四月某日条）という禁令が出されているので、朱雀大路の耕作地化は平安期にやまず、むしろ、なし崩し的に進行したと知られよう。

持て余す大内裏、快適な里内裏──仮住まいに永住する天皇

負の遺産としての大内裏

かくして、律令国家の劇場としての役割を終えた平安京は、不要な部分を権力者や住民に切り取られ、勝手に再利用され、それもできない部分は捨てられていった。そして、根幹にある性質・理念を平安京と共有している大内裏もまた、その趨勢から逃れられなかった。大内裏もまた、過大《オーバーサイズ》で、実用性に乏しく、〝無用の長物〟として捨てられる運命にあった。

本来、平安京では、天皇の居住空間と政務空間は厳然と分離されていた。行政を担う太政官とその管轄下の八省などの諸官庁、それらが政務を行う朝堂院《ちょうどういん》、その正殿であり天皇が出座して政務を覧《み》る大極殿《だいごくでん》などの政務空間は、「平安宮《へいあんきゅう》（大内裏）」と呼ばれる一まとまりの空間にパッケージ化されていた。

それは平安京の北端にあって、朱雀大路（現・千本通）を中軸線とし、北辺の一条大路（現・一条通）から南辺の二条大路（現・二条通）まで一〇町（約一・二キロ）、東辺の大宮大路（現・大宮通）から西辺の西大宮大路（現・西大路通）まで東西八町（約九六〇メートル）の、計八〇町に及ぶ巨大官庁街であった。天皇の居住空間である内裏はその中に内包され、南北二・五町×東西一・八町あまり（面積で約四・六町）の空間が割り当てられた（ある古図に「南北百丈、東西七十三丈（約二九八メートル×約二一七メートル）」と伝えられる（『大内裏図考証』巻第六〔内裏〕所引「南都所伝大内裏一古図」）。

この、京の北部中心に八〇町もの敷地を占め、ただでさえ人口に比べて面積が足りない左京北部を西から圧迫して開発を阻害し、使い道が乏しいわりに維持費だけは莫大な大内裏こそ、実は平安京が中世〝京都〟へと生まれ変わるために処理しておかねばならない、〝負の遺産〟であった。その処理の過程は、現在の京都御所がなぜ大内裏の位置にないのか、という問題とも、直接関係している（京都御所を取り巻く京都御苑《ぎょえん》の西端の烏丸通《からすまどおり》は、大内裏の東端の大宮通《おおみやどおり》から九六〇メートルほども東に隔たっている）。

たび重なる大内裏の焼亡

その大内裏・内裏は、何度も火災に見舞われてきた。はじめて焼けたのは村上天皇の天徳四年（九六〇）である。『扶桑略記』という歴史書に引用された村上自身の日記で、彼が「朕《ちん》、不徳《ふとく》を以《もち》て久しく尊位《そんい》に居《お》り、この災殃《さいおう》に遭《あ》う。歎《なげ》き憂《うれ》うること極まり無し（徳のない私が長く天皇であったため、この災いが起こった。これ以上なく嘆かわしい）」と自分を責めたように、内裏の炎上は、それまでの歴史上、きわめてまれであった。続けて日記に「人代以後、内裡《だいり》（裏）の焼亡《じょうもう》は三度なり。難波宮、藤原宮、今の平安宮なり。遷都の後、既に百七十年を歴《へ》て始《はじめ》てこの災あり（神武天皇以来、内裏の焼失は難波宮・藤原宮と今回の平安京の三度だけで、平安遷都から一七〇年でついに初めて焼けてしまった）」とあるように、彼らの知る限り、内裏の炎上はいまだ史上三度目であった。しかし後の頻繁な罹災を知る者から見ると、むしろ平安遷都から一七〇年近くも焼けなかったことの方が奇跡的である。

内裏が焼失すると、天皇は京中の臣下の大邸宅に仮住まいして一時的な内裏とし、本来の内裏の再建を待つことになる。この仮住まいの内裏を〝里内裏《さとだいり》〟という。そして里内裏と区別するため、大内裏にある本来の内裏を、特に〝平安宮内裏〟という

右の初度の焼亡時には、村上天皇は一年間、冷泉院《れいぜいいん》を里内裏とした。冷泉院は、嵯峨天皇が弘仁一四年（八二三）の譲位後に住んだことに始まる、後院《ごいん》の一つである（後院は、天皇が退位後に住むために在位中から用意しておく宮殿）。仮住まいとはいえ、この冷泉院は四面すべてが大路に面し（大炊御門《おおいのみかど》・二条・大宮・堀川）、四町という広大な面積（二町四方）をもつ、京中唯一の邸宅であった（『大鏡』二）。この時は内裏が、翌年の応和元年

表1　大内裏焼亡・再建期間一覧表

No.	天皇	内裏焼失の年	内裏還幸の年	還幸まで	次の焼失まで	里内裏(所有者、備考)
1	村上	天徳四(九六〇)	応和一(九六一)	1年	15年	冷泉院(村上天皇後院)
2	円融	貞元一(九七六)	貞元二(九七七)	1年	3年	堀河院(関白太政大臣藤原兼通第)
3	円融	天元三(九八〇)	天元四(九八一)	1年	1年	職曹司、四条院(太政大臣藤原頼忠第)
4	円融	天元五(九八二)	永観二(九八四)	2年	15年	職曹司、堀河院(円融天皇後院。次の花山天皇は堀川院で受禅)
5	一条	長保一(九九九)	長保二(一〇〇〇)	1年	1年	一条院(生母東三条院藤原詮子第)
6	一条	長保三(一〇〇一)	長保五(一〇〇三)	2年	2年	一条院
7	一条	寛弘二(一〇〇五)	寛弘八(一〇一一)	6年※1	3年	東三条殿(左大臣藤原道長第)、一条院、上東門第(土御門殿とも。道長第)、枇杷殿(道長第)(次の三条天皇は一条院で受禅)
8	三条	長和三(一〇一四)	長和四(一〇一五)	1年	0年	枇杷殿
9	三条	長和四(一〇一五)	寛仁二(一〇一八)	3年	21年	枇杷殿、京極院(上東門第、土御門殿とも)、一条院(次の後一条天皇は京極院で受禅)
10	後朱雀	長暦三(一〇三九)	長久二(一〇四一)	2年	1年	土御門殿、二条殿(内大臣藤原教通第)

11	後朱雀	長久 三(一〇四二)	永承 一(一〇四六)	4年	2年	一条院、高陽院(藤原頼通第)、東三条殿、京極院、二条殿(次の後冷泉天皇は東三条殿で受禅)
12	後冷泉	永承 三(一〇四八)	(未使用のまま焼失)	23年※2	10年	京極院、冷泉院、高陽院、四条殿、一条院、三条堀河殿(次の後三条天皇は閑院で受禅)
13	後冷泉	康平 一(一〇五八)	延久 三(一〇七一)		11年	
14	白河	永保 二(一〇八二)	康和 二(一一〇〇)	18年	119年	堀河院(関白藤原師実第)、六条院、三条烏丸殿、堀河院、大炊殿(太皇太后藤原寛子第)、閑院(白河上皇御所)、高陽院(次の堀河天皇は堀河院で受禅)
15	順徳	承久 一(一二一九)	(未使用のまま焼失)	—	8年	閑院(次の仲恭天皇は閑院で受禅)
16	後堀河	安貞 一(一二二七)	再建放棄	—	—	閑院など

※1　再建は寛弘三年だが未使用

※2　再建は天喜四年(一〇五六)頃だが未使用

（九六一）に再建され、天皇は速やかに帰宅した。

しかしこの焼失を皮切りに、内裏は頻々と罹災を繰り返し、鎌倉期の安貞元年（一二二七）まで、約二五〇年の間に一六回も焼けた。前頁の表1は、焼失した年と再建の年、天皇が内裏に帰るまでに要した年数と、次に焼失するまでの年数を列挙したものである。

二度目の焼亡は、最初の焼亡のわずか一五年後に起こった。しかもその後、内裏再建から焼亡までの間隔は、次第に短かくなる。表の事例の半数は、再建から次の焼亡まで一五〜二〇年程度だが、残る半数はわずか一〜三年で焼けた。村上天皇の次の円融天皇やその次の一条天皇の時代には、一〜三年程度で再建と焼亡を三度ずつ繰り返し、内裏の焼失が恒例化した。三条天皇の長和四年には、九月二〇日に再建成った内裏に一年ぶりに戻ったにもかかわらず、二ヵ月後の一一月一七日にはまた内裏が焼けて里内裏に移る有様で、あまりに頻繁な内裏焼失に、世人は「天下滅亡の秋《とき》なり」（『百練抄』同日条）と歎いた。

里内裏の常態化

里内裏はあくまでも借り物の仮設内裏で、本来のあり方とは異なる一時的な住まいであるはずだった。しかし内裏焼失の頻度が高かったことに加え、一条天皇の寛弘二年（一〇〇五）の焼亡から同八年の帰還まで、再建に六年も要したのを皮切りに、続く三条・後朱雀・後冷泉天皇の時代に、再建期間に二〜四年も要するようになり、再建までの時間が長期化する傾向が現れる。そしてあまりに何度も内裏が焼けた結果、天皇が里内裏で暮らす期間・頻度は、平安時代を通じて次第に上昇した。

　里内裏に滞在する期間が目に見えて長期化するのは、白河天皇が政治の実権を握ったまま退位し、院政を成立させた頃である。彼の在位中の永保二年（一〇八二）に焼失した平安宮内裏は、息子の堀河天皇に譲位して院政を開始した応徳三年（一〇八六）を挟んで、康和二年（一一〇〇）まで、足かけ一九年もの年月を再建に要した。このため、応徳三年に践祚《せんそ》（皇位継承の宣言）した堀河天皇は、大内裏再建が間に合わずに、堀河院という里内裏で践祚せざるを得なかった。そして康和二年の再建完了まで、足かけ一五年間を天皇は里内裏で過ごし、在位期間の大部分を里内裏で過ごさねばならなかった。

　康和二年に再建された大内裏は、以後の一一九年間、焼失を免れた。ただし、それをもって、ようやく朝廷が旧に復したと考えてはいけない。一一九年も焼けなかったことは、むしろ朝廷が後戻りできない変容を遂げてしまった結果なのだが、それは後で述べよう。

　そして安元三年（一一七七）、左京の三分の一を焼き尽くし、焼死者数千人に及ぶ凄惨な被害状況が『方丈記』に描写された〝安元の大火（太郎焼亡）〟によって（次頁の図26）、内裏を含む大内裏は壊滅する。国家の中枢官庁が集中する大内裏は、今日の霞ヶ関に比すべき大規模官庁街で、それらすべての修築には、想像を絶する巨額を要した。財政に余裕があるわけではない朝廷にとって、それは途方もない負担であり、再建は遅々として進ま

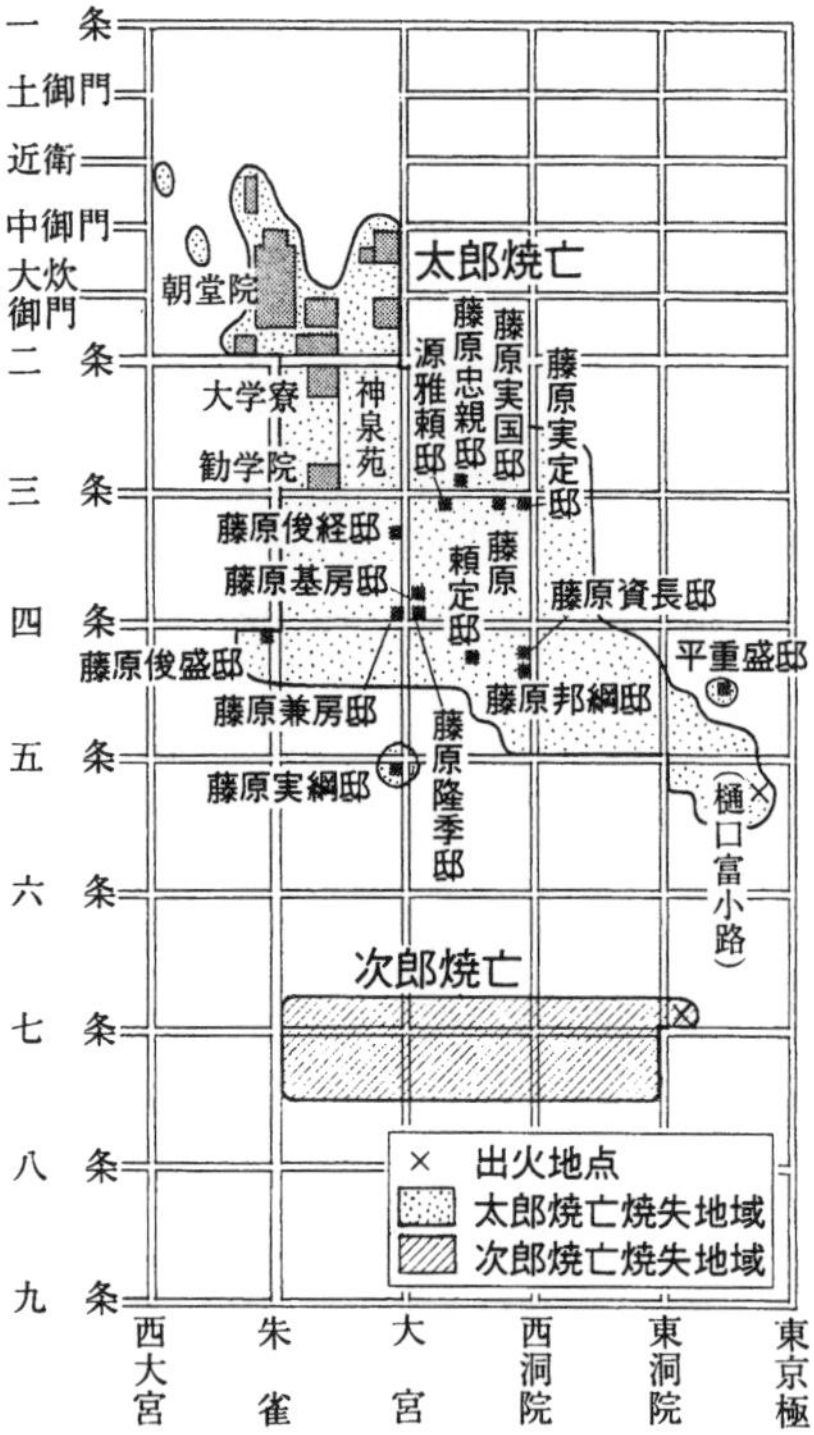

図26　太郎焼亡と次郎焼亡の被災範囲
（『平安京提要』p.76図5より）

なくなる。焼けた大内裏は保元二年（一一五七）に後白河天皇の近臣信西《しんぜい》（藤原通憲《みちのり》）の主導で再建したばかりで、再度の復興は困難を極めた。その再建が具体化するのは、一二年後の文治五年（一一八九）のことである。しかし大内裏は承久元年（一二一九）にまた焼け、その再建が進められていた最中の安貞元年（一二二七）にまたしても焼失して、以後まったく再建が放棄されるに至った。

右で述べたように、天皇が平安宮内裏に住まず里内裏に住むことは、摂関政治期に頻度が急速に増え、院政期に一挙に恒常的となり、そして大内裏が廃絶した鎌倉前期以降は、事実上の標準《デ・ファクト・スタンダード》となってしまう。なぜそうなってしまったのか。ヒントは摂関政治期と院政期の違いにある。摂関政治期には、あくまでも大内裏が頻々と焼亡を繰り返したため、結果的に、やむを得ず里内裏の利用が増えたにすぎない。しかし、院政期は違った。

平安宮内裏に住まない天皇

先に、堀河天皇が、「在位期間の大部分を里内裏で過ごさねばならなかった」と述べたが、実はそれは正確ではない。彼（と父の白河院）は、自ら望んでそうした形跡がある。堀河天皇は応和二年六月に再建成った平安宮内裏にはじめて入ったが、わずか二ヵ月後の八月には、高陽院《かやのいん》という里内裏に移ってしまい、康和四年九月に平安宮内裏に戻るまで、二年以上も高陽院から動かなかった。彼は再び戻って平安宮内裏で過ごしたが、二年あまりを経た長治元年（一一〇四）一二月にまた堀河院に移り、半年間そこで過ごして、翌長治二年六月にまた平安宮内裏に戻る。そして一年半後の嘉承元年（一一〇六）末にまた堀河院に移り、半年後の翌嘉承二年七月には、そこで鳥羽天皇に位を譲って退位してしまう。

堀河天皇の在位は応徳三年から嘉承二年までの二一年間弱だが、そのうち平安宮内裏にいた期間は三年と一一ヵ月、何と四年に満たず、在位期間の八割を彼は里内裏で過ごしたのである。しかも康和二年以降は大内裏の再建が済んでいるにもかかわらず、以後の七年あまりの在位中、四年以上の期間を里内裏で過ごした。明らかに、堀河天皇はあえて平安宮内裏より里内裏を選んだのである。

しかも、その後の歴代天皇の所在地を一覧表にした研究（詫間直樹・一九九七）によって調べてみると、この傾向はより一層、極端になっていったことが判明する。

まず鳥羽天皇も、践祚した場所からして平安宮内裏ではなく里内裏であった。そして彼が在位中に平安宮内裏に足を踏み入れたのは、大嘗会に伴う儀式を執り行うために住んだ、天仁元年（一一〇八）八月からの三ヵ月間と、同二年七月に里内裏大炊殿《おおいどの》で発生した怪異を避けて住んだ三ヵ月間弱と、天永二年（一一一一）にまた大炊殿の怪異を避けて入った一〇日間と、天永三年に新造された大炊殿に遷るための方違《かたたがえ》行幸（陰陽道で悪いとされる方角への移動を避けるために迂回する行幸）で滞在した一ヵ月間弱と、同年一二月から翌永久元年（一一一三）正月にかけて元服するため滞在した一〇日間あまりの、五回だけであった。彼は主に、大炊殿（大炊御門北、東洞院西）・高陽院・小六条殿《ころくじようどの》（白河法皇の御所、六条坊門南・烏丸西）・三条烏丸殿（三条南・烏丸西）という里内裏を愛用し、平安宮内裏があるのに、約一五年半の在位期間中、わずか七ヵ月程度、割合にして在位期間の四％弱の期間しかこれを使わず、九六％以上の時間を里内裏で過ごしたのである。

次の崇徳天皇は、保安四年（一一二三）に践祚して以来、主に土御門烏丸殿・二条殿（二条東洞院か）・小六条殿などの里内裏に住んだ。彼が大内裏にあったのは、保安四年二月に即位式のため一日だけ大極殿に出向き、一一月に大嘗会のため八日間だけ大嘗宮に滞在し、天治二年（一一二五）九月に斎宮《さいくう》の伊勢群行《いせぐんこう》（天皇一代の間、伊勢神宮に奉仕する未婚の内親王・女王＝斎宮が出発する儀礼）を見るため八省院《はっしょういん》（朝堂院）に一日だけ出向き、保延六年（一一四〇）に神今食《じんこんじき》（六月・一二月の月次祭《つきなみのまつり》で天皇が天照大神と共食する儀礼）のため三日間だけ太政官朝所《あいたんどころ》・神祇官に滞在した、わずか四回だけだ。しかもそれらはすべて大内裏内の官司の庁舎（役所）であって、一九年間弱の在位中、平安宮内裏に住むことはおろか、何と一度たりとも足を踏み入れなかったのである。

次の近衛天皇の代でも、状況は同じだ。永治元年（一一四一）の践祚以来、彼が大内裏に入ったのは、同年一二月の即位式のための一日だけの大極殿滞在、翌康治元年（一一四二）の大嘗会のための一ヵ月間の一本御書所《いっぽんごしょどころ》（あらゆる書物の写本を一つずつ集めて保管する倉庫）滞在、天養元年（一一四四）九月の斎宮の伊勢群行を見物した一日だけの八省院滞在の三度だけで、彼もまた久寿二年（一一五五）に里内裏近衛殿《このえどの》で没するまで、一度も平安宮内裏に入らなかった。

このように、堀河天皇を画期として、天皇は平安宮内裏があっても、あえて住まなくなった。そして堀河・鳥羽の全期間と崇徳の在位途中までは白河院政期、崇徳の後半と近衛の在位期間は鳥羽院政期であった。つまり、院政の開始とともに、天皇が平安宮内裏を使わなくなったことは明らかである。院政では、あらゆることの最終決定権を、天皇の父・祖父である院（上皇か法皇）がもった（その地位を「治天《ちてん》の君」とか「御治天《ごちてん》」「治世院《ちせいのいん》」「御世務《ごせいむ》」などという）。平安宮内裏の使用停止は、院政という政治形態に特有の、院の都合に基づく院の意思によって、決まったと考えるべきである。

「大内裏は広すぎる」

このことを裏づける、院自身の証言がある。天永三年（一一一二）、鳥羽天皇の里内裏（高陽院）が焼失したため、次の内裏を選ぶ議論が交わされた。前述の通り、永保二年（一〇八二）に焼失した平安宮内裏は康和二年（一一〇〇）に修造を終え、いつでも使える状態であった。本宅である平安宮内裏を焼け出された天皇が仕方なく仮住まいするのが里内裏であるから、修築成った平安宮内裏に帰ればよいし、天皇も一刻も早く本宅に帰りたいはずだ。それにもかかわらず、「次の内裏をどこにすべきか」という議論が起こったこと自体が、奇妙だ。それはすでに、天皇・廷臣の心が平安宮内裏から十分に離れていた証左である。そしてさらに驚くべきは、時の治天・白河法皇の意見であった。

内裏《だいり》の殿舎《でんしゃ》は甚《はなは》だ広博《こうはく》なり。幼主御座《ようしゅござ》の条《じょう》、思《おも》い有《あ》るべきか。（『中右記』天永三年五月一五日条）

「平安宮内裏の建物は非常に広い。そこに幼い天皇にお住まい頂くのは躊躇される」と、法皇は平然と述べた。そしてこの意見により、鳥羽天皇の新たな御所は、小六条殿《ころくじょうどの》（白河法皇の御所）と決まった。これは、王家自身が、平安宮内裏よりも里内裏を選ぶと宣言した瞬間にほかならない。天皇が一〇歳の少年であったことを差し引くとしても、天皇のためにこそある平安宮内裏が、天皇自身にとって広すぎ、里内裏の方が居心地がよいという本音を、元天皇が明言してしまったのである。平安京も、平安宮（大内裏）も、平安宮内裏も、すべてが大きすぎた。それらが無用の長物に過ぎないのではないかという、誰もが薄々感じていた実感を、天皇制の側が率直に告白した瞬間であった。

院政が捨てた大内裏——中世京都への脱皮、抜け殻としての平安京

大内裏無用論を公言できる時代

大内裏が大きすぎる、という認識は、決して朝廷が衰退したから生まれたものではない。むしろ白河・鳥羽院政期は、院（治天）という権力が揺るぎない最高権力者として、富と権力の限りを尽くして日本に君臨した時代である。それは、武士の意向に配慮してものごとを決めねばならなくなった時代の直前、保元の乱で「ムサ（武者）ノ世」（『愚管抄』巻第四）が到来する直前の、天皇制・貴族社会の最後の華やかなりし時代であった。そこでは、律令制がとうに形骸化し、摂関が往年の権力を失っていたが、朝廷自体が衰退していたわけではない。いわば、〝魂（天皇）〟が、自分を入れるために〝肉体（平安京）〟を造った時、自分を大きく見せるために大きく造りすぎたのであり、最初から薄々気づいていたその失敗を、〝魂〟の側がよう

やく告白できる時代になった、ということである。

先に述べたように、摂関政治期の藤原道長も、自分の権力を誇示する法成寺を造営するために、古代律令国家の理念の化石というべき、朱雀門の礎石を奪い去って再利用《リサイクル》した。しかしそれは、形式上の最高権威を天皇制に委ねつつ、これに寄生して権威を吸い取り、事実上の権力を目指すという、天皇制の利用者としての立場からの行為であった。

それに対して、白河法皇は元天皇であり、つまり天皇制そのものの立場から、大内裏不要論を口にした。天皇制のためだけに存在する設備を、天皇制の側が不要だと表明してしまっては、お終《しま》いではないか。

そう、確かにお終いなのだが、もともと大内裏はその役割をとうの昔に終えていたはずだ。そして、それが昔のように復活する可能性がもうないことは、誰の目にも明らかな事実なのだから、それを口に出して何が悪いだろう。今の天皇制はかつての律令国家とは違う。だから王の権威を誇示するために巨費を投じて造営すべき記念碑《モニユメント》も、律令制的な平安京や平安宮（大内裏）ではないと、白河法皇は考えた。

記念碑としての宗教空間・白河

白河法皇にとって、その記念碑《モニユメント》とは、鴨川の東岸に広がる都市域・白河と、そこに並び立つ院御所・寺院群である（次頁の図27）。

京中から二条大路を東に進み、鴨川を越えると、まず大路（二条大路

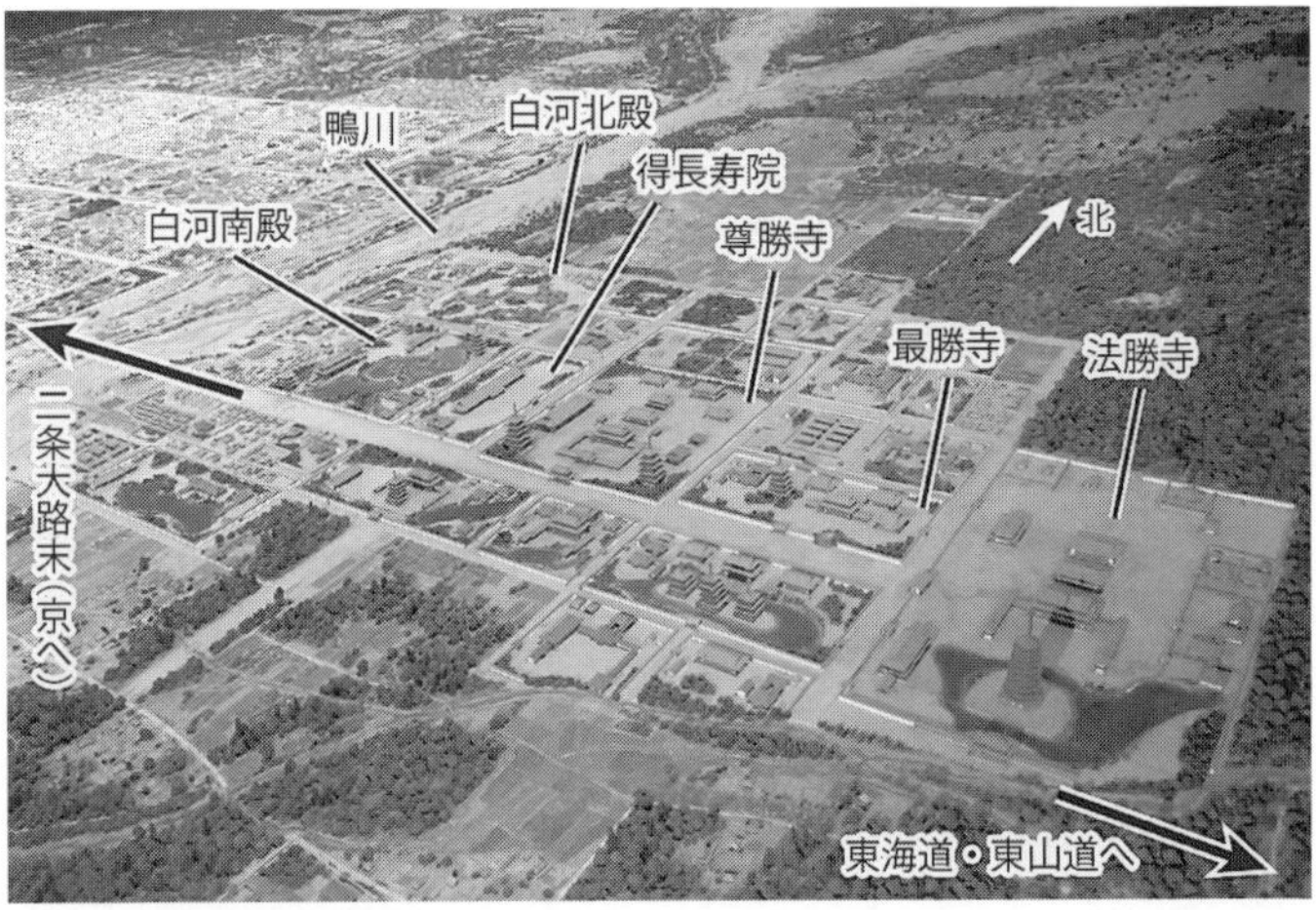

図27　白河の院御所と寺院群（平安京復元模型，京都市歴史資料館蔵）

末）の北側に、法皇が築いた院御所・白河南殿《みなみどの》（泉殿《いずみどの》）がある。四町規模（二町四方）の広大な御所であり、通常の里内裏の二倍から四倍も広い。しかも法皇は後に、白河南殿の北に白河北殿《きたどの》という御所も造営し、これも南殿と同じ四町の敷地を占めたと考えられている（上村和直・一九九四・五三四〜五頁）。南殿は、その中心とされた阿弥陀堂や、後に造られた蓮華蔵院《れんげぞういん》という御堂《みどう》などの宗教施設を含み（上島享・二〇〇六）、その〈御所と御堂が複合した形〉が、院政期の京郊の院御所の特徴であった（南郊の鳥羽殿《とばどの》や、鴨川東岸の七条大路末の法住寺殿《ほうじゆうじどの》も共通する）。そのような複合施設とはいえ、四町規模の御所を南北に二つ並べ、八町もの敷地を占めた白河法皇の御所は、当時の堀河天皇が住んでいた二町規模の里内裏・堀河院（二条大路南・三条坊門小路北・油小路西・堀川小路東の東西一町×南北二町）の四倍も広く、歴史上最大の里内裏・高陽院（四町規模）より二倍も広い。

白河は白河院政期が過ぎても継続的に開発され、鳥羽院政期の長承元年（一一三二）には白河南殿の東に隣接して、得長寿院《とくちょうじゅいん》という寺院が建てられた。その東西一町×南北二町の敷地には、平清盛の父忠盛《ただもり》が寄進した三十三間の堂が建つ。後に後白河法皇が建立して今日も残る蓮華王院三十三間堂と同様の、長大な建物である。そしてこの二条大路末の南北に面して、名前に「勝」の字をもつ六つの寺院＝〝六勝寺《ろくしょうじ》〟があった。白河天皇が在位中の承保二年（一〇七五）に建立した法勝寺《ほっしょうじ》を皮切りに、尊勝寺（堀河天皇）・最勝寺（鳥羽天皇）・円勝寺（鳥羽天皇の中宮《ちゅうぐう》・待賢門院《たいけんもんいん》）・成勝寺（崇徳天皇）・延勝寺（近衛天皇）が次々に建てられ、白河は巨大な伽藍が林立する、前代未聞の宗教空間となった。

新時代の記念碑・法勝寺九重塔

法勝寺は、二条大路末の東の果てにある。左大臣（後に関白）藤原師《もろ》実《ざね》から進上された別業《べつごう》（別荘）の地を白河天皇が寺院に改めたもので、その敷地は、東側を南北に流れる白河の西岸ぎりぎりまで広がり、東西に二町以上、南北も二町以上（南は二条大路末の一つ南の押小路末、北は二条大路末の一つ北の冷泉小路末かそれよりも北）に及ぶ、四～五町規模の面積を誇る大伽藍であった。

そして法勝寺の最大の目玉は、永保三年（一〇八三）に完成した、巨大な八角九重塔《はっかくくじゅうのとう》

図28　法勝寺の八角九重塔（『よみがえる平安京』p.67図116を改変．復元模型，京都市歴史資料館蔵）

である。八角形の平面をもつ各層が九層も積み重なるこの塔は、高さ二七丈、実に八一メートルという、驚くべき高層建築であった（図28）。寛永二一年（一六四四）に建立されて今日まで残る、著名な東寺の五重塔の高さが約五六メートルであることを思えば、それを二五メートルも上回った法勝寺九重塔の巨大さがうかがわれよう。この高さを超える建造物は、応永六年（一三九九）に足利義満が、室町第《むろまちてい》（花御所《はなのごしょ》）の東隣の相国寺《しょうこくじ》に建立し、一度焼失した後に義満の北山第《きたやまてい》（今日の鹿苑寺《ろくおんじ》〈金閣寺〉）に再建された、高さ三六丈＝一〇九メートルの七重塔まで存在しなかった。法勝寺九重塔をさらに二八メートルも上回るこの塔は、巨大を通り越して、ほとんど戦慄すべき化け物のような印象を与える。

二〇一〇年、今は京都市動物園となっている法勝寺跡地の発掘調査で、観覧車周辺の地下から、この九重塔の地盤を固めるために整地された、八角形の地盤改良跡と、瓦葺《ぶ》きであったことを証拠づける多数の瓦が発見された。八角形の一片は一二・五メートルから一四・五メートルにも及び、その底面積の大きさは観覧車と比較すれば一目瞭然である（図29）。これだけの太さ（底面積）の、東寺五重塔より一・五倍も高い塔が聳《そび》え立つ有様を想像すると、圧巻というよりも、その大きさに筆者は恐怖感さえ覚える。そのような圧倒的な巨塔が、南北朝初期の暦応五年（一三四二）に焼失するまで、二五九年間も屹立《きつりつ》していた。

図29　法勝寺八角九重塔の基壇整地跡（公益財団法人京都市埋蔵文化財研究所『リーフレット京都』269より）

重要なのはその立地で、法勝寺は東海道・東山道に沿って建っていた。平安京から東海道・東山道へ出るには、京中から東へ延びる二条大路末を、法勝寺の西門に突きあたるまで進み、南に折れて法勝寺の敷地に沿い、法勝寺の南西の角を東に折れて法勝寺南大門の前を通り、そのまま粟田口《あわたぐち》を越えて山科へ抜け、近江に至って東国へと向かう（上村和直・一九九四・五一六頁）。逆にいえば、東海道・東山道を通って京へ上る人々は、京都盆地に入るなり、まず京の玄関口で法勝寺九重塔を目にしたことになる。

『愚管抄』（巻第四）に「白河ニ法勝寺ヲタテラレテ、国王ノウヂデラ（氏寺）ニ是ヲモテナサレケル」とあるように、白河法皇は法勝寺を「国王（天皇）の氏寺」と位置づけた。彼の世俗的権力と仏教（浄土信仰）的世界観が融合した、新しい天皇制の権威を一目瞭然に示す、最大の装置としてこれを活用したのである。いわば九重の巨塔は、中世という新時代の朝廷を支配する白河院政の権力・権威をこれでもかと誇示する、新時代の国家の拠点＝〝京・白河〟の記念碑《モニュメント》であった。

大内裏に引導を渡す責務

このように、天皇の権威を誇示すべき（地理的な）場所も、誇示すべき世界観も、誇示する手法も（広さで誇示する大内裏に対して、法勝寺九重塔は高さで誇示する）、院政期には律令国家とまったく違うものとなった。繁華な左京・白河から西に離れた辺鄙な場所にあり、仏教的な世界観をまったくもたず、また法勝寺九重塔のように高さで権威を誇示できる建物がない（広さと建物の豪華さで権威を誇示するしかない）大内裏は、それらの新時代の朝廷の要請に応える能力を欠いており、過去の遺物として扱うよりほかなかった。

白河法皇にしてみれば、自分が大内裏不要論を唱えては、確かにお終いなのだが、それでよかった。むしろ、「大内裏は時代遅れの理念の遺物だからもう不要だ」という意見を表明し、大内裏の放棄を決断することは、立場上、絶対に臣下にはできない。臣下にそれが可能となるためには、執権北条氏や足利義満らが率いたような、強大な武家政権の登場を待たねばならない。

大内裏に引導を渡せるのは、天皇だけだ。まさに命脈を終えようとする古代と心中しないため、来たるべき中世という新時代に天皇制が適応して生き延びるためには、天皇制の側が「大内裏はもういらない」と、いつか明言せねばならない。白河法皇はその責務を果たし、次の時代へと踏み出したのである。

天皇と同居する院

では、白河法皇が内裏自体をどうでもよいと考えていたかというと、そうではない。むしろ歴史上、彼ほど内裏に接近した院はいない。

先述の、焼けた高陽院に代わる鳥羽天皇の内裏をどこにするかという議論で、「広すぎる」と白河法皇が公言して却下された平安宮内裏に代わって、内裏と定められた小六条殿は、実は法皇の御所であった。

ここに、法皇の真の狙いが明らかだろう。「大内裏は広すぎる」というのは実感ではあったろうが、一種の方便という側面があって、法皇は孫の天皇との同居を狙っていたのである。以前に怪異があって鳥羽天皇が脱出したきり放置されていた大炊殿《おおいどの》が、天永三年(一一一二)一〇月に造り直されるまで、約五ヵ月間、白河法皇と鳥羽天皇は同居した。

古代では退位した元天皇（上皇）の宮と現天皇の内裏は分離・独立しているのが基本であり、白河と鳥羽の同居は異常事態であった。

鳥羽が大炊殿に入ると、同居し続ける口実がなくなったが、白河院はなお諦めなかった。『愚管抄』（巻第四）は、白河院政の様子を次のように、簡潔にまとめている。

堀川ノ院ウセ給《たまい》テケル時ハ、重祚《ちょうそ》ノ御心ザシモアリヌベカリケルヲ、御出家ノ後ニテアリケレバ、鳥羽院ヲツケ参ラセテ、陣ノ内ニ仙洞《せんとう》ヲシメテ、世ヲバ行《おこな》ワセ給イニケリ。

息子の堀河天皇が在位中に没した時、白河院は自ら重祚（上皇が再び天皇になること）を望んだが、すでに出家していた自分ではそれが叶わないので、孫（堀河の子）の鳥羽を天皇として、自分は「陣《じん》ノ内《うち》」に仙洞《せんとう》（院御所）を設けて政務を行なった、という。また別の箇所には、次のようにもある。

法性寺《ほっしょうじ》ドノハ白河院陣中《じんちゅう》ニ人ノ家ヲメシテオワシマシケルウエ、カナラズ参内《さんだい》ニハ先《まず》マイラレケルニ、世ノ中ノコト先例オオセアワセラレケルニ、一度モ滞《とどこお》ルコトナク、鏡ニムカウヨウニ申沙汰《もうしざた》シテオワシケレバ、カバカリノ人ナシト思召《おぼしめし》テスギケルホドニ、（後略）

当時、内覧（関白と同等の職務を果たす大臣）として朝廷政治の中枢にあった内大臣藤原忠通《ただみち》は、内裏に出仕する時に、内裏よりもまず先に「陣中《じんちゅう》」にあった白河院の仙洞に参上し、院からさまざまな諮問に与《あずか》って、すべてすらすらと返答したので、「これほど賢い人はあるまい」と院が感嘆したという。

〝天皇を庇護する院〟を可視化

右に現れる「陣ノ内」や「陣中」とは、天皇が里内裏に住む間、〈大内裏が平安宮内裏を内包する二重構造〉を再現するために、里内裏の周囲（それぞれ東西南北に一町までの範囲）に設定された、仮想的な大内裏のことである。前近代には、貴人の邸宅の周囲や門前を乗物（牛車・馬・輿など）に乗って通行することは、無礼と見なす習慣があった。そこで天皇の邸宅の周囲である大内裏の中でも、原則として臣下は牛車に乗って通行できず、入口の門（宮城門）で車から下ろされ、諸官庁や内裏まで歩かされた。それは、廷臣の生活の中で日々、天皇の卓越した尊さを実感させるために必要なシステムであった。そのため、大内裏を離れて里内裏に天皇が住む間も、「陣中」という仮想大内裏を設定して（ただしそれは観念的なものにすぎず、物理的に陣中の内部や入口を造り替えたりはしない）、その入口で臣下を下車させたのである（飯淵康一・一九八六、桃崎有一郎・二〇一〇b、二〇〇五a）。

このことを踏まえると、白河院の御所が「陣ノ内」「陣中」にあったと明記する右の二つの記事の意味が、明らかだろう。白河院は、天皇と同居しなかった時期にもなお、内裏に隣接する場所に御所を設けて、そこに摂関家の中心人物（後に関白になる）の忠通を日参させ、補佐役として活用しながら、政務を取り仕切っていたのである。

そこまでして白河院が鳥羽天皇と物理的に一体化しようと目論んだ理由は、一つしかない。白河院が権力を振るった〝院政〟という政治形態は、〈若く（幼く）て政治を十分に行えない天皇に代わって、父や祖父である元天皇が、家父長として天皇家を代表し、天皇を庇護・後見する立場から、治天となって自ら政治を行う〉体制であった。この〈親（や祖父）として天皇を庇護・後見する〉という一点こそが、院政の権力の源泉である。そこで院政を行う治天がそれを最もわかりやすく、万人の目に見える形で物理的に表現したのが、〈治天が天皇に寄り添って同居する〉という形なのである。

院政に有害な大内裏

かくして白河院が鳥羽天皇と物理的に寄り添う形を必須とした以上、〈天皇が院から独立して平安宮内裏に住む〉ということは、あってはならない。平安京の物理的な構造に反映されるべき権力・権威の形は、天皇が一人で屹立《きつりつ》する大内裏ではなく、天皇が治天に抱きかかえられるように庇護されて同居する形でなければならず、したがって内裏（天皇）に院御所（治天）が寄り添う形式でなければならない。そうなると平安宮（大内裏）は、院政という新時代の政治形態にとって、無用どころか有害なのであった。そのため、院政を敷く治天は、大内裏の修造・活用の議論が起こると、何と積極的にこれを潰《つぶ》した。『愚管抄』（巻五、後白河天皇）は、次のような逸話を伝えている。

大内《おおうち》ハハナキガ如《ごと》クニテ、白河・鳥羽二代アリケルヲ、有職《ゆうそく》ノ人ドモハ、「公事《くじ》ハ大内コソ本《もと》ナレ。コノ二代ハステラレテサタナシ」ト歎《なげ》キケレバ、鳥羽院ノ御時、法性寺殿《ほっしょうじどの》（藤原忠通）ニ、「世ノ事、一向ニトリザタセラレヨ」ト仰《おおせ》ラレケル手ハジメニ、ソノ大内造営ノ事ヲ先《まず》申ザタセント企《くわだて》ラレケルヲキコシメシテ、「世ノ末ニハカナウマジ。コノ人ハ昔心《むかしごころ》ノ人ニコソ」トテ叡慮《えいりょ》ニカナワザリケレバ、引《ひき》イラレニケリ。

白河院政・鳥羽院政の時期を通じて、大内《おおうち》（平安宮内裏）はないも同然であった。その状態を、心ある「有職《ゆうそく》の人」（歴史と儀礼に詳しい教養人）は、「大内裏こそ公事《くじ》（朝廷政務・儀礼）の本場なのに、打ち捨てられてしまって話題にも上らない」と嘆いた。そこで、藤原忠通（鳥羽・崇徳・近衛の三代に摂政・関白を歴任）が、鳥羽院から「朝廷政務を統轄せよ」と命じられた時、政務の手始めにこれを再建しようとした。すると鳥羽院が「今は世も末なので実現は無理だ。忠通は『昔心《むかしごころ》の人』だな」と賛同せず、却下したのである。

『愚管抄』の著者の慈円《じえん》は忠通の息子なので、この話は慈円が父の忠通から直接聞いた話である可能性が高く、事実だろう。院政の全盛期、確かに鳥羽院がいう通り、大内裏は過去の遺物であって、忠通は「昔心の人（考え方の古い化石みたいな人）」に属したに違いない。しかし、天皇家の家父長として天皇家・天皇制を代表する治天・鳥羽院が、臣下の側から持ち上がった大内裏の再建計画をあえて潰した事実に、かつてとの時代の違いを感じずにはおれない。そしてそれを自覚した鳥羽院の、「もう大内裏や平安宮内裏の時代ではない」というに等しい発言は、天皇家の、古代国家に対する決別の宣言にほかならない。

平安中期まで頻々と発生した平安宮内裏の焼失が、康和二年（一一〇〇）の再建から承久元年（一二一九）までの一一九年間、ぴたりとやんだのはなぜか。それはその間、天皇が住まず、そこで火を使わなかったからだ。右の『愚管抄』に大内（平安宮内裏）が「ステラレテ」とあり、また別の箇所（巻二、順徳天皇）では大内について「白河・鳥羽両代ハ大略《たいりゃく》棄置《すておくと》云々《うんぬん》（白河・鳥羽天皇の二代の間、ほとんど打ち捨てられていたという）」と端的に記されている。平安宮内裏は消極的に使われなくなったのではなく、院政によって積極的に捨てられたのである。

院政に適応した太政官庁

もっとも一つだけ、院政からの〝戦力外通告〟を免れて、生き残った大内裏の施設がある。律令国家の中枢であった太政官《だいじょうかん》の庁舎、太政官庁である（髙橋昌明・二〇〇六）。ただし、太政官の庁舎としてではない。天皇の即位式の会場としてである。そしてそれは、最初は焼失した大極殿《だいごくでん》の代用で使われるという、一種の事故に端を発していた。大極殿は、天皇が即位式を挙げるためにどうしても必要で、白河法皇自身も、そして高倉天皇まで続く歴代の天皇も、大極殿で即位した。天皇の代替わり自体には、さほど込み入った手続きは入らない。前の天皇が死去して跡を継ぐか（践祚《せんそ》という）、前の天皇に位を譲られれば（受禅《じゅぜん》という）、継承自体は成立する。そして即位式や大嘗会を行わなくても、天皇は天皇に違いない。実際、戦国時代の後柏《ごかしわ》原《ばら》天皇は践祚してから二一年間、その子の後奈良《ごなら》天皇は践祚してから一〇年間、費用不足のため即位式を挙げられなかったが、その間、天皇扱いされなかったわけではない。また大嘗会も、後柏原の父の後土御門《ごつちみかど》天皇が行なったのを最後に廃絶し、以後の天皇は大嘗会を行なっていないが、それでも彼らは天皇である。

ただ、だからといって即位式や大嘗会の意義が乏しいわけではない。即位式は、天皇の地位を象徴する高御座《たかみくら》に天皇が着席して全官人と向き合い、彼らから祝賀を受ける（つまり天皇と認識される）儀礼である。また大嘗会は、統治する国々の初穂《はつほ》を祖先神（天照大神）に捧げつつ自らもともに食する（嘗《な》める）毎年の新嘗祭《にいなめさい》を、即位後に一度だけ大々的に行う儀礼だ。それらはいずれも、官人・民衆・神に新天皇の就任を告知し、確認される儀礼、つまり新天皇が（神を含めた）社会から認知されるための重要な手続きであった。院政を敷く治天の権力が〈幼少・若年の天皇の庇護者・後見者〉として認知されるためには、権力の根源である天皇を社会的に認知する手続きを、どうしても疎《おろそ》かにできない。

そこで治天たちは熱心に、庇護する天皇に即位式と大嘗会を行わせた。そしてその即位式が儀礼として大極殿という建物と密接に結びついている以上、大極殿は維持されねばならない。そこで即位式が行われる時期だけは、大極殿は修造・復興された。

しかし大極殿は、高倉天皇の即位式の後、安元三年（一一七七）の大火（太郎焼亡）で焼失し、高倉の子の安徳天皇の即位式には再建が間に合わず、安徳は内裏の紫宸殿（いわば自宅の客間）で即位した。そしてその安徳がすぐに平家に拉致されて都を離れ、西海に沈んで没したため、内裏での即位は縁起が悪い〝凶例〟とされ、次に立った後鳥羽天皇は窮した末、やむを得ず元暦元年（一一八四）に太政官庁で即位した。その太政官庁は、実は白河法皇の父・後三条《ごさんじょう》天皇が、焼失した大極殿の代用として、これもやむを得ず即位式に用いた場所であった。

中世天皇の祖・後三条天皇

後三条より前の後冷泉《ごれいぜい》天皇までは、代々、摂関家の女性を母とし、摂関家を外戚としてきたため、御堂《みどう》流（藤原道長の子孫）の家に吸収され、事実上政治から埋没していた。しかし摂関家を外戚としない後三条天皇は、平安宮内裏を再興し、荘園整理令を発し、宣旨枡《せんじます》を制定するなど、王家の存在感を再興する業績を残した。その摂関家に対する独立性が、息子の白河法皇以後、鳥羽・後白河・後鳥羽と継承されてゆく院政の、大きな足場となった。そのため、後三条は院政期の王家の繁栄をもたらした中興の祖であり、大いに参照すべき〝吉例(縁起のよい先例)〟として、中世には強く意識された。そして後鳥羽は、後三条と自分がともに大極殿で即位せず、太政官庁で即位したことを、偶然とは考えなかった。

後鳥羽は、自分も後三条と同様に、王家の権威を院政という形で盛り上げる宿命にあるのだと解釈して、太政官庁での即位を積極的に推進した。彼は譲位すると、新たに立った息子の土御門天皇と、そして彼を退位させて皇位に就けた弟の順徳天皇の、二人の即位式を太政官庁で挙げさせた。順徳の子の仲恭《ちゅうきょう》天皇は承久三年(一二二一)に践祚したわずか三ヵ月後に、承久の乱に巻き込まれて廃位されてしまったため、即位式を挙げることはできなかったが、それは事故にすぎない。

その後も、鎌倉時代の天皇は全員、例外なく太政官庁で即位式を挙げている。そしてその慣習は、南北朝時代の北朝でも、南北朝合一後の室町時代の朝廷でも、一貫して続いた(ただし南朝の天皇は大和の吉野に立てこもっていたため、京都の太政官庁を使えなかった)。太政官での即位は、中世の朝廷で完全に定例化したのである。

とはいえ本来、太政官庁は廷臣が政務に携わる役所であり、いわば朝廷の事務所にすぎない。延慶本《えんぎょうぼん》『平家物語』(巻二中、新第御即位之事)に「官庁ハ凡人ニ取ラバ公文所《くもんしょ》」とある通り、天皇にとっての太政官庁は、一般人にとっての公文所＝事務所と同じである。

だから、本来ならそこで天皇が即位するなど、場違いもいいところだ。

しかし、後三条と後鳥羽がたまたま大極殿を使えず、たまたま他の殿舎（例えば内裏の紫宸殿）でなく太政官庁で即位した結果、太政官庁は後鳥羽によって、王家中興の象徴という（当初そうなるとは誰も予想できなかった）役割を与えられた。そして後鳥羽の考える中興された王家とは、院政である。ほかの施設が廃絶してゆく中で、太政官庁は院政にとって重要な施設として、生き残ることができたのである。

承久の乱で後鳥羽院上皇は幕府に敗れ、佐渡に流された。その時をもって、治天が最高権力者として振る舞う院政は終焉を告げる。しかし、天皇の年齢にかかわらず安定して王家が朝廷政務を主導できる院政の便利さ自体は、朝廷や幕府から重宝され、以後も受け継がれた。時折現れる天皇の親政《しんせい》（院ではなく天皇が親《みずか》ら王家を代表して政務を執る体制）は、何でも自分でやりたがる後醍醐天皇のような例外を除けば、院政を敷くべき院（上皇・法皇）が不在であったゆえの臨時的現象にすぎない。また戦国時代に後土御門・後柏原・後奈良・正親町《おおぎまち》天皇の四代も親政が続いたのは、即位式・大嘗会を何度も行う費用がなく、退位できなかったからにすぎない（正親町はその費用を豊臣秀吉から献上されたので、生前に退位できた）。室町時代まで、朝廷の基本は院政である。したがって、院政を象徴する太政官庁もまた、中世を生き残ることが保証されたのである。

大内裏を諦めなかった男・信西——選択と淘汰の大内裏再建

太政官庁のように生き存《なが》らえた施設は、しかしきわめてまれな例外であり、大内裏全体は荒廃の一途をたどっていた。時の権力者に見放されたのだから当然である。しかし保元元年（一一五六）に鳥羽法皇が没して鳥羽院政が終わり、後白河天皇の親政が始まる。そしてその政権の首脳として、後白河の乳母《めのと》・紀《きの》二位《にい》の夫である信西《しんぜい》（藤原通憲《みちのり》）がにわかに実権を握ると、事態は急速に好転した。

信西の大内裏再建

学識に優れ「学生《がくしょう》抜群ノ者（並外れた勉強家）」（『愚管抄』巻第四）といわれた信西は、朝廷の復興を志し、さまざまな事業を手がけた。例えば相撲節会《すまいのせちえ》という朝廷行事がある。それは七月に諸国の相撲人《すまいびと》を集めて天皇の前で戦わせた儀礼だが、保安元年（一一二〇）を最後に途絶えていた。信西はそれを復活させて、日本古来の朝廷儀礼が担った秩序の再興を図った。また内宴《ないえん》という行事がある。それは正月に大内裏仁寿殿《じじゅうでん》に文人の廷臣を集めて漢詩文を作らせた宴であったが、長元七年（一〇三四）を最後に途絶えていた。信西はそれを復活させ、かつて嵯峨天皇の頃に流行った、唐風の〝文章経国《ぶんしょうけいこく》〟（詩文の力を国家繁栄の基礎に置く思想《もんじようきようこく》）を、国家の基本理念に押し戻そうとした。

信西は、それに必要な才能をすべてもっていた。漢詩文の才はもちろん、歴史書『本朝世紀《ほんちょうせいき》』の編纂《へんさん》、法律書『法曹類林《ほっそうるいりん》』の編纂、算道（算数）・天文道（天文学）・卜筮《ぼくぜい》（占い）などの実際的・技術的な学問、そして音楽でも、伝統的な楽器の演奏から今様《いまよう》（流行歌）の保護まで、彼はあらゆる知的・文化的才能を発揮した。しかも保元の乱では後白河天皇の軍勢を指揮し、夜討《ようち》・放火という効果的な（だが優雅でない）戦術を躊躇なく用いて、それを躊躇した崇徳上皇軍を倒し、勝利を導くという現実家でもあった。

その信西の最大の事業が、大内裏の再建である。彼は保元二年（乱の翌年）に大内裏造営に着手して、わずか一年足らずで造営を終えた。『愚管抄』（巻第五）によれば、算術に精通した信西は、造営費用の割り振りを自ら計算し、その算木《さんぎ》を置く（道具で計算する）音が一晩中聞こえたといい、その甲斐あって、「メデタクサタ（沙汰）シテ、諸国七道少シノワズライモナク、サワトタヾ二年ガ程ニツクリ出シテケリ（上手に取り仕切って、諸国の百姓にほとんど負担をかけずに、スムーズに足かけ二年で大内裏を再建した）」という。

彼は以前、学者（儒者）が朝廷で重んじられず、まともな官職を与えられない時勢を嘆いて出家し、同じ学者肌の左大臣藤原頼長（忠通の弟）と涙を流し合ったという逸話が、頼長の日記に記録されている（『台記』康治二年〈一一四三〉八月一一日条）。学者が正当に評価され、その学識が存分に国政に活用される国家を、信西は目指した。そして、信西自ら企画・計算・統轄し、完遂させた大内裏再建こそ、学者を軽んじたこれまでの朝廷が諦めざるを得なかった事業にほかならない。信西は、学者を活用すると国家にどれだけの役割が果たせるかを自ら証明し、〝文章経国〟の理想が現実の国政運営に有効であることを証明したのである。

朝堂院のみの再建

ところが、信西の大内裏再建には、実は一つのトリックがあった。『愚管抄』を読むと、あたかも大内裏のすべてが再建されたような印象を受ける。また『平治物語』（上）にも、「外郭重畳《がいかくちょうじょう》たる大極殿《だいごくでん》・豊楽院・諸司・八省・大学寮・朝所《あいたんどころ》にいたるまで」再建されたとあり、やはり同じ印象を与える。

ところが近年の研究（上原真人・二〇〇六）により、そうではなかったことが判明した。二条天皇が即位した保元三年までに、大内裏の朝堂院（諸門と廻廊《かいろう》）・大極殿・小安殿《しょうあんでん》《こあどの》・青竜楼《せいりゅうろう》・白虎楼《びゃっころう》・朱雀門が再建され、大極殿の屋根には鴟尾《しび》（古代の主要建造物の屋根両端の飾り。次頁の図30）が新たに鋳造・設置され、会昌門《かいしょうもん》の東西の垣も修築された。し

図30　鴟尾（上は田中家本『年中行事絵巻』，個人蔵．下は復元模型，京都市歴史資料館蔵，京都市平安京創生館に展示）

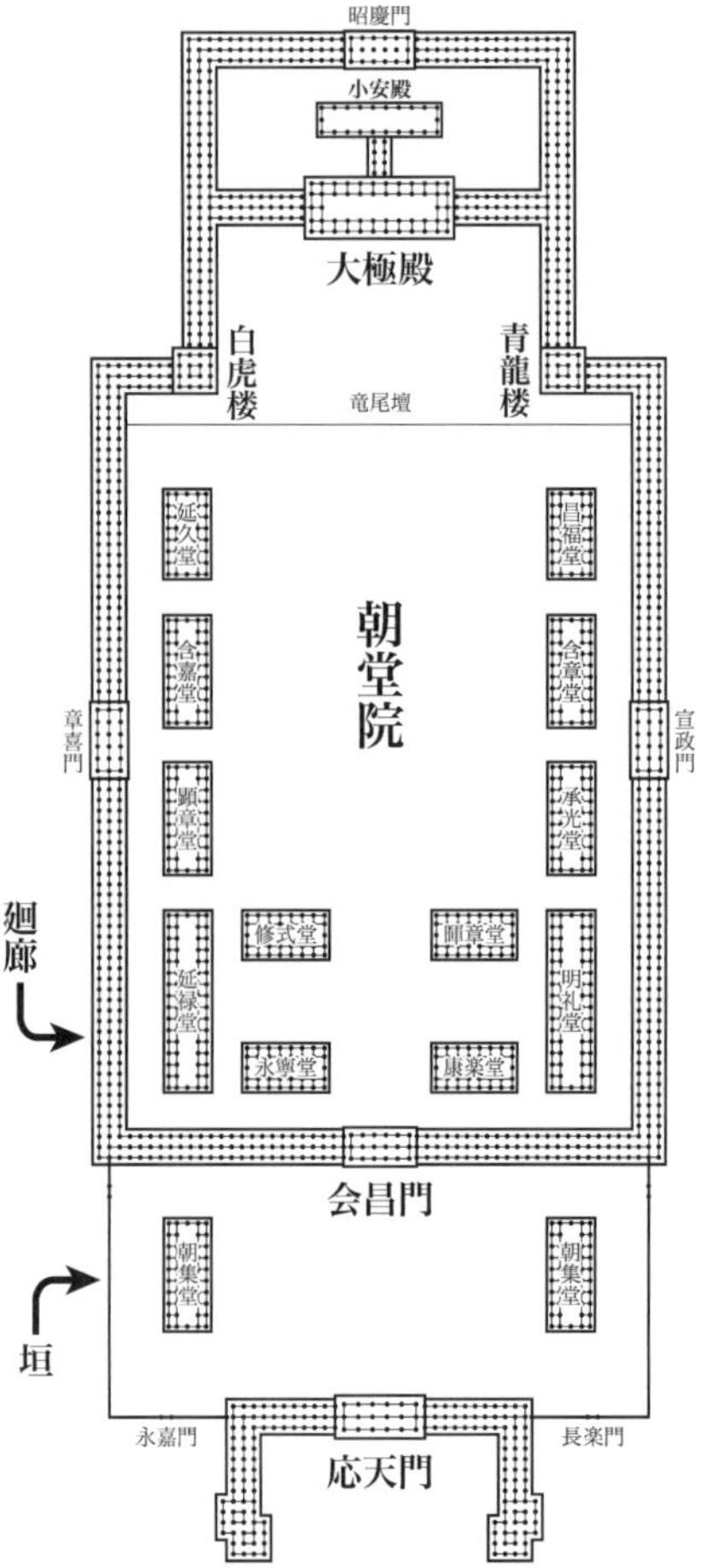

図31　朝堂院と大極殿・会昌門・廻廊・垣（山田邦和2009b，p.9図3をトレース・改変）

図32　朝堂院の青竜楼と廻廊（田中家本『年中行事絵巻』，個人蔵）

かし応天門やその東西の楼閣（翔鸞楼《しょうらんろう》・栖鳳《せいほう》楼《ろう》）は、再建されなかったのである。

では、なぜ再建された建物が限られ、そしてそれらは何を理由に選ばれたのか。

ここで、大内裏全体の構造と朝堂院の構造を確認すると（一二〇頁の図18・図31・二二九頁の図33）、この再建がほとんど朝堂院に限られていたことがわかる。朝堂院の内部では、正殿の大極殿が北端にあり、その正面（南側）に前庭が広がり、大極殿の背後（北側）に小安殿がある。廻廊と諸門は、朝堂院の外郭（外部との境界）となる凸型の廻廊と、その途中に設けられて外部と出入りする門である。青竜楼と白虎楼は、凸型の窪んだ部分の角にある装飾的な楼閣（図32）であり、会昌門は朝堂院の南側中央の正門である。

では、これらの朝堂院の外郭・内部だけが再建された理由は何か。それは、莫大な予算を投じてでも行うべき、朝堂院を舞台とした最重要儀礼、すなわち二条天皇の即位式の会場を用意するためである（平安後期の天皇は、原則的に大極殿で即位式を挙げた）。

会昌門前から大極殿は見えるか

会昌門があったと推定される場所の発掘調査で出土した瓦を分析した上原真人氏は、保元三年に再建された建造物が右のものに限られたことと、会昌門の左右（東西）に接続する垣の屋根を葺いた瓦のみが、周囲より新しい一二世紀中頃の瓦であったことを指摘した。そしてその事実から、ある視点から見た景観が特に重視されたと推測した。その視点とは、会昌門の外（南）で北を向き、会昌門とその左右に再建された瓦葺きの垣を正面に見つつ、その向こうに、大極殿の屋根の両端に輝く金銅製の鴟尾《しび》を望む、という景観である。そしてそれは、即位式において「会昌門外から見た宮の正面観をきわだたせる」（上原真人・二〇〇六・二二四頁以下）ためであったという。

〝正面観〟とは、ある位置から正面に見える景観であり、大内裏の部分的な再建の意味を理解するキーワードだ。これを重視した上原氏の指摘は重要だが、若干の疑問がある。

即位式で会昌門の外に立って右の景観を見るのは誰か。それは、即位式が始まって会昌門から北上して朝堂院に入る直前に、会昌門の前の広場で待機している公卿・官人らである。上原説では、彼らの視点から北を見ると、正面に会昌門と左右の「垣」が見えることになっている。しかし前述のように、朝堂院は廻廊で取り囲まれており、会昌門もその南側廻廊の中央の門である。つまり、会昌門の左右にあるのは「廻廊」であって、上原氏のいう「垣」ではない。当時の記録にも、再建されたのは「会昌門の外の東西の瓦垣」だと明記されている（『二条院御即位記』所引『頼業記』保元三年一二月二〇日条）。そして「廻廊」は両側に通路がある屋根つきの塀だが、「垣」は通路がない屋根つきの塀で、両者は別物であり、混同されることは考えにくい。

さらに、廻廊には石組みの基壇があるが、垣にはない。この基壇には階《きざはし》（階段）があって（二二五頁の図32）、上り下りに階段を要するほどの、人の身長ほどの高さがある。大極殿と似た構造の豊楽殿の復元模型（平安京復元模型とともに京都市平安京創生館に展示）によると、基壇とその上の廻廊本体を含めた全体の高さは、人の身長の四〜五倍程度ある。平均的な身長を一六〇チセン《チセン》と仮定すると、六〜八メートル《メートル》はあったことになる。

筆者がこの些細な問題にこだわるのは、次の疑問を抱くからだ。会昌門前の広場からこの廻廊越しに、本当に大極殿の屋根が見えたのか、と。もし見えなければ、会昌門を視野に入れた〝正面観〟が官人の視点から見られたという解釈を、考え直さねばならない。

会昌門前の広場は、前後（南北）に九〇メートル《メートル》近い幅があり、会昌門からその奥の大極殿まで、三二〇メートルほどある。仮に身長一六〇センチの人が、その広場の最も後ろ側（応天門の前）に立ち、九〇メートル前方の高さ六メートルの廻廊を見上げると、その廻廊ごしに、廻廊の三二〇メートル奥にある大極殿の屋根が見えるためには、屋根の高さが二〇メートルは必要になる。廻廊の高さを大きめに八メートルと見積もれば、三〇メートルは必要だ。

平安中期の辞書『口遊《くちずさみ》』に「雲太《うんた》、和二《わじ》、京三《きょうさん》」という諺《ことわざ》がある。それは日本の巨大建築を大きな順に並べた言葉で、「雲太」は出雲大社、「和二」は大和の東大寺大仏殿、そして「京三」が平安京の大極殿である。大極殿が日本で三番目の巨大建築であったなら、二〇〜三〇メートル程度の高さはあったかもしれない。現在、平城京跡に復元されている平城宮大極殿の高さが約二七メートルなので、同様のものが平安宮にもあったとすれば、会昌門前の広場から見えただろう。しかしそれでもぎりぎりであり、廻廊を高めに見積もると見えない。まして広場の中ほどや前方に立てばまず見えないし、東西の中心付近にいれば廻廊より高い会昌門に遮られて見えない。

天皇の視点からの正しい景観

このように、会昌門の東西の垣は上原氏が想定した視点の正面になく、またその視点から大極殿は見えなかった可能性が高い。しかも、彼らがそこに立つのは、即位式の前の準備段階で整列した時であり、儀式の最中ではない。視点を意識するなら、準備段階ではなく儀式遂行中の視点を重視しただ

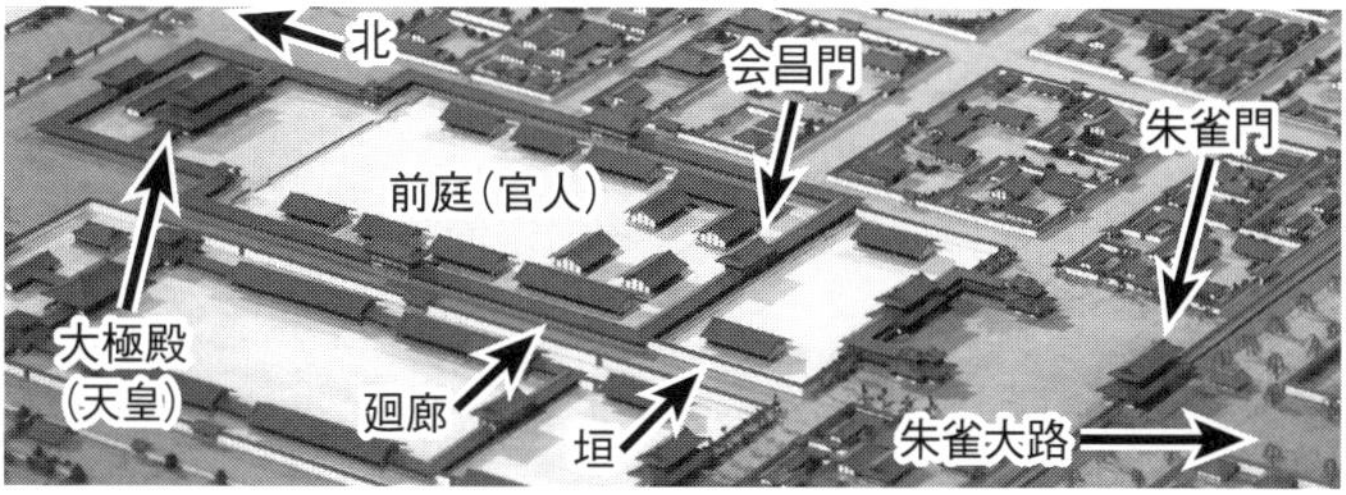

図33　朝堂院と天皇・官人の位置（平安京復元模型，京都市歴史資料館蔵）

ろう。とすれば、朝堂院の諸施設だけを再建した信西の意図は、会昌門前の広場に立つ官人の視点を意識したものではない。では、ほかの誰の、儀礼中の視点が意識されていたか。

最も重要な視点は、一つしかない。天皇の視点である。

即位式で天皇は、大極殿の高御座《たかみくら》（皇位を象徴する座席）に、南を向いて座る（高御座への着席が天皇である証となる）。その時、彼の正面には、大極殿の前にある前庭で、北を向いて立ち並び、天皇と正対して即位を目撃する多数の官人らがいる。つまり、即位式という劇を上演するための劇場が朝堂院であり、主役を天皇が演ずる舞台が大極殿であり、その前庭が観客席なのであった（図33）。

天皇の視点から見ると、正面（南）の前庭に官人が整列し、彼らの向こう側に十二堂と呼ばれる建物群（左右両脇には八省院）があり、その向こう側には会昌門がある。廻廊は、その会昌門から左右に延び、途中で手前側に折れて、天皇がいる大極殿の方まで続き、天皇と官人のいる空間全体を囲んでいる。

重要なのは、この天皇の視点に立った時、周囲の廻廊や正面の会昌門の向こう側（裏側）が見えないことだ。それは整列する官人にとっても同じで、彼らに見えるのは正面の大極殿と、その両脇の廻廊だけであり、その向こう側に何があっても見えることはない。〈誰の目から何が見えるか〉は、儀礼で最も重要な問題の一つである。そして予算が限られた場合には、その重要性が格段に増す。儀礼の参加者から見える〝正しい景観〟とは、すべてのあるべきものが、あるべき位置に、あるべき姿で配置された状態だ。儀礼の時だけ使われる大小の道具の形・数・位置も重要だし、それらを配置する会場＝大内裏も、すべての庁舎や施設があるべき形と位置で存在していれば、〝正しい景観〟が得られる。

選択と淘汰―使うものと見えるもの

しかしこれを、逆手に取ることもできる。一度〝正しい景観〟が決まってしまえば、その景観に含まれるものさえ残しておけば、ほかを取り払っても、見える景観は変わらない。例えば大極殿の高御座に座ったり、朝堂院の前庭に整列した時、朝堂院の廻廊の外にある諸官庁の庁舎や施設はあろうとなかろうと、見える景観は同じである。このことが、儀礼の場を準備する予算と時間が少なく限られた場合に、意味をもった。時間と予算が十分なら、すべての施設を造ればよい。しかしそうでないならば、造る施設を絞り込む必要がある。その時、優先順位をつけるために最も重要な点が、〈儀礼の参加者が使うか否か〉、そして〈儀礼参加者から見えるか否か〉なのである。

見えなくても必要な設備はある。例えば大極殿の背後（北側）にある小安殿《しょうあんでん》《こあどの》は、整列する官人の目からは大極殿に隠されて見えず、また南を向いて背を向けている天皇からも見えない。しかしその配置から察せられるように、小安殿は、大極殿に現れて儀礼を行う天皇が、儀礼の前後に用いる控えの場、いわば舞台の背後にある楽屋のようなものだ。だから信西はこれを再建する必要があった。

一方、大極殿の左右両脇の楼閣（青竜楼・白虎楼）は、人が立ち入らず、実用上は必要ない。それにもかかわらず再建されたのは、北を向いて立つ官人の視界に入るべき朝堂院の一部であり、それらを含めて即位式を行う劇場の完全な景観が得られるからである。そしてもちろん、その位置（大極殿の前庭）からならば、屋上の鴟尾《しび》も含めた大極殿の全容が見える。

このような基準で優先順位をつけた結果、荒廃しようが維持されようが、どのみち儀礼の当事者（天皇・官人）から見えない、朝堂院の廻廊の外側にある（べき）諸官庁や施設は、あってもなくても同じと結論され、再建する予算がつけられなかった。例えば、朝堂院の南側中央の応天門は、朝堂院の正門だが、再建されなかった。その北に整列する官人からは、会昌門の外（南）にいる待機中にも、中（北）にいる儀式中にも、背後にあるので見えないし、天皇からも会昌門に隠されて見えないからである。

ただ、それならば、大内裏の南側中央の正門である朱雀門も、応天門と同じ理由で再建する必要がない。それにもかかわらず、朱雀門はなぜ再建されたのか。ここで、信西が採用した、大内裏再建の順序が参考となる。それは上原氏によれば、内裏→大垣《おおがき》→大極殿・朝堂院の順であった。

廃墟と工事現場を包んで隠す

内裏は天皇の居住空間なので、景観云々《うんぬん》という以前に、何を措《お》いても再建せねばならない。しかし、次に造られたのは殿舎ではなく「大垣」であった。

「大垣」は大内裏の周囲四面を囲む大規模な垣（築地塀）で、平安京内で最大の、約四・六メートル《メートル》もの高さがあった（六七頁参照）。そのような塀に遮られては、その向こう側にある何ものも、人間の目の高さからは見ることができない。

つまり、荒廃する大内裏をまず美麗な大垣で囲って包んでしまい、外部からは、大内裏が完備された状態とほぼ変わらない景観しか見えないようにしたのである。そうして美観を確保し、内部の廃墟と工事現場を隠して、大垣内部の朝堂院と、その内部の大極殿を造営した。そして、その大垣の南側中央の門が、朱雀門であった。

ここに、大内裏を再建するにあたって想定された、もう一つの視点が明らかだろう。朱雀門の南に続く朱雀大路に立って、北を向いて、朱雀門の外から大内裏を望む者の視点である。大内裏再建の過程を考古学的に考察した上原氏によれば、大垣のうち南面の一面のみ、同一の瓦を使うことで外観が統一されていたという。このことも、南から大内裏の南面を見る視線が意識されていたことを示唆している。

信西の中世国家設計と正面観主義——〝背景セット〟としての平安京・大内裏

では、それは誰の視点か。朱雀門を北に望むその場所は、朱雀大路の上だ。また並行してなされた朝堂院の再建は、即位式という天皇の就任儀礼のためであった。そして、朱雀大路と密接に関わる天皇の就任儀礼といえば、大嘗会《だいじょうえ》である。

神饌の視点

ここで大嘗会の重要な舞台としての、朱雀大路の機能を思い出されたい（一〇二頁）。大嘗会では、悠紀国《ゆきのくに》・主基国《すきのくに》が天照大神に供える神饌《しんせん》（収穫物）を調達し、先頭に標山《しるしのやま》《ひょうのやま》を立てた行列を組んで、北野の斎場所《さいじょうしょ》から大内裏の大極殿前庭の大嘗宮《だいじょうきゅう》まで、迂回して七条大路まで南下してから、朱雀大路を北上して運び込んだ（一〇〇頁の図15）。この行列が朱雀大路を北へ進む時、正面に大内裏を見ながら進む。その時、実際に目に見える景観こそ、大内裏の内部が完備しているか荒廃しているかにかかわらず、朱雀門とその左右に延びる大内裏南面の大垣だけなのである。その行列の視点から見える部分だけを整備することが、信西による朱雀門・南面大垣だけの修復の主眼であったと考えられよう。

　もっとも、その視点とは、悠紀・主基の国司や彼らの率いる官人の視点ではなかろう。即位礼に参加する天皇や公卿以下・五位以上の官人と比べて、彼らの身分は低すぎる。それに、その行列の主役は、明らかに彼らではない。大嘗会で最も重要な場面は、大嘗宮で天皇が神饌を神々に供え、ともに食する秘儀である。つまり、神饌は天皇と並ぶ大嘗会の主役といってよい。したがって、標山を先頭に朱雀大路を進む行列は、大嘗会の一方の主役の行列なのであり、朱雀門近辺の美観も、神饌の視点から見た景観の整備であったと考えられる。そしてそう考えることで、即位式で天皇の視点が重視された事実と、視点の重要さ（見る者の尊さ）という点で釣り合う。

極限まで縮小する標山巡行

　さらに、興味深い事実がある。平安中・後期には、朱雀大路は二条（朱雀門）〜三条の間だけが再整備され、大内裏南面大垣の大規模修造と対応して、南側正面から見た大内裏の景観の権威を保っていたことが、考古学的にわかっている（山本雅和・二〇一〇）。また文献上も、院政期から鎌倉前期にかけて、朝廷は朱雀門と大内裏南面大垣の修造だけには継続的に熱意を示した。その理由もまた、この大嘗会と深く関わると指摘されている（髙橋昌明・二〇〇六）。朱雀大路には、大嘗会の標山巡行以外に儀礼的な使い道がなくなっていたので（後述）、これも神饌の行列のための整備だろう。

しかし、神饌の行列は九条からはるばる北上してくるのに、なぜ朱雀門から三条大路まで約五〇〇《メートル》ばかりを整備して、三条より南は整備しなかったのだろうか。

実は、延慶《えんぎょう》二年（一三〇九）の花園天皇の大嘗会の記録『延慶大嘗会記』（一一月二四日条）によって、鎌倉末期までに、大嘗会の標山巡行の経路が大幅に短縮《ショートカット》されていた事実が判明する（一〇〇頁の図15）。その経路では、標山は北野から東に進んで室町小路まで出て、南に折れて室町を南に一条大路まで進み、一条を西に大宮大路まで進んで南に折れ、大宮を二条大路まで南下して西に折れ、二条を西に進んで朱雀門に至った（髙橋昌明・二〇〇六）。それは大内裏の周囲を、東回りに南辺の中央まで大垣に沿って移動しただけであり、（一旦、室町まで出るという迂回を除けば）考えられる最短ルートである。

大嘗会の標山巡行の経路が極限まで縮小したことは、本書で何度も述べた平安京と朝廷の縮小に伴う現象の、行き着く先として興味深い。重要なことは、中世の朝廷がそれで困らなかったことであり、それが適正サイズであったということだ。

また、すでに一二世紀の院政期、天皇の石清水八幡宮・春日社行幸や上皇の京外への御《ご》幸《こう》、祭礼に参加する勅使などがまれに使う儀式路としても、朱雀大路全体が機能を失っていたことがわかっている（大村拓生・一九九〇）。とすれば、標山巡行も鎌倉時代の早い時期までに、右の最短コースとなった可能性がある（京の半ばくらいまでは南下する、過渡的な形もあったかもしれない）。朱雀大路の二条〜三条だけという最小限の整備と、標山巡行の極小化は、表裏一体の関係にあろう。そしておそらくその因果関係は、朱雀大路全体の整備が困難という現実的な難点が先にあり、それに対応するために、できるだけ朱雀大路を使わない形に標山巡行が変化したものと推察される。

見物者の視点

ただ、朱雀大路をほぼまったく使わない最短コースを用いるなら、二条〜三条の五〇〇メートルの景観整備も、どちらかといえば不要である。そこで最後に想定せねばならない視点が、見物者の視点である。花園天皇の大嘗会では、一条室町の交差点で永福門院《えいふくもんいん》・広義門院《こうぎもんいん》ら女院《にょいん》（院と同等の待遇を受ける女性）が車を立てて（牛車を駐車して）標山巡行を見物していたし（『延慶大嘗会記』）、その前の後二条《ごにじょう》天皇の大嘗会では、亀山法皇・後宇多上皇ら複数の上皇が朱雀門の東脇で見物していた（『続史愚抄』正安三年〈一三〇一〉一一月一〇日条）。ここに、最短コースでも東の室町まで迂回した理由がうかがわれよう。院や女院のような貴顕が見物しやすいよう、左京の室町まで出張ったのである。左京北部が貴賤を問わない集住地であったことの影響が、ここに現れている。また朱雀門前は、院政を敷く法皇（治天）ら最上級の貴顕の見物場所であったから、彼らの視界に入る領域だけは、朱雀大路を整備しておく必要があったのである。

しかも、標山巡行の時は朱雀大路に人々の立ち入りが許され、身分を問わず多数の見物人がひしめいた。鎌倉前期には、大嘗会に先立つ即位式で、見物する民衆が大内裏内の太政官庁周辺に充満・殺到し、しばしば儀式の進行を妨げるほどであった。（本来立ち入れないはずの）大内裏の中でさえそうならば、大嘗会の朱雀大路も同様の喧騒だっただろう。巡行の行列自体が五〇〇〇人を超えたといわれ、それに見物者を含めると、標山が到着する朱雀門近辺の朱雀大路には人が溢れ返ったはずで、それもまた、朱雀門近辺だけを、それなりの広さで整備しておくべき理由となる。

大内裏の〝正面観主義〟

このようなあり方から、大内裏、つまり「宮城域は空虚な空間ではあるが、中世天皇の存在を、多数の人々に認知せしめる野外劇場としての性格を、有し続けたのである」という積極的な意義が、近年見出されている（高橋昌明・二〇〇六・八二頁）。そして本書の関心からいえば、天皇・廷臣らが儀礼を演じる舞台であり、同時に貴顕・廷臣・民衆らが儀礼を見物する観覧席となる、朝堂院・朱雀門近辺だけが整備されたことが重要だ。逆にいえば、残るほかの官庁・建造物の再建は、放棄されたのである。考古学的にも、平安後期の大内裏では、周囲の大垣（築地）は何とか維持され威容を保った一方、その大垣の内側では、内裏など一部の施設を除いて空閑地であったことが確認されている（山本雅和・二〇一〇）。

平安期を通じて、朝廷の政務は極限まで縮小し、大内裏の庁舎をまったく必要としなくなったので、それらの建造物は再建しても使われない。また儀礼の時も、参加者や観覧者の視野には入らない。ならば、再建しても無駄なのであった。これは、正面観を重視しているというより、〈正面観さえ保たれれば、その向こう側の見えない範囲はどうでもよい〉という考え方と理解した方がよい。この考え方を〝正面観主義〟と呼びたい。

〝背景セット〟としての平安京・大内裏

限られた特定の空間・位置にある（出演者と見物者の）視点から、必要な景観が正しく見えるならば、裏側の実態は問わない。そのような割り切った思想で、平安京・大内裏の一部は再構築された。

そこに現れた景観は、あたかも芝居の書き割りや、映画の背景セットに似ている。正面からは、それらは立派な建物・部屋・風景に見える。しかし裏側を覗けば、それは板にそれらしい装飾を描いたり貼り付けただけの、写実的《リアル》だが現実《リアル》ではない、見せかけだけの紛《まが》い物だとわかる。それでも、出演者と観客が正しい位置から外れない限り、その裏側は見えないのだから、それで構わないのである。観客も、それが背景セットだとわかってはいるが、それを本物だと認識するように努力し、自ら演劇（儀礼）に対して没入感をもつことが大切なのであって、見せかけだけの紛い物であること自体には、何の問題もない。彼らは演劇（儀礼）を楽しむために観客となったのだから。平安宮とは、まさにそのような劇場であったと考えることができる。

平安京の造営当初、朱雀大路は外国使節に国威を誇示する外交儀礼の劇場であったし、京域全体が、天皇を頂点（原点）とする身分秩序を豪族らに日々周知させるための劇場であった。朝廷はそのことを最初から自覚しており、中世に入る頃には、院政がその古い形の劇場を捨て、左京だけを再利用しながら白河を開発して、新たな劇場を拵《こしら》えていった。しかし鳥羽法皇が死去して保元の乱が起こり、院政最盛期が終わると、信西のような新時代の担い手が新たな思想とともに現れ、軌道修正を試みた。信西は〈古い劇場で古い演劇をすることにも、まだ価値がある〉と信じたが、同時に〈平安京・大内裏は劇場だ〉という割り切りも先鋭化させた。その結果、〈劇場なのだから、今日の演劇の舞台さえ景観が整えば、それは内実を伴わない“背景セット”で構わない〉と結論されたのである。

古態と現状の最適比率の追究

ただしそれは、財政難のゆえとは考えられない。朝廷が明白に財政難に陥ったのは、信西が殺された平治の乱から二一年後に始まった、治《じ》承《しょう》・寿永《じゅえい》の内乱（いわゆる源平の合戦）からである。

この戦争で国土全体が荒廃し、しかもそこを養和の飢饉という災害が直撃して、年貢収入の絶対量がかなり減少した。そのうえ、幕府が複数の知行国《ちぎょうこく》（長官＝国守を任免する権限を与えられた国）をもつようになり、将軍一族・有力御家人らを継続的に知行国の国守に任命した。それは院宮王臣家《いんぐうおうしんけ》（王家や皇族、権勢のある上級廷臣）や受領《ずりよう》（国守として現地に赴任する中級廷臣）に配分される、知行国や国守のポストが減少したことを意味する。そのため、国衙《こくが》（各国の統治機関）領の収入から経費と太政官への納入分を差し引いた国守の収入や、知行国の国守に家族を任命して事実上全収入を吸い上げたり、他人を国守に任命してその収入から任料収入を中間搾取した知行国主《ちぎようこくしゆ》の収入が、幕府に割き取られた。摂関政治期や院政期の中央の財政は、国家財政とは別に、彼ら知行国主や国守からの献金によって賄《まかな》われた部分が少なくないため、それは朝廷の収入減に直結した。

さらに幕府は、諸国に数多く設置した守護・地頭の活動経費を、国衙領からも荘園からも制度的に割き取ってしまい、国家財政の歳入も、荘園からの院宮王臣家の収入も減少した。しかも諸国に分散して現地を押さえた幕府の地頭・御家人らは、しばしば制度で許された範囲を超えて、寺社本所《じしやほんじよ》（寺院・神社や王家・廷臣）の所領（荘園や郡・郷など）からの収奪に走り、京などの遠隔地に居座る寺社本所に上納されるはずの収入を削り取った。

しかし、少なくとも鳥羽院政期までは、王家自身が膨大な王家領荘園からの収入をもち、王家を含む院宮王臣家は多くの荘園収入や知行国収入を確保し、受領も存分に担当国から収奪して、財政は潤沢であったはずで、鳥羽院政が終わっても状況は変わっていない。とすれば、信西が大内裏・朱雀大路を〝背景セット〟として割り切った理由は、財政難のためではなく、『愚管抄』が伝える通り、諸国の負担を最低限に抑えることであっただろう。

それは後世の後醍醐天皇が描いたような、〈すべてを古き良き時代に戻す〉という夢物語とは根底から異なる、現実的な復古路線であった。現在の国情に即して古態（古いあり方）を選り分け、コストをかけても保つ価値があるものは復活させ、それ以外は廃絶した現状に任せる。そうして古態と現状が最も効果的に機能する組み合わせを考え、それに要する最低限のコストで国家を復興する。そのような、古態と現状の最適な混合比率の追究を試みる価値がある、という政治的信念が、信西の施策の根幹には観察できる。その信念は、〈本来、平安京・大内裏は劇場なのだから、劇場に徹し、劇が十分に成立するだけの復興・維持に抑える〉という方針を生んだ。その成果が、〝背景セット〟ながらも十分にコストをかけて威儀を備えた平安京と大内裏なのであった。

信西の才能がもう少し長く発揮されたら、朝廷という組織がどれだけ多様性を取り戻し、知的財産の蓄積が活用され、機能的に運営されたことか、想像せずにはいられない。

院政の専制・反知性主義への抵抗

大内裏造営や朝儀復興が、後白河天皇の親政期になされたことに、信西の事業の本質がある。大内裏は白河・鳥羽院政が捨てたものであったし、信西が復興した相撲節会が途絶えたのも保安元年（一一二〇）の鳥羽天皇の時代、つまり白河院政期であって、それも舞台となる大内裏とともに捨てた儀礼であった。同じく彼が復興した内宴は長元七年（一〇三四）を最後に中絶したので、摂関政治が捨てたことになろう（『百練抄』保元三年正月二二日・六月二九日条）。信西は、摂関政治と院政が捨てた天皇のものを拾い上げ、日本を天皇の国家へと戻そうとしたのである。それは、古代の後始末に急で、独善へと暴走しがちな院政の専制主義《デスポティズム》や、素朴な富と権力を謳歌して、広く学者を大切にしない院政の反知性主義（らしきもの）への抵抗であり、彼が信じる正しい中世国家の設計《デザイン》であった。

しかし、時代の激流は一瞬で彼を呑みこみ、その完成を許さなかった。平治元年（一一五九）の平治の乱で、信西は対立した藤原信頼《のぶより》にあっけなく殺され、彼の目指した国家像も、復興された朝廷儀礼も失われた。そして勝ち残った平清盛が絶大な権力を得て、日本は武士が取り仕切る国へと変貌してゆく。ただ、幸いにも大内裏は残り、後白河・二条・六条・高倉天皇の四代は、治世の一定期間を（長くはないが）平安宮内裏で過ごした。

しかしその大内裏は、前述の通り安元三年（一一七七）の大火で壊滅する。文治五年（一一八九）に再建が始まるが、承久元年（一二一九）に戦火でまた焼け、その再建途上の安貞元年（一二二七）に全焼した。大内裏はそれを最後に復興を諦められ、命脈を終える。

内裏の適正サイズと大内裏の中世的〝有効活用〟——エピローグ

馬場に最適な内野

平安期に右京の過疎化と左京の集住化が進み、また院政期に鴨川を東に越えて白河の都市化・記念碑《モニュメント》化と左京との融合が果たされて、平安京は中世〝京都〟へと脱皮してゆく。そして鎌倉時代に入ると、その変容はさらに加速した。それは、新たに成立した武家政権が、朝廷も含めた天下の動向を左右するようになったことと深く関わるのだが、ここでは詳しく述べる余裕がない。さしあたり大内裏と関係する部分に絞って、簡略に述べよう。

中世の大内裏では、太政官庁のように、中世社会の重要な要素と結びついたごく一部のものが、中世の天皇制や院政の象徴として生き延びた。とはいえ、本来なら事務所にすぎない太政官庁が、天皇の権威と直結して生き延びられた理由はただ一つ、そこで後三条が即位したからだ。そしてそれは、焼けた大極殿の代わりにやむなく用いた、一種の事故にすぎない。だから、そこが太政官庁であるかどうかは、ことの本質と何の関係もない。それに、太政官庁を含むごく一部の殿舎を除き、中世社会に新たな使い道を発見されなかったものは、そのまま廃絶し、大内裏は荒れ果てた原野の景観を示した。

その、かつて大内裏であった野原を〝内野《うちの》〟という。実は一三世紀前半に完全に廃絶するかなり前から、大内裏の廃墟となった部分は〝内野〟と呼ばれていた。早い時期では、平安中期に成立した『今昔物語集』（巻第二七、「西京の人、応天門の上の光る物を見る語、第三十三」）に、「西ノ京（右京）辺《わたり》ニ住ム者」が深夜に「内野通《うちのどおり》」を通って、応天門と会昌門の間で妖しい光を目撃した話がある。応天門と会昌門の間とは、まさに先に触れた、天皇即位式の前に官人が待機する場所にほかならない。そこはすでに平安中期には、夜間に自由に通行できる原野であり、超常現象が発生すると噂されるほど薄気味悪い廃墟であり、それらの廃墟・原野をかき分けて「内野通」という道路が造られていた。平安末期に後白河法皇が編集した今様《いまよう》（流行歌）の歌集『梁塵秘抄《りょうじんひしょう》』（巻第二、三〇七）にも、「何《いず》れか法輪《ほうりん》へ参る道、内野通りの西の京、それ過ぎて、や、常盤林《ときわばやし》の彼方なる、あいあい行流《ゆきながれ》れ来《きた》る大堰河《おおいがわ》（桂川）」という歌がある。内野通は、左京と西方（右京・嵯峨方面）を結ぶ道として人口に膾炙《かいしゃ》するほど活用されていた。

鎌倉幕府ができると、関東などの諸国から、大番役《おおばんやく》（定期的に輪番で御家人が京都に上り、内裏を警護する職務）のために多くの武士が京都に入った。そして彼らは内野を馬場として、馬術や騎射術の練習をし始め、大内裏跡地を馬蹄《ばてい》で蹂躙《じゅうりん》した。特に六波羅探題が成立して、その配下の武士が大量に流入するようになると、その傾向は顕著になった。

さらに、より日常的な京都の秩序を混乱させる問題も生じていた。京都では平安期から、身分の違う者が道路で出会うたびに、身分の低い側が遠慮して進行を止め、身分差に応じて謙譲する所作を取り、身分の高い側を先に通す慣習が定着していた（その礼節の体系を〝路頭礼〟という）。また京都には貴顕の邸宅が多く、その周囲や門前では、人々は乗物から降りて通行せねばならなかった（桃崎有一郎・二〇〇五b、同二〇一〇b）。

乗物で通行する人々が、牛車に乗った廷臣や、院宮王臣家に仕える少数の武士に限られた頃は、それらの慣習はおおむね守られた。しかし大番役や六波羅探題の成立に伴って、全国から雑多な武士が大量に入り込むと、その慣習に慣れない彼ら、そしてその慣習を意に介さない彼らが、京中のあらゆる場所を馬や車に乗って横行するようになった。馬も問題だが、車（牛車）は五位以上と若干の例外という、きわめて限られた特権階級だけが乗ることを許された乗物である。車は、大部分が五位に満たない武士らが、権勢や財力に任せて乗り回してよい乗物ではなく、その点でも武士は京中の秩序を乱した。

これらの状況を憂慮した幕府の執権北条泰時は、天福元年（一二三三）に、御家人が乗車して京内を通行することを禁じ、そして同時に、内野を馬場として馬術・騎射術の訓練を行うことを禁止する命令を出さねばならなかった（『吾妻鏡』天福元年五月一九日条）。そしてその頃から、鴨川東岸の六波羅探題を中心とする一帯は「武家地」とされ、武士の居住はその地域に限定された（高橋慎一朗・一九九六）。それは既存の京都の秩序と、それを乱しかねない武士という新要素を、物理的に切り分けるためであった。

これは〝全国出身の御家人〟という新住民が登場した結果現れた、まったく新しい事態である。そして執権泰時の禁止令にもかかわらず、以後の京都は武士によって揉まれ、シャッフルされ、蹂躙されて、新たな構造と文化を生み出してゆくことになる。

その中で、八〇町もの広さを誇る、京都周辺で唯一の平坦な原野であった内野は、朝廷にとっては何の使い道もなかったが、弓馬の芸（騎射術）を中心として戦う武士にとっては違った。馬を疾駆させる訓練のために長大な土地を必要とする武士にとって、これほど使いやすい土地はざらにない。しかも適度に荒れている点が、馬術の訓練にはなおよい。

戦場に最適な内野

その内野の長所が最大限に活かされたのは、実は合戦の時であった。元弘三年（一三三三）、足利尊氏が六波羅探題に攻め込んだ時に、幕府（六波羅）側の軍勢は、内野に布陣して迎え撃った。これを皮切りに、南北朝の内乱や戦国時代の合戦で、内野は何度も戦場となった。中でも著名なのは、明徳二年（一三九一）の明徳の乱である。この時、京都に攻め上る山陰地方の大名山名《やまな》氏の軍勢を、迎え撃つ足利義満は内野で待ち受け、内野を主戦場として決戦し、敵味方で数百人の戦死者を出した末に勝利した。

内野は北側で北野社（現・北野天満宮）の境内に接しており、その北野社は、義満が最も深く崇敬した、彼にとって足利家の守護神というべき天神（菅原道真の霊）を祀る神社である。義満は、それまで何度かそうであったように、今回も天神が義満を支援してくれると信じ、そしてその通りになった。この合戦をもって南北朝内乱の主な合戦は終わり、翌年に義満は南朝を北朝に吸収した。明徳の乱は、内乱を締めくくって南北朝の合一を可能にし、義満の権力を確立させたこと、そしてそれが義満の崇敬する天神の加護と信じられたことから、室町時代には非常にメモリアルな合戦として記憶され、「内野合戦」と呼ばれて回顧された（桃崎有一郎・二〇一六）。

その翌年から、敵味方を問わず戦死者の鎮魂のために、北野社の付近で北野万部経会《まんぶきょうえ》という仏事が定期的に催され、応永八年（一四〇一）には万部経会の会場とするため、その地に北野経王堂《きょうおうどう》という巨大な堂舎が立てられた（次頁の図34。冨島義幸・二〇一六b、桃崎有一郎・二〇一六）。それはちょうど現在の上京《かみぎょう》警察署の敷地あたりに存在して威風を誇ったが、後に破損が進み、近世に縮小され、明治に入って解体されて消滅した。

聚楽第の出現・放棄と農村化

明徳の乱後、内野は再び静かな荒野に戻り、十数年〜三十数年に一度、称光《しょうこう》・後花園《ごはなぞの》・後土御門《ごつちみかど》天皇の即位式と大嘗会が行われた以外、目立った儀礼は行われなかった。しかもその次の後柏原《ごかしわばら》天皇は戦国時代の荒波に直撃され、資金難で即位式をなかなか行えず、即位式を挙げたのは践祚《せんそ》から二

① 推定復元立面図（冨島義幸 2008, p.134 より）

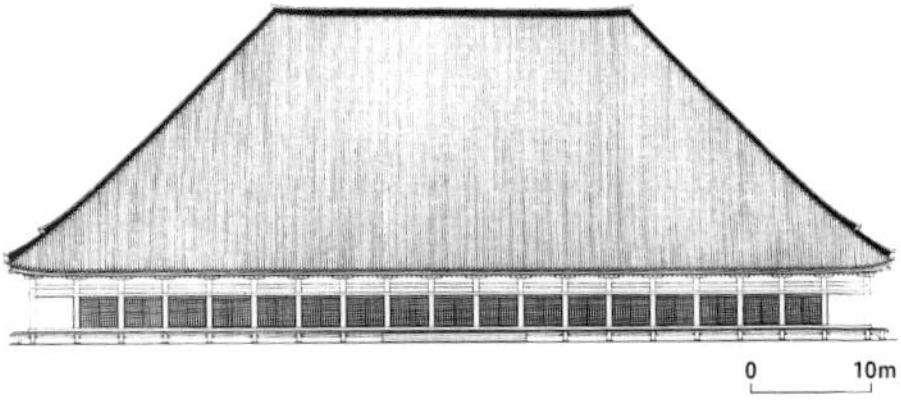

② 上杉本『洛中洛外図屏風』（米沢市上杉博物館蔵）

図34　北野経王堂

二年目であった。次の後奈良《ごなら》天皇も同様で、即位式は践祚から一一年目まで遅れた。即位式だけでここまで難航したのであるから、それに続いて大嘗会を行う資金など、どこにもなかった。大嘗会は、文正《ぶんしょう》元年（一四六六）に後土御門天皇が行なったのを最後にまったく廃れ、江戸時代の貞享《じょうきょう》四年（一六八七）に再興されるまで、一度も行われなかった。

かくして、内野と朱雀大路には、戦国時代までに北野社が勝手に農地を開発して集積し、室町幕府に社領と認めさせたという程度以外に、何の使い道もなくなった。そして天正一五年（一五八七）、豊臣秀吉が内野の地に、黄金の瓦で光り輝く京都の居城・聚楽第《じゅらくてい》を完成させた。それは、荒野と化してもなお、誰もが遠慮して建造物を造らなかった内野の地を、存分に切り崩し、掘り返し、造成した巨大な城砦であった（次頁の図35）。しかし、甥の関白秀次に譲られた聚楽第は、完成からわずか八年後に、秀次の失脚事件の余波で徹底的に破壊され、跡形もなくなった。そして近世には聚楽村という農村となって、近代を迎えた（現代は「聚楽廻《まわり》」の名を冠する五つの町となり、市街地化している）。

両統迭立と北郊・西郊開発

天皇に捨てられた大内裏の末路は右のようであったが、では捨てた側の天皇が住んだ里内裏の方は、その後どうなったか。実は、その里内裏の末路にこそ、〈平安京は大きすぎ、実用性に欠けた〉という本書の主張を裏づける、一つの帰結が示される。時間を巻き戻して、最後にそれを確認しよう。

図35　聚楽第とその天守（「聚楽第図」3・4扇，三井記念美術館蔵）

院政の成立により、平安京は揺さぶられ、中世〝京都〟へと大きく造り替えられていったが、鎌倉時代にはその院政そのものが揺れ、右往左往した。まず承久三年（一二二一）の承久の乱で、院政を敷く後鳥羽上皇が幕府と戦って敗れ、治天（院政を敷く上皇）が真に朝廷の支配者であった時代は終わった。以後、誰を、いつ天皇とするかも、どの上皇が治天として朝廷を統轄するかも、〝戦勝国〟である幕府が自在に決める時代が到来した。そしてその中で、後嵯峨《ごさが》天皇の子である後深草《ごふかくさ》天皇と亀山《かめやま》天皇の兄弟がそれぞれ、自分とその子孫こそ天皇と治天の地位を独占すべき正統だと主張して争った。鎌倉後期のいわゆる両統迭立《りょうとうてつりつ》である。

その両統迭立の詳細を述べることは、本書の趣旨ではない。ただ、両統迭立が京都盆地の都市開発に大きな影響を与えたことは、非常に重要である。

亀山法皇とその子孫、いわゆる大覚寺統《だいかくじとう》の治天は、主に嵯峨を大規模に開発して拠点とし、院政を敷いた。彼らは、かつて平安時代初期に嵯峨上皇の御所であった大覚寺を院政の拠点とした。そして現在の天竜寺の前身である亀山殿《かめやまどの》という御所を整備して、隠遁者の隠棲地であった嵯峨を、急速に帝王の膝下の都市へと発展させた。嵯峨は平安京の西郊、大内裏や右京よりも西に隔たった桂川の河畔にある。つまり、都市域としては洛中（左京四条以北）と連続していないが、中核である洛中に周辺の郊外が密接につながってネットワークを形成し、全体として一つの都の機能を果たしていた。このようなあり方で洛中と関わる嵯峨などを、星（洛中）の周囲を公転する衛星に例えて〝衛星都市〟と評価し、それら全体を広い意味での〝首都京都〟だと評価する研究者もある（山田邦和・二〇〇七ａ）。

一方、後深草法皇とその子孫、いわゆる持明院《じみょういん》統は、その呼び名の由来となった持明院殿《じみょういんどの》という御所（現在の京都御所の北西、同志社大学寒梅館の北西近辺。もとは院政期の廷臣持明院基頼《もとより》の邸宅）を入手し、一・五町から二町程度の面積の、当時としては広い区画を開発した。その結果、おおよそ烏丸小路より西、西洞院大路より東の東西三六〇㍍《メートル》ほどの間では、平安京の一条大路から、そのまま北方へと連続する都市域が開発された。そしてそれは、従来の一条以南、だいたい近衛大路あたりまでの区域と融合して、後の〝上京《かみぎょう》〟にあたる一体的な都市域が出現した。平安京を「万代《よろずよ》の宮（永久の都）」と定めたはずの桓武天皇の子孫が、平安京の境界を意に介さずに都市開発を行なったのであり、かつての〝平安京〟は帝王自身の手によって、ますます過去へと遠ざけられた。

内裏の極小化

両統迭立の中では、一方の勢力から他方へ天皇の位が移動するたびに、治天が変わり、天皇の里内裏も移動した。その結果、里内裏は鎌倉後期を通じて京中を転々とした。しかし南北朝の内乱が始まった建武三年（一三三六）、足利氏率いる室町幕府が擁立した北朝の初代・光明《こうみょう》天皇が土御門殿《つちみかどどの》（土御門内裏）という邸宅を里内裏にすると、一転して里内裏は固定され、以後二度と動かなくなる。そしてこれこそ、今日の京都御所の原型である。京都御所はどれほど立派でも、本質的には里内裏にすぎない。

その土御門内裏は、正親町《おおぎまち》小路（現・中立売通《なかだちうりどおり》）の南、東洞院《ひがしのとういん》大路（現・東洞院通）の東、土御門大路（ほぼ現・上長者町通《かみちょうじゃまちどおり》）の北、高倉《たかくら》小路（現・高倉通）の西という一町四方の区画にあった。しかし実は、その南半分を別の施設（新長講堂《しんちょうこうどう》という王家の寺院）が占めていたため、北半分の敷地しか使えず、わずか半町（二分の一町）の面積しかもたなかった。以後、六〇年近い南北朝の内乱期を通じて、土御門内裏はその規模を保った。そして応永八年（一四〇一）に焼失した後、三代将軍の足利義満によって再建され、その時に南半分の区画を接収して、はじめて一町四方の規模を得た。

それがどれほどの小ささであったかは、昔の王宮や大邸宅と比較すれば明らかである。平安初期に嵯峨上皇が用いた冷泉院《れいぜいいん》や、後三条〜鳥羽天皇らの院政期の天皇が里内裏に用いた賀陽院《かやのいん》（高陽院）は四町、高倉天皇を皮切りに院政末期〜鎌倉中期の天皇が里内裏として愛用した閑院殿《かんいんどの》は南北二町、鳥羽法皇の皇女八条院《はちじょういん》（暲子《しょうし》内親王）の邸宅八条院に至っては全体で一二町もあった。また臣下の邸宅でも、嵯峨天皇の皇子《みこ》源融《みなもとのとおる》の邸宅河原院《かわらのいん》が四町、もと摂政藤原基経《もとつね》の邸宅で院政期に白河・堀河天皇らの里内裏ともなった堀河院《ほりかわいん》が南北二町、摂関家が代々伝領した東三条殿《ひがしさんじょうどの》も南北二町あり、権力の絶頂期にあった平清盛の西八条殿《にしはちじょうどの》は七町の広さを誇って、一族郎等が集住した。

それらと比べ、当初は半町、拡張工事を経ても一町という土御門内裏は、あまりに小さい。平安中期、本来のルール（四八頁）では四分の一町以内でなければならない邸宅を、受領《ずりょう》（現地に赴任する国守）が資金力に任せて一町規模に構える風潮が流行り、朝廷が禁止したことがある（『日本紀略』長元三年〈一〇三〇〉四月二三日条）。土御門内裏の規模は、平安期の羽振りのよい受領の家と同程度、しかも応永八年の拡張前ならその半分という、往年では考えられない小ささであった。

そうなった理由はさまざまに考えられ、それらの一つ一つが密接に関連して、中世後期の朝廷と幕府・武士・京都の関係を物語る重要な情報なのだが、それもいまは詳しく述べる余裕がない。ただ、最も重要な要因の一つが、戦乱期の里内裏として始まった点にあることは間違いない。土御門内裏の出発（光明天皇の定住）はそもそも、激しい戦乱の中で室町幕府が担ぎ上げた北朝の内裏を、とりあえず確保することとして始まった。そしてその後、六〇年近くも断続的に継続した全国規模の内乱が、北朝の天皇にきちんとした里内裏を用意する余裕（時間と財源）を、室町幕府に与えなかったのである。そしてもちろん、幕府の都合で樹立されたまったくの傀儡《かいらい》王朝である北朝にも、その力はなかった。戦乱の時代に、内裏は極限まで圧縮されたのである。

小さな内裏こそ適正サイズ

この内裏の極小化を、朝廷や天皇の権威の縮小と関連づけることはたやすい。確かに承久の乱以降、天皇の位さえもまったく幕府の意向で決められる暗黙のルールが定着し、朝廷は事実上、幕府の支配下に置かれた。また足利義満は将軍として幕府の有力大名（山名氏や大内氏）を屈服させ、北朝の後円融《ごえんゆう》上皇を精神的に追い詰めて引退に追い込み、その子の後小松《ごこまつ》天皇の後見者となり、左大臣という廷臣の代表となって、制度上も朝廷（北朝）を支配した。そして明徳三年（一三九二）、その絶大な権力を背景に満を持して南北朝を合一し、朝廷・幕府のすべてを支配する最高権力者となった（その地位を〝室町殿《むろまちどの》〟という）。それは一六世紀の豊臣秀吉の登場以前、中世に現れた最高の統一権力といってよい。

足利氏が、朝廷や天皇・治天の権威・権力を制限した事実には、疑う余地がない。南北朝内乱期や室町期には、朝廷が関与できる政治は、年号制定や、恒例・臨時の儀礼的な行事、諸社の祭礼などの遂行、そして叙位《じょい》・除目《じもく》という、位階・官職を授けて日本全体の身分秩序を維持する人事儀礼を行う程度までに、極小化されていた。そしてそれは、戦国時代まで変わらず、基本的には近世まで受け継がれた。

しかし、ものごとには多様な側面がある。平安時代初期から古代・中世を通じて、朝廷の政務は、確かに縮小の一途をたどった。しかし、その数百年ほどの間、朝廷がなお唯一の全国政府として機能していた院政期も含めて、「大内裏は広すぎる」という意見はあっても、「里内裏が狭くて仕事にならない」という不満は、実は一つも確認されない。

しかも、応永八年（一四〇一）に土御門内裏が焼けた時、義満はたった半年で再建した。それも、二倍の規模に拡大し、かつての平安宮内裏を模した本格的な殿舎を完備した内裏として、である。また義満は、自分の御所・室町第《むろまちてい》を二町半もの規模で造り、その東隣に広大な相国寺の伽藍を創建し、そこにかつての法勝寺九重塔を二八《メー》《トル》も上回る、高さ一〇九《メー》《トル》の、化け物のような空前絶後の七重塔を建設した。その七重塔が落雷で焼けるともう一度、今度は京都北西の自分の山荘・北山第《きたやまてい》に七重塔を再建した。そしてその北山第に、これも空前絶後の総金箔張りの三層楼閣である金閣を造った。

義満の絶大な権力をもってすれば、後に江戸幕府がそうしたように、大名を総動員して莫大な資金と労力を負担させ、いくらでも巨大な建物を造ることができたし、現にそうして北山第を造った。それは大名の大内義弘《よしひろ》の不満を募らせ、それが一因となって義弘は反旗を翻して応永の乱が起こったが、義満に鎮圧されて、誰も義満に逆らえないことが証明されただけだった。しかも義満は日明貿易で巨額の貿易利潤を手に入れており、彼がその気になれば、当時の建築技術が追いつく限り、造れない建造物などなかった。それに、相国寺を造営した時にそうしたように、義満の命令があれば、元から住んでいた住人はたちどころに立ち退かされ、いくらでも広い土地を手に入れることができた。それは、義満がその気になれば、大内裏の完全な再建など、まったく容易であったことを意味する。

それにもかかわらず、義満は、たった一町の広さ（狭さ）の里内裏を再建した。

その数年前に太政大臣まで昇って出家するまで、現役時代の義満は自ら朝廷を完全に主導したし、出家も形ばかりで、法皇に準じる待遇を手に入れ、さらに強力に朝廷を支配した。彼の朝廷支配は、決して朝廷を貶《おとし》め、隷属させるためになされたのではない。むしろ朝廷が自力で維持できなかった数々の儀礼を、義満自らが企画し、運営し、演者となって遂行し、内乱で衰微した朝廷を再興した（小川剛生・二〇一二、桃崎有一郎・二〇〇七）。

その義満が土御門内裏を一町の規模にとどめて再建したならば、それが意味することは一つしかない。義満は、中世の朝廷が十分に活発に活動するために必要な内裏の面積が、一町で足りると判断したのである。ここに、平安遷都以来、過大《オーバーサイズ》な京・大内裏・内裏に振り回されて迷走を重ねてきた、朝廷の長年抱える問題に対して、はっきりとした解答が示された。大内裏が不要だという結論はとうの昔の院政期に出ていたが、内裏についても、一町で十分という結論が出た。日本の宮殿は、大内裏も必要としないし、一町以上の面積も必要ない。それが日本の帝王のあり方に見合った、適正サイズだったのである。

京都を愛する義務

平安京・京都に都市民が住むことはできるし、現に官人はそこに住むことを義務づけられたが、それは住みやすいから住むのではなく、住みにくいけれども義務なので我慢して住んだにすぎなかった。飛鳥時代の末期以来、それを彼らに強いた律令国家の理念は、過去の歴史に埋没してしまったが、律令国家の世界観は残った。〈天皇という理想的君主が君臨し、国内の民も、国外の王や民も、等しくその徳に靡《なび》き、庇護され、〝礼〟と慈悲をもって統治され、蝦夷《えみし》のような最果ての地の野蛮人さえも、徳をもって人間らしい文化的存在へと導かれる〉という、華夷《かい》思想（中華思想）である。その世界観は根強く残り、むしろ時代を経るごとに強化された。その結果、平安京・京都はどうしても、最も文明的で、文化的で、快適で、華やかで、美しい、あらゆるものごとが優れた世界の中心であり続けなければならなかった。

鎌倉期以降、いくつかのエッセイ（仮名日記文学や紀行文）で、京都生まれの官人や女性が、地方に旅する旅行記が書かれた。しかし、それらのエッセイの多くが、旅先で〝都恋しさ〟を吐露する。一三世紀後半の『とはずがたり』の作者は、鎌倉の街並みを見下ろす場所に立つやいなや「心とどまりぬべき心地もせず（長居したいとも思わないわね）」と落胆し、武蔵を旅して逗留すれば「都の隔たりゆく住まい、悲しさもあわれさも、とり重ねたる年の暮なり（都を遠く離れた暮らしに、悲しさやさまざまな思いが去来した一年だったわ）」と歎いた。一三世紀前半の『東関紀行《とうかんきこう》』の作者も、鎌倉の繁盛に目を奪われつつも自分の居場所ではないと感じて、「日を経るままに、ただ都のみぞ恋し（毎日ひたすら都だけが恋しくなってゆく）」とホームシックを吐露した。

彼らは本当に都を恋しがったのだろうが、〈都こそ、この世で最も優れた快適な場所〉という彼らの価値観は、根源的には華夷思想に基づくイデオロギーでしかない。どれだけ鎌倉が栄えても、「東夷《とうい》」（関東の野蛮人である武士）が背伸びして造ったにすぎない鎌倉は、天皇の徳と恵みが最も直接降り注ぐ京都より、快適であってはならないのである。

その証拠が、一三世紀後半に飛鳥井雅有《あすかいまさあり》が著した『春の深山路《みやまじ》』だ。廷臣でありながら鎌倉で生まれ育ち、鎌倉を「年来住み慣れし故郷」とまでいい切る雅有は、鎌倉の自宅が焼けた時、何と「いとど都のみ恋しきこと、いわん限りなし（とにかく、限りなく、都だけが恋しい)」と吐露した。京都人でなくとも、鎌倉で育っても、廷臣の家に生まれた以上、人は「都が恋しい」と考えなければならないのである。

〈京都こそ最も快適〉というイデオロギーは、公家社会の中では生まれた時から周囲に吹き込まれ、他の価値観に接する機会がほとんどない以上、本人も真にそうであると信じ、それを子の世代に吹き込んで再生産した。彼らにとって、それは実感には違いないが、人為的に作られた実感、自己暗示にすぎない。どれだけ住みにくくても、都こそ彼らの自己規定《アイデンティティ》・存在理由の根底にある基盤であり、自分が何者かを再確認するための目印であった以上、都を愛する義務から、彼らは永久に逃れられない宿命にあったのである。

劇場都市・平安京

本書では、平安京が、造営当初から一貫して実用性を欠き、未完成で、そもそも過大《オーバーサイズ》な都市であったことを述べた。その設計思想では理念が優先し、実用性は二の次であり、平安京はいわば〝住むための都市〟や〝都市民が使うための都市〟ではなかった。それは最初から〝秩序を見せる都市〟であり、つまり〝秩序を目に見える形で人々が演じる都市〟であって、要するに劇場として造られた都市であった。そのような、儀礼という演劇の劇場として使われることを最重要の目的の一つとする都市を、本書は〝劇場都市〟と呼んで、概念化したい。

古代の平安京が中世の〝京都〟に脱皮する過程で、京も、天皇の住居である内裏も、縮小の一途をたどった。それは京・内裏の衰退というより、最初からいらなかった余計な部分を切り捨て、中身（国土やそれを統治する組織の規模）に合わせた適正規模となるまで、大きすぎた体を減量《ダイエット》し、そして減量に成功した過程であった。

平安時代を通じて朝廷は、自らが造った平安京や大内裏が無用の長物だという自覚を、次第に強めた。そして律令国家の理念とは異なる、摂関政治という中世的権力の萌芽や、院政という本格的な中世的権力の登場とともに、その自覚は頂点に達した。その時、大内裏のような不要部分は時代遅れの遺物として捨てられ、まだ使い道がある部分は、新たな時代の都＝中世〝京都〟を再構成するための栄養素として、中世の権力に食われ、消化され、再利用《リサイクル》された。

信じる力の爪痕

中世京都の成立と展開は、院政の全盛期に本格的に始動した。しかしそれを劇的に加速したのは、鎌倉幕府に始まる独立的な武家政権が勃興・拡大して、都人から「東夷《とうい》」と蔑まれた（関東の）武士の行動様式や思考様式が、京都に流入した時であった。それを最も象徴的に示すのが、大内裏の末路である。

平安京と同様に、古代を通じて次第に持て余された大内裏は、院政に捨てられ、鎌倉時代以降は（即位式・大嘗会に伴う臨時の部分的修造を除いて）まったくの荒野、〝内野〟となった。その場所が、鎌倉期に武士が弓馬術を訓練する馬場となり、南北朝期～室町期には戦場となり、中世を終わらせた豊臣秀吉によって城郭とされたことは、大変興味深い。創建当初の平安期以来、帝王（天皇）の徳に靡《なび》いた四海《しかい》（国内と近隣諸国）が穏やかに、文化的に治まる理想的世界を象徴したはずの大内裏は、実際にはその巨体を持て余した。そして中世になってようやく出会った有効な使い道は、皮肉にも馬蹄で蹂躙し、土地を切り刻んで粘土のように成形し直して、戦争を効果的に進める物理的な基盤《インフラ》（訓練場・戦場・城砦）にすることだったのである。

しかも、これはほんの一例にすぎず、歴史の主人公に昇格した武士が京都に与えた影響は、計り知れない。鎌倉幕府の成立と混乱、六〇年にわたる南北朝の内乱、室町幕府の支配者足利氏による強大な統一政権の完成とその崩壊、戦国時代の果てしない混乱、織田信長と豊臣秀吉がその中世社会に渡した引導、そして江戸幕府という統一政権の（中世から見れば）安定的で絶大な権力の成立と衰退。本書が扱った時代の後に起こったそれらの出来事は、京都の、〝碁盤の目〟状の区画以外のほとんどすべてを造り替え、換骨奪胎して、物理的側面と理念的側面の双方から、京都をまったくの別物に変貌させた。

そしてそれにもかかわらず、京都は一貫して劇場として機能し続けた。そこでは、各時代の本質を反映した多様な演劇（儀礼）が考案され、実演され、改良され、統合され、捨てられるサイクルを繰り返しながら、あらゆる時と機会に演じられた。律令国家が造った劇場は、律令国家と彼らの演目が退場し、忘れ去られても、なお現代まで劇場として存続した。そこには、祇園祭の一般的なイメージに代表されるような、町民（町衆《ちょうしゅう》）の成長と活力が想起されがちだが、実は武家政権や武士の果たした役割こそ、最も重要であった可能性が高い。いわゆる〝京都文化〟に直結するその問題は、機会を改めて深く掘り下げ、検討する価値がある。

そしてこの都が、中世・近世の武家社会から多大な（そしてしばしば暴力的な）影響を蒙り続けながら、なお劇場としての機能を今日まで失わなかった強靱さを思う時、それを造った律令国家の意志と熱意と力に、改めて驚かざるを得ない。それは〝平安京図〟がそうであったように、現実からかけ離れたある種の妄想であったが、それだけの妄想を維持し、ある程度まで実現してしまう桁外れの〝信じる力〟は、時としてその後のすべての時代のあり方を決めてしまう、巨大な爪痕を残すことがある。その爪痕がなかなかわれわれに見えないのは、爪痕が残る時間に比べて、われわれが記憶を保てる時間が遙かに短く、爪痕が残されたことも、その理由も、忘却されてしまうからである。

あとがき

本書は、遅すぎた〝京都学〟の卒業論文である。

私は、二年前まで勤めていた立命館大学で、〝京都学〟を教える仕事に従事していた。それは歴史学・地理学・文学の三分野から、〝京都〟を立体的に、そして徹底的に見つめる試みであった。できれば一生、〝京都〟という難敵を直接の研究テーマとせずに、逃げ切りたいと思っていた私は、仕事なので覚悟を決めて取り組んだが、知らないことが多すぎ、そして一般向けの書籍やマスコミから流される、膨大な〝京都〟の虚像に辟易した。

京都は商工業の町だし、観光が収入の柱だ。だから京都から発信される京都イメージや、人を京都観光へと誘導するマスコミの情報は、本質的には商業的な宣伝文句《キャッチコピー》だ。また、祇園祭に重ねられて語られる、京都の民衆（町衆）の自治独立の気風（特に武士を歯牙にもかけない自立心）や結束力・活力のイメージも、一部は政治的な思想宣伝《プロパガンダ》にすぎない。戦後すぐに、天皇中心の皇国史観に倦《う》んだ京都の歴史学者の卵たちが、〈民衆こそ歴史の真の主人公だ〉という歴史像を市民に伝えようとするあまり、史実を無視した紙芝居を作り、小説化され、映画化され、一人歩きしたのである。

宣伝文句《キャッチコピー》は長所と魅力《セールスポイント》しか語らないし、思想宣伝《プロパガンダ》は信念に沿って事実をねじ曲げる。日本人は京都についてそれなりの知識を持っているが、それは〈たくさんコマーシャルや街頭演説を聞いた〉ということと、あまり大差ない。心地よいが、伝えられるのは真実の一面にすぎず、大事な一面が隠され、時には事実でさえない。

「そうだ　京都、行こう」と思いたって観光し、見せられる京都の景観・佇まいは、実は〝京都〟という巨大な商品の陳列棚だ。京都観光とは、観光客が〝京都〟という体験を買うことである。それは商品なので、客の満足がすべてだ。マッサージと同じで、心地よいことが重要で、学問的な根拠や効能、事実や真実は問題ではない。

しかし私は、その陳列棚の向こう側が気になった。京都学は学問である以上、断じて京都の讃美に終わってはならず、美点も汚点も、清濁あわせて〝京都とは何か〟を理解しようとすべきだ、と。この町には、商業的な京都礼賛や、心の故郷と信じたい日本人の欲求に応える美しい京都のイメージを超えた、深みというか、凄みがある。私は、上澄《うわず》みとしての美しい京都ではなく、その下に隠されて沈殿した深みや凄みの方に、興味があった。

京都に暮らすうちに、さまざまな京都の〝伝統〟や〝文化〟に、多くの矛盾が潜むことに気づいた。一例だけ挙げれば、時代祭の「吉野時代」行列（南朝の武士の行列）がそうだ。京都は北朝の都だし、今の皇室も北朝の子孫なのに、京都人は南朝に対する勤王を誇らしく表明する。こうした矛盾が、そこかしこにある。初めて時代祭を見た時、京都の真の歴史も、活力も、〝京都〟という商品としてわれわれに提供される話とは、たぶん違うところにあると、私は感じざるを得なかった。そしてそれらの矛盾にこそ、京都の本質を探り出す糸口があると確信した。

　かくして私は、あらゆる〝京都〟像を疑い、伝統を疑い、必然的に、京都の原点である平安京の存在意義を疑った。そして〝京都文化〟の虚像を解体し、確実な史料と論理から京都に挑んだ結果が、「京都文化論」や「京都学特殊講義」という講義になった。学生はいつも面食らっていて、今でも申し訳ないと思う。京都の素晴らしい歴史を聞きたくて履修したはずなのに、一言もそれを語らず、彼らの常識にはすべて疑問符がつけられ、最終的に、京都のイメージを混沌に戻してしまった。実験的だから、失敗も多かったと思う。そのような講義に付き合ってくれた立命館の学生・院生たちには、感謝しきれない。

　そうした講義の一部は、縁あって「陽明文庫講座」という市民向けの講演でも披露させて頂き、幸いにも一定数、好意的な評価を得られた。そして講演後の酒席で、ある研究者が、本にするよう勧めて下さった。私はそれを真に受け、五年間の任期中に取り組んだ京都学の試みに中間的な結論を出し、京都を離れるにあたって〝卒業論文〟としてまとめるべきと考えた。京都は手強く、遅々として進まなかったが、今年の五月、幸運にも吉川弘文館の編集部を紹介され、出版の話がまとまったので、平安京の話に絞り、下原稿を突貫工事で全面的に手直しした。

古代末期に無用の長物という烙印を押された平安京は、中世に入って真に〝劇場都市〟として甦《よみがえ》り、活用されてゆく。そして、これまで現代京都の出発点となった中世京都は天皇・公家・町人の都市と信じられていたが、中世京都を真に築き上げたのは武家政権であったと、私は見通している。本当はそこまで説き及びたかったが、まったく紙幅が足りなかった。いつか機会を改めて、論じてみたい。

本書を成すにあたり、直接・間接にご支援を下さったすべての方々に、深甚の謝意を表したい。何よりまず、最後まで付き合って下さった本書の読者に、最大の感謝を捧げたい。そして執筆時間と環境を与えてくれた高千穂大学、常に学問的刺激を下さる同僚の教員諸兄、教育や研究に惜しみなく支援を下さる職員諸氏、とりわけ本書の書名に悩む筆者に、親身で有益なアイデアをくれた学生諸君に、特に感謝したい。そして原稿と呼ぶことさえ憚られる粗い下原稿を読破し、寛容にも出版に堪えると判断して下さった吉川弘文館に、改めて感謝申し上げたい。

最後に、存分に研究に打ち込めるよう見守り、支えてくれた家族に感謝したい。アカデミー賞授賞式のように、家族の名を公の場で列挙することが有意義とは考えないが、一人だけ、私の博士号や研究職就職を誰より喜び、佐賀藩の鍋島武士の気風を今に伝える、九四歳で健在の祖母・桃崎タエ子に、本書を捧げることを許されたい。

平成二八年一〇月五日

桃崎有一郎

参考文献

網　伸也「平安宮諸施設配置および造営計画線図」（西山良平・鈴木久男編『古代の都3　恒久の都　平安京』、吉川弘文館、二〇一〇a）

網　伸也「平安京の構造」（西山良平・鈴木久男編『古代の都3　恒久の都　平安京』、吉川弘文館、二〇一〇b）

飯淵康一「平安期貴族住宅に於ける「礼」向き決定の諸要因」（『平安時代貴族住宅の研究』、中央公論美術出版、二〇〇四、初出一九八六）

家原圭太「平城京における宅地の構造・分布・変遷」（西山良平・藤田勝也編『平安京と貴族の住まい』、京都大学学術出版会、二〇一二）

井上和人「古代都城建設の実像—藤原京と平城京の史的意義を問う—」（『日本古代都城制の研究　藤原京・平城京の史的意義』、吉川弘文館、二〇〇八）

井上満郎「平安京の人口について」（『京都市歴史資料館紀要』一〇、一九九二）

上島　享「法勝寺創建の歴史的意義—浄土信仰を中心に—」（髙橋昌明編『院政期の内裏・大内裏と院御所』、文理閣、二〇〇六）

上原真人「院政期平安宮—瓦からみた—」（髙橋昌明編『院政期の内裏・大内裏と院御所』、文理閣、二〇〇六）

上村和直「院政と白河」（角田文衞総監修・財団法人古代学協会・古代学研究所編集『平安京提要』、角川書店、一九九四、第三部第五章「離宮と別業」の二）
植村善博「変位地形と地下構造からみた京都盆地の活断層」（『京都歴史災害研究』二、二〇〇四）
馬田綾子「東寺領巷所」（『日本史研究』一五九、一九七五）
大津　透『律令制とはなにか』（山川出版社、日本史リブレット、二〇一三）
大村拓生「儀式路の変遷と都市空間」（『中世京都首都論』、吉川弘文館、二〇〇六、初出一九九〇）
小川剛生『足利義満』（中央公論新社、二〇一二）
朧谷　寿「平安京への誘い」（角田文衞編『平安の都』、朝日新聞社、一九九四）
朧谷　寿「平家の本拠――西八条第」（角田文衞編『平安の都』、朝日新聞社、一九九四）
加藤　徹『貝と羊の中国人』（新潮社、二〇〇六）
加藤友康「平安遷都と平安宮の政務」（西山良平・鈴木久男編『古代の都３　恒久の都　平安京』、吉川弘文館、二〇一〇）
河角龍典「歴史時代における京都の洪水と氾濫原の地形変化」（『京都歴史災害研究』一、二〇〇四）
川本重雄「続法住寺殿の研究」（髙橋昌明編『院政期の内裏・大内裏と院御所』、文理閣、二〇〇六）
北村優季『平安京の災害史―都市の危機と再生―』（吉川弘文館、歴史文化ライブラリー、二〇一二）
鬼頭　宏『人口から読む日本の歴史』（講談社、二〇〇〇、初出一九八三）
京都国立博物館編『洛中洛外図　都の形象――洛中洛外の世界』（淡交社、一九九七）
京都市埋蔵文化財研究所『つちの中の京都３』（二〇〇六）

金田章裕「歴史地理学の方法と古代史研究」(『新版　古代の日本10　古代　資料研究の方法』、角川書店、一九九三)
金田章裕「平安京—京都の特性と本書のねらい」(『平安京—京都　都市図と都市構造』、京都大学学術出版会、二〇〇七)
群馬県教育委員会事務局文化財保護課編『史跡上野国分寺跡保存整備事業報告書』(群馬県教育委員会、一九九四)
小林敏男『日本国号の歴史』(吉川弘文館、歴史文化ライブラリー、二〇一〇)
坂上康俊『日本の歴史05　律令国家の転換と「日本」』(講談社、二〇〇一)
坂上康俊「初期の摂政・関白について」(笹山晴生編『日本律令制の展開』、吉川弘文館、二〇〇三)
坂本賞三「関白の創始」(『神戸学院大学人文学部紀要』三、一九九一)
佐々木克『江戸が東京になった日—明治二年の東京遷都—』(講談社、講談社選書メチエ、二〇〇一)
佐原康夫「中国における都城の理念と東アジア」(舘野和己編『古代都城のかたち』、同成社、二〇〇九)
徐松撰・愛宕元訳注『唐両京条坊攷　長安と洛陽』(平凡社、東洋文庫、一九九四)
杉山正明『クビライの挑戦—モンゴルによる世界史の大転回—』(講談社、二〇一〇、初出一九九五)
鈴木久男「平安京の邸宅と庭園」(西山良平・鈴木久男編『古代の都3　恒久の都　平安京』、吉川弘文館、二〇一〇)
齊　東　方「中国古代都城の形態と機能」(舘野和己編『古代都城のかたち』、同成社、二〇〇九)

高尾一彦・林屋辰三郎・松浦玲「世界のなかの京都」（『京都の歴史3　近世の胎動』、学芸書林、一九六八、第一章第一節）
高取正男・守屋毅「聖と芸能」（『京都の歴史1　平安の新京』、学芸書林、一九七〇、第六章第四節）
高橋慎一朗『中世の都市と武士』（吉川弘文館、一九九六）
高橋慎一朗「都市の塀―洛中洛外図屏風にみる京都―」（高橋慎一朗・千葉敏之編『中世の都市―史料の魅力、日本とヨーロッパ―』、東京大学出版会、二〇〇九）
髙橋昌明「大内裏の変貌―平安末から鎌倉中期まで―」（髙橋昌明編『院政期の内裏・大内裏・院御所』、文理閣、二〇〇六）
髙橋康夫『京都中世都市史研究』（思文閣出版、一九八三）
瀧浪貞子「初期平安京の構造―第一次平安京と第二次平安京―」（『京都市歴史資料館紀要』一、一九八四）
瀧浪貞子「平安京の構造」（笹山晴生編『古代を考える　平安の都』、吉川弘文館、一九九一）
瀧浪貞子「大内裏の構造」（角田文衞総監修『平安京提要』、角川書店、一九九四、第二部第二章「平安宮」）
詫間直樹『皇居行幸年表』（続群書類従完成会、一九九七）
田島　公『日本、中国・朝鮮対外交流史年表―大宝元年～文治元年―』（奈良県立橿原考古学研究所附属博物館編『貿易陶磁―奈良・平安の中国陶磁―』、二〇〇九、初出一九九〇、一九九三増訂）
舘野和己「古代都城の成立過程―京の国からの分立―」（同編『古代都城のかたち』同成社、二〇〇九）

角田文衞「天皇常の御所——内裏（二）」（角田文衞編『平安の都』、朝日新聞社、一九九四）
東野治之「大嘗会の作り物—標の山の起源と性格—」（『国立歴史民俗博物館研究報告』一一四、二〇〇四、初出一九九七）
冨島義幸「建造物」（伊東四朗監修・千本釈迦堂大報恩寺編『千本釈迦堂 大報恩寺の美術と歴史』、柳原出版、二〇〇八）
冨島義幸「相国寺七重塔とその伽藍」（桃崎有一郎・山田邦和編『室町政権の首府構想と京都—室町・北山・東山—』、文理閣、二〇一六a）
冨島義幸「足利義満と北野経王堂」（桃崎有一郎・山田邦和編『室町政権の首府構想と京都—室町・北山・東山—』、文理閣、二〇一六b）
奈良文化財研究所『日中古代都城図録 奈良文化財研究所史料第57冊』（二〇〇二a）
奈良文化財研究所『飛鳥・藤原京展—古代律令国家の創造—』（二〇〇二b）
西山良平「平安京の〈空間〉」（『朝日百科日本の歴史別冊 歴史を読みなおす12 洛中洛外 京は〝花の都〟か』、朝日新聞社、一九九四）
西山良平「平安京と農村の交流」（『都市平安京』、京都大学学術出版会、二〇〇四、初出二〇〇二）
西山良平「恒久の都 平安京」（西山良平・鈴木久男編『古代の都3 恒久の都 平安京』、吉川弘文館、二〇一〇）
仁藤敦史『都はなぜ移るのか—遷都の古代史—』（吉川弘文館、歴史文化ライブラリー、二〇一一）
布目潮渢・栗原益男『隋唐帝国』（講談社、一九九七、初出一九七四）

野口　実「京都七条町の中世的展開」（『京都文化博物館研究紀要　朱雀』一、一九八八）
橋本義則『平安宮成立史の研究』（塙書房、一九九五）
浜野　潔「前近代日本の都市人口史」（『近世京都の歴史人口学的研究』、慶應義塾大学出版会、二〇〇七）
林　陸朗『長岡京の謎』（新人物往来社、一九七二）
古瀬奈津子「政務と儀式」（笹山晴生編『古代を考える　平安の都』、吉川弘文館、一九九一）
美川　圭「院政期の京都と白河・鳥羽」（西山良平・鈴木久男編『古代の都3　恒久の都　平安京』、吉川弘文館、二〇一〇）
村井康彦「王朝期の平安京」（『文学』五〇、一九八二）
村井康彦・京都市編『よみがえる平安京』（淡交社、一九九五）
桃崎有一郎「中世里内裏の空間構造と「陣」―「陣」の多義性と「陣中」の範囲―」（『中世京都の空間構造と礼節体系』第四章、思文閣出版、二〇一〇、初出二〇〇五ａ）
桃崎有一郎「中世公家社会における路頭礼秩序―成立・沿革・所作―」（『中世京都の空間構造と礼節体系』第一章、思文閣出版、二〇一〇、初出二〇〇五ｂ）
桃崎有一郎「足利義満の公家社会支配と「公方様」の誕生」（『ＺＥＡＭＩ』四、二〇〇七）
桃崎有一郎『中世京都の空間構造と礼節体系』（思文閣出版、二〇一〇ａ）
桃崎有一郎「中世洛中における街路通行者と第宅居住者の礼節的関係―門前・第宅四面と広義の路頭礼―」（『中世京都の空間構造と礼節体系』第三章、思文閣出版、二〇一〇ｂ）

桃崎有一郎「足利義満の首府「北山殿」の理念的位置」(桃崎有一郎・山田邦和編『室町政権の首府構想と京都—室町・北山・東山—』、文理閣、二〇一六)
山田邦和「左京と右京」(財団法人古代学協会・古代学研究所編『平安京提要』、角川書店、一九九四a)
山田邦和「巨大都市平安京——人口」(角田文衞編『平安の都』、朝日新聞社、一九九四b)
山田邦和「「前期平安京」の復元」(『京都都市史の研究』、吉川弘文館、二〇〇九、初出二〇〇二)
山田邦和「中世都市研究の方法をめぐって」(『京都都市史の研究』、吉川弘文館、二〇〇九、初出二〇〇七a)
山田邦和「桓武朝における楼閣附設建築」(『京都都市史の研究』、吉川弘文館、二〇〇九、初出二〇〇七b)
山田邦和「平安京の空間構造」(舘野和己編『古代都城のかたち』、同成社、二〇〇九a)
山田邦和「平安京研究の現状」(『京都都市史の研究』、吉川弘文館、二〇〇九b)
山中敏史「律令国家の成立」(『岩波講座　日本考古学6　変化と画期』、岩波書店、一九八六)
山本雅和「平安京研究の近年の動向—遺跡の調査成果を中心に—」(『歴史評論』七〇二、二〇〇八)
山本雅和「都の変貌」(西山良平・鈴木久男編『古代の都3　恒久の都　平安京』、吉川弘文館、二〇一〇)
吉田　孝「「律令国家」と「公地公民」」(『律令国家と古代の社会』、岩波書店、一九八三)
米沢上杉文化振興財団編『国宝　上杉本　洛中洛外図屏風』(二〇〇七)

著者紹介

一九七八年　東京都に生まれる
二〇〇一年　慶應義塾大学文学部卒業
二〇〇七年　慶應義塾大学大学院文学研究科後期博士課程単位取得退学、博士（史学）
現在、高千穂大学商学部教授

〔主要著書・論文〕
『中世京都の空間構造と礼節体系』（思文閣出版、二〇一〇年）
「建武政権論」（『岩波講座日本歴史　第7巻　中世2』岩波書店、二〇一四年）
『室町政権の首府構想と京都』（共編著、文理閣、二〇一六年）

歴史文化ライブラリー
438

平安京はいらなかった
古代の夢を喰らう中世

二〇一六年（平成二十八）十二月一日　第一刷発行
二〇二一年（令和　三　）四月一日　第六刷発行

著　者　桃《もも》崎《さき》有《ゆう》一《いち》郎《ろう》
発行者　吉川道郎
発行所　株式会社　吉川弘文館
東京都文京区本郷七丁目二番八号
郵便番号一一三―〇〇三三
電話〇三―三八一三―九一五一〈代表〉
振替口座〇〇一〇〇―五―二四四
http://www.yoshikawa-k.co.jp/
印刷＝株式会社　平文社
製本＝ナショナル製本協同組合
装幀＝清水良洋・陳湘婷

ISBN978-4-642-05838-4

歴史文化ライブラリー

1996. 10

刊行のことば

現今の日本および国際社会は、さまざまな面で大変動の時代を迎えておりますが、近づきつつある二十一世紀は人類史の到達点として、物質的な繁栄のみならず文化や自然・社会環境を謳歌できる平和な社会でなければなりません。しかしながら高度成長・技術革新にともなう急激な変貌は「自己本位な刹那主義」の風潮を生みだし、先人が築いてきた歴史や文化に学ぶ余裕もなく、いまだ明るい人類の将来が展望できていないようにも見えます。このような状況を踏まえ、よりよい二十一世紀社会を築くために、人類誕生から現在に至る「人類の遺産・教訓」としてのあらゆる分野の歴史と文化を「歴史文化ライブラリー」として刊行することといたしました。

小社は、安政四年（一八五七）の創業以来、一貫して歴史学を中心とした専門出版社として書籍を刊行しつづけてまいりました。その経験を生かし、学問成果にもとづいた本叢書を刊行し社会的要請に応えて行きたいと考えております。

現代は、マスメディアが発達した高度情報化社会といわれますが、私どもはあくまでも活字を主体とした出版こそ、ものの本質を考える基礎と信じ、本叢書をとおして社会に訴えてまいりたいと思います。これから生まれでる一冊一冊が、それぞれの読者を知的冒険の旅へと誘い、希望に満ちた人類の未来を構築する糧となれば幸いです。

吉川弘文館